근대의 가을

근대의 가을

제6공화국의 황혼을 살고 있습니다

장석준 비평집

산현글방

추천사

민주화 이후 30여 년이 지나도록 한국 사회가 극복하지 못하고 있는 '제6공화국'의 한계와 개혁 과제를 저자 장석준은 민주주의와 사회주의, 생태주의를 교차시키는 예리한 시선으로 짚어내고 있다. 사회의 진보로 가는 길이 사방에서 막혀 있는 듯이 보이는 이 시대야말로, 저자가 제안하는 '제7공화국'으로의 과감한 단절을 우리 함께 상상해야 할 때인 것 같다.

신진욱 (사회학자, 《그런 세대는 없다》 저자)

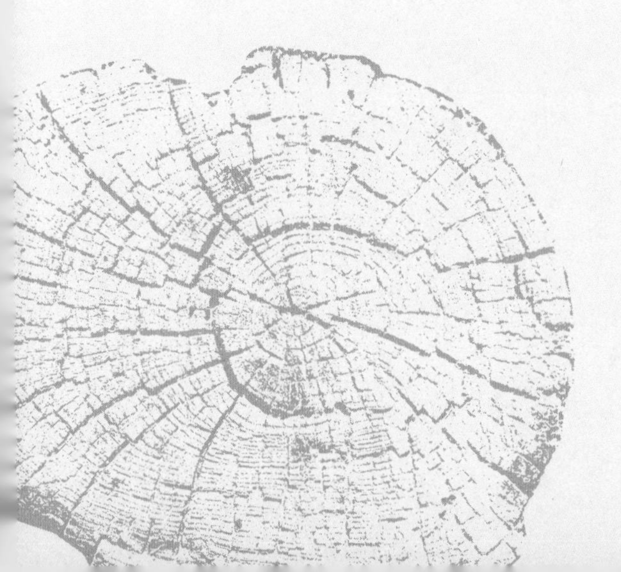

성장과 압축은 산업화와 민주화를 하나로 묶어내는 한국 사회의 시간에 대한 감각이며 몸의 습관이다. 개인과 국가 제도 모두를 아우르며 한국의 근대현사를 총괄한 몸이자 습관으로서의 6공화국 체제가 곳곳에서 파열음을 내며 붕괴하고 있다. 기후위기와 사회적 참사에 정치가 전혀 대응하지 못하는 참담한 과정을 반복하고 있는 것이다. 지구에 대한 인간의 책임, 그리고 민주주의와 평등, 자유를 위해 보다 정의롭고 성숙한 인간의 결속을 발명해내야 한다. 저자는 이 책에서 정치에서부터 일상에 이르기까지 낡은 결속의 원리로서의 6공화국에 대해 문명사적 비판을 가하며 새로운 결속의 이유와 원리가 무엇인지를 절절하면서도 냉철하게 분석하고 제안하고 있다.

엄기호 (사회학자, 《고통은 나눌 수 있는가》, 《단속사회》 저자)

차례

들어가며

1부 우리는 지금 제6공화국의 황혼을 살고 있다

2부 한국 사회 진단서

3부 전환의 좌표—생태 사회주의적 민주 공화국

차례

4부 사회 전환의 출발지점

5부 기후위기와 생태 전환

나오며

일러두기

이 책에 실린 모든 글은 저자가 인터넷 언론 〈프레시안〉(https://www.pressian.com)에 연재하는 '장석준 칼럼'을 통해 발표되었다. 각 글의 뒤에 적힌 날짜는 〈프레시안〉에 게재된 시점이다. 다만, '들어가며'와 '나오며'는 칼럼으로 발표됐던 글을 크게 고쳤기에 게재일을 따로 표시하지 않았다.

들어가며

마르타여,
마리아의 길을 가자

길을 가다가 예수님께서 어떤 마을에 들어가셨다. 그러자 마르타라는 여자가 예수님을 자기 집으로 모셔 들였다. 마르타에게는 마리아라는 동생이 있었는데, 마리아는 주님의 발치에 앉아 그분의 말씀을 듣고 있었다.

그러나 마르타는 갖가지 시중드는 일로 분주하였다. 그래서 예수님께 다가가 "주님, 제 동생이 저 혼자 시중들게 내버려 두는데도 보고만 계십니까? 저를 도우라고 동생에게 일러주십시오." 하고 말하였다.

주님께서 마르타에게 대답하셨다. "마르타야, 마르타야! 너는 많은 일을 염려하고 걱정하는구나. 그러나 필요한 것은 한가지뿐이다. 마리아는 좋은 몫을 선택하였다. 그리고 그것을 빼앗기지 않을 것이다. (〈루카 복음서〉 10장 38-42절. 한국천주교주교회의 번역본)

유명한 마르타와 마리아 자매 이야기다. 어릴 적 내게 이 대화는 성서 속 여러 장면들 가운데에서도 가장 커다란 수수께끼였다. 예수의 말씀을 듣자고 일손을 놓은 마리아는 칭찬받은 반면, 예수를 대접하고자 열심히 일하던 마르타는 오히려 핀잔을 들었다. 어린 마음에도 의문이 일지 않을 수 없었다. 왜 열심히 일한 게 타박거리가 되어야 한단 말인가?

더구나 내가 속한 사회는 온통 '마르타'들 천지였다. 이 이야기를 처음 접한 80년대 초 그때도 그랬고, 지금도 그렇다. 열심히 묵묵히 일하는 것이 이 사회의 최대 가치이자 신앙이었다. 그리고 그 몫은 불어나는 살림이었다. 새마을운동도 으뜸 구호가 '근면' 아니었던가. 자본주의 사회라면 어느 곳이나 근로 윤리를 강조한다지만, 20세기 말, 21세기 초의 한국인만큼 이 윤리를 철저히 실행해온 사람들도 찾기 어렵다. 우리야말로 '마르타 민족'이다.

마르타 민족은 세계사에 유례를 찾기 힘든 기적을 만들어냈다. 식민지였고 게다가 전쟁의 상처까지 입은 나라가 불과 한 세대만에 경제 선진국 대열에 합류했다. 남들이 몇 세대에 걸쳐 쌓아올린 자본주의 체제를 이 땅의 '마르타'들은 본격적 산업화를 처음 경험한 세대가 은퇴도 하기 전에 축조했다. 한국 건설 자본의 공기工期 단축 신화는 사회 전체로도 현실이 됐다. 더불어 우리 모두는 '빨리 빨리'의 정신으로 세례받았다.

사회과학자들은 이 독특한 집단 체험을 '압축 성장', '돌진적 근대화'라고 칭한다. 사실 타국에서 생산된 사회 이론으로는 설명하기 힘든 한국 사회의 독특한 성격들 중 대부분은 이 체험 하나로 설명 가능하다. 그만큼 압축 성장은, 특히 이 단어의 앞부분 '압축'은 우리 삶을 강력하게 규정한다. 무엇의 압축인가? 시간의 압축이다. 달리 말하면, 다른 사회에 없는 독특한 시간 경험이다. 이것이 우리를 돌아보면서 첫 발을 떼야 할 지점이다.

우리는 남들과는 다른 시간을 살았다. 남들은 어떻게 살아왔나? 저들은 자본주의의 초석을 놓는 데 한 세대보다는 더 많은 시간을 들였다. 그랬기에 노동계급의 첫 세대에게 성장의 과실 따위는 완전히 남의 이야기였다. 그들에게 주어진 시간 동안 이들은 자본주의와는 다른 세상에 대한 꿈에서 출구를 찾아야 했다. 그것은 여전히 꿈일 뿐이었지만, 자본가들에 맞서 그들을 '사람'으로 서게 해줄 존엄의 표지였다.

세대를 이어가면서 저들은 결국 1인 1표의 민주주의를 쟁취했고, 그 한 세대 뒤에는 복지국가를 만들어냈다. 각 세대는 저마다 패배와 비극(가령 파시즘의 승리나 세계대전)도 맛보았지만, 충분히 자긍심을 느낄 만한 위대한 성취를 남기기도 했다. 최근의 신자유주의 지구화 공세 속에서도 각 세대의 가장 뚜렷한 성과들은 결코 되돌릴 수 없다는 점 역시 분명히 드러났다. 최소한의 민주주의 룰이나 복지 제도(영국의 경우라면 국민보건서비스[NHS]) 같은 것 말이다.

심지어는 신자유주의 지구화의 시간 경험에서도 우리와 다른 이들 사이에는 커다란 차이가 있다. 저들은 거의 한 세대에 걸쳐 이 시대를 살아냈다. 그래서 기대와 환영의 시간도 길었지만, 각성과 환멸의 시간 또한 충분히 길었다. '신자유주의'라는 말을 처음 학습한 지 고작 10년 만에 월스트리트의 연쇄 부도 소식을 들은 우리와는 분명 달랐다.

그렇다면 이곳의 '마르타'들이 보낸 시간은 어땠을까? 지금 노년기를 보내는 이들은 젊은 시절 "잘 살아보세"라는 단 하나의 구령 아래 노동에 매달렸다. 놀랍게도 이들이 중년에 접어들 무렵, 성장의 풍성한 과실이 벌써 눈앞에 다가온 듯했다. '선진조국'이라는 목표가 결코 헛되지 않았음이 확인되는 것만 같았다.

그러나 행복한 시간은 극히 짧았다. '주식회사 대한민국'은 자신에게 상승 기회를 부여했던 신자유주의 지구화라는 파도에 결국 휩쓸리는 신세가 되고 만다. 평생을 바친 성취가 뿌리째 흔들리기 시작했다. 묘하게도 이 위기는 민주화 과정과 겹쳐서 다가왔다.

한편 한국 사회에는 반독재 민주화 운동과 민주노조운동을 시작한 이들도 있었다. 이들은 광주에서 학살이 있은 지 7년만에 세력 관계를 바꾸는 데 성공했다. '압축 성장'만큼이나 빠른 속도로 '압축 민주화'가 실현되는 것처럼 보였다. 민주주의의 가장 기본적인 틀을 되찾았으니 서구의 전범典範에 따라 다음 과제는 사회 경제적 권리의 실현이 되리라 낙관했다.

그러나 뜻밖에도 '민주'정부 10년 뒤에 남은 것은 정반대 광경이었다. 87년의 여진을 이어받은 '민주'세력과 민주노조운동만으로는 민주화 다음의 과제에 착수조차 하기 힘들다는 게 드러났다. 아니, 역전 불가능하리라 믿어온 민주화 성과조차 흔들릴 수 있음이 드러났고, 2016-17년 촛불항쟁은 이런 역사의 퇴행을 막아보려는 몸부림이었다. 87년의 성취보다 더 앞으로 나아가려는 과감한 시도가 아니라 말이다. 즉, 민주화와 민주노조운동의 편에 섰던 이들 역시 뭔가 '성취'를 말하기 힘든 상황에 직면했다.

그리고 이들 뒤에서 좌절과 환멸로 무장한 채 사회에 나서는 또 다른 이들이 등장했다. 이들은 신자유주의 교리를 따르는 것만이 정답이라는 확신을 주입받은 첫 세대다. 그런데 묘하게도 이들이 사회에 첫 발을 내딛을 무렵 신자유주의는 2008년 미국발 금융위기와 함께 불안과 격동의 시기에 돌입했다. 투기를 통한 기회의 문이 닫혔고, 불안정 고용의 정글만이 이들을 맞았다. 이들은 자신들이 무엇을 성취해야 할지, 아니 도대체 뭔가를 성취할 수는 있을지 회의에 빠져 있다.

다소 소략하지만, 이게 한국 사회의 자화상이다. 지금 이 사회에 생존하는 어떤 세대도 자신의 성취로 내세울 만한 게 없고, 그래서 모두를 지배하는 것은 폭발 임계치에 도달한 회한, 분노, 불안, 공허 같은 감정이다. 모두들 저마다 답답한데, 말문은 막혀 있다. 그리고 이 사회적 교착 상태의 정치적 표현이 다름 아니라 실망과 좌절만 남긴 문재인 정부이고, 무능과 독선을 보이는 윤석열 정부다.

문제는 결국 시간이다. 압축 성장의 숨 막히는 시간에 내몰리면서 우리는 한때 우리의 성숙 역시 압축적으로 이뤄질 수 있으리라 낙관했다. 그러나 성장은 압축적일 수 있을지 모르지만, 성숙은 그럴 수 없는 것이었다. 성장의 시간을 압축하면서 우리는 성숙의 시간을 잃어버렸다.

이제 그 시간을 되찾아야 한다. 누군가가 진리라고 주입한 목표를 믿으며 묵묵히 열심히 일만 해온 시간과는 다른 시간. 나의 이야기로 비로소 말문을 열고 서로의 이야기에 귀 기울이며 드디어 우리의 이야기를 다시 시작할 시간.

이 땅의 모든 마르타들이여, 애당초 우리가 영접하려던 것은 누구인가? 잠시라도 일손을 내려놓고, 이야기를 시작하자. '업(業)'을 '파(罷)'하고 '연(緣)'을 '잇자(結)'.

나의 동포, 지구 위의 둘도 없을 마르타 민족이여, 마리아가 되자. 빼앗기지 않을 우리의 몫이 지금 여기에 있다.

1부

제6공화국의 황혼을 살고 있다 우리는 지금

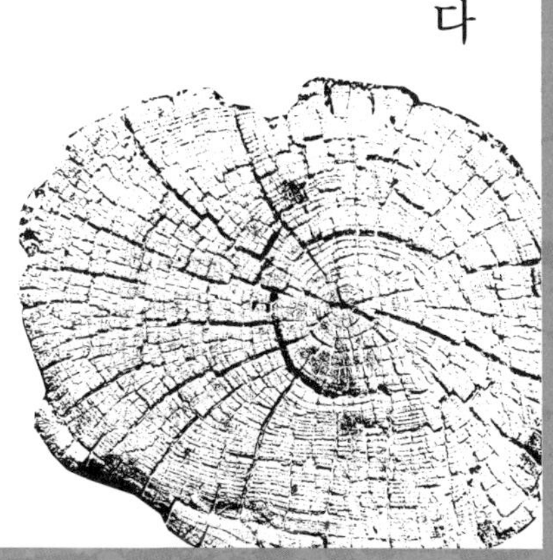

조국 대전이 아니라
촛불연합의 와해

올해 여름은 처서가 지나도 뜨겁기만 하다. 날씨 이야기가 아니다. 날씨는 벌써 선선하다. 그러나 세상의 말과 마음은 반대다. 더욱 뜨겁게 달아오르기만 한다. 조국 법무부장관 지명자 인사청문회를 앞둔 논란 탓이다. 조국 지명자를 둘러싼 의혹을 자기 일처럼 앞장서서, 아니 자기 문제보다 더 열광적으로 해명하고 옹호하는 이들이 있는가 하면, 조국 지명자 가족이 살아온 삶의 폭로를 계기로 한국 사회를 향해 비명을 토하는 이들도 있다.

나의 페이스북 타임라인도 며칠째 내전 중이다. 페이스북 친구 가운데 절반은 조국을 위해, 다른 절반은 조국에 절규하며 싸우고 있다. 나는 이 치열한 논전을 보며 이 사태가 촛불항쟁 이후 한국 사회가 마주한 또 다른 중대한 갈림길일지 모른다는 생각이 들었다.

내 페이스북 친구 구성은 촛불시민 표본에서 크게 벗어나지 않는다. 더불어민주당의 이러저런 경향부터 정의당, 녹색당, 노동당을 거쳐 혁명좌파 성향까지 촛불광장이 절정기에 포괄했던 정치적 스펙트럼과 거의 일치한다. 그런데 이 무리가 촛불항쟁 이후 가장 첨예하게 양분됐다. 모세 앞에서 홍해가 갈라지듯 이번 사태는 촛불광장을 둘로 갈랐다.

그렇기에 우리의 고민거리는 이제 단순히 조국 지명자의 법무부장관 임명 여부일 수 없다. 문제는 광범한 촛불시민연합의 운명이다. 아마도 후대 역사가들은 촛불연합이 결정적으로 와해된 시점을 바로 지금, 2019년 8월이라 기록하지 않을까.

지난 며칠간 나는 양편을 관찰했다. 평정심으로 할 수 있는 관찰은 아니었다. 어느 쪽이든 논리보다는 정념의 발산이 두드러지기 때문이다. 그런데도 거의 종교적인 일체감이나 무한 신뢰, 질시나 원한 같은 부담스러운 감정들을 걷어내고 바라보면, 모두 나름의 논리가 있다. 이 논리만 뽑아내 양 진영을 정리하면, 대강 이렇다.

우선 조국 편에 선 이들을 보면, 대개 나이가 86세대에 가깝고 정치 성향은 더불어민주당 지지에서 멀지 않다. 그들은 새 검찰총장 임명에 이은 이번 법무부장관 인사가 적폐 중의 적폐인 검찰을 개혁할 결정적 수순이라 여긴다. 조국 지명자를 둘러싼 모든 논란은 이 개혁에 저항하는 자유한국당과 극우 언론의 공세에서 비롯됐다. 따라서 정부-여당은 이 싸움에서 한 치도 물러서서는 안 된다. 이는 곧 '촛불'정부가 수구 세력의 총공세에 무릎 꿇음을 뜻하기 때문이다.

이쪽 입장의 글들은 대체로 비장하고 절박하다. 10여 년 전 리버럴 정부(노무현 정부)도 수구 세력의 포위로 실패하고 말았는데 이번 정부도 집권 2년 만에 같은 상황에 처했다는 위기의식이 느껴진다. 그래서 조국을 물어뜯는 자들의 사악함보다는 조국 주변의 허물에 더 분노하는 이들의 목소리에 귀 기울일 여유가 없다. 지금 주 전선은 수구 적폐와 벌이는 혈전인데, 왜 입시 공정성 등의 다른 쟁점에 한눈을 파느냐는 것이다.

엄살 같지만은 않다. 우리 모두 이명박-박근혜 정부 9년을 겪었기 때문이다. 상상을 초월하는 9년이었다. 양대 정당이 사회경제 정책은 한통속이니 정권이 바뀌어봐야 큰 차이 없다는 전망도 있었고 내 생각도 그랬지만, 현실은 그렇지 않았다. 한국 사회의 극우적 요소들은 이명박-박근혜 정부 아래에서 예상을 뛰어넘는 강력한 힘으로 결집해 사회 전체를 장악하려 들었다. 이런 꼴을 다시 보고 싶지는 않다. 이 단호한 바람은 분명 촛불광장을 채운 강력한 힘의 하나였다.

그러나 조국 지명자에게 실망하고 환멸을 표하는 쪽에게는 결코 이것이 촛불항쟁의 전부일 수 없다. 또한 핵심이라 할 수도 없다. 이들에게 언론에 드러난 조국 일가의 면모는 촛불광장에서 대결하고 규탄했던 현실을 다시 한 번 아프게 떠올리게 만든다.

사실 학교 재단이나 사모펀드가 주된 화제였을 때만 해도 비판자들 사이에는 강한 응집력도, 뚜렷한 경향성도 없어 보였다. 하지만 조국 지명자의 딸이 대다수 서민은 듣도 보도 못한 방식으로 입시-학벌 경쟁의 승자가 됐다는 사실이 알려지고 나서는 상황이 판연히 달라졌다. 적어도 내 타임라인의 추이에 따르면, 나이가 적을수록, 이른바 '강남' 엘리트와 거리가 먼 계층일수록, 더불어민주당을 왼쪽에서 비판하는 입장일수록 확연히 돌아섰다.

한국 사회에서 부동산과 함께 교육이야말로 폭탄의 뇌관이라는 점을 우리는 여기에서 다시 확인하게 된다. 김의겸 전 청와대 대변인은 부동산 투기 논란이 일자 자리에서 물러날 수밖에 없었고, 조국 지명자를 둘러싼 논란은 자녀 입시 문제가 도마 위에 오르자 완연히 새로운 국면에 접어들었다. 둘 다 법률 위반과는 상관없지만, 부동산 문제이고 교육 문제이기에 민심을 거세게 흔들고 말았다. 부동산 불평등과 입시-학벌 경쟁이 한국 사회에서 특권의 토대이자 세습의 고리임을 모두가 잘 알기 때문이다.

이 대목에서 또 다른 많은 촛불시민들은 3년 전 겨울에 광장에 나서지 않을 수 없었던 이유와 다시금 마주하게 된다. 그것은 당시 새누리당 정부를 향한 분노만은 아니었다. 그보다 더 큰 분노의 대상은 '박근혜—최순실/정유라—이재용' 삼각형으로 상징되던 세습 특권층이었고, 그들이 딛고 선 기득권 질서였다. 최근 정의당 대표 경선에서 심상정 의원은 여기에 '세습자본주의'라는 적절한 이름을 붙였다. 그런데 조국 지명자 가족의 입시 경쟁 성공담은 '촛불'정부 핵심 인사마저 이 세습자본주의의 내부자임을 드러냈다. 이로부터 분노가 다시 타올랐다.

물론 이 분노의 가닥 역시 단일하지는 않다. 단일하지 않은 데다가 서로 대립하기도 한다. 입시 문제를 이유로 조국 지명자를 비판하는 이들 가운데에는 경쟁의 공정성을 가장 앞세우는 이들도 있고, 그런 공정성의 집착이 아니라 더 근본적인 평등의 실현을 부르짖는 이들도 있다. 하지만 촛불광장에서 세습자본주의에 더 답답함을 느끼는 여러 흐름이 나머지와 크게 갈라진 것만은 틀림없다. 더구나 이 흐름들은 촛불 광장이 유례없이 확장하도록 결정적인 역할을 한 세력들이었다.

그렇다면 둘로 갈라진 촛불광장의 양편을 뭐라 불러야 할까? 둘 다 한국 사회의 개혁을 바라니 기본적으로는 개혁파일 것이다. 그러나 개혁의 주안점이 크게 다르다. 한쪽은 '민주'개혁파, 다른 쪽은 '사회'개혁파라고나 할까. 조국 법무부장관 지명자 논란은 촛불광장 안에 공존하던 이 두 입장의 차이를 더없이 선명하게 부각했다. 아마도 촛불연합의 분열 혹은 민주개혁파와 사회개혁파의 분립은 이제 돌이킬 수 없는 일이 됐는지도 모른다.

그러고 보면 박근혜 정권이 참 대단하다. 이리도 간극이 큰 민주개혁파와 사회개혁파가 그간 차이도 잊은 채 함께 뭉치게 했

으니 말이다. 지금도 그 후예인 자유한국당의 위력은 무시할 수 없다. 조국 지명자를 놓고 갑론을박하다가도 자유한국당 쪽만 쳐다보면 다들 할 말을 잃게 된다. 자유한국당의 이 무시무시한 존재감 때문에 '촛불'이라는 상징이 아직도 효력을 잃지 않은 형편이고, 정부-여당과 그 주변 지식인들은 내년 총선까지는 이 효력이 지속될 것이라는 데 판돈을 걸고 있다.

그러나 이런 안이한 전망과 기대가 언제까지 통할지는 알 수 없다. 어쩌면 이제는 이런 태도가 민주개혁파와 사회개혁파의 분열과 대립을 더욱 부추기는 요인이 되고 있는지도 모른다. 민주개혁파에 가까운 논자들은 적폐 청산과 사회 개혁의 열망이 다르지 않다며 대충 뭉뚱그리거나 둘을 각각 당면 과제와 다음 단계 과제로 나누는 단계론으로 엮어 촛불연합을 지속시키려 한다. 그러나 이런 식의 주장은 세습자본주의 혁파 과제가 민주대연합 논리에 밀려 계속 무시된다고 느끼는 이들의 소외감과 불만만 북돋을 뿐이다.

나는 차라리 이제 촛불연합 이후의 새로운 개혁연합으로 과감히 나아가자고 제안한다. 촛불연합의 분립은 필연임을 인정하고 오히려 철저한 분립을 통해 새로운 합작과 연합의 가능성을 높이자는 것이다. 말하자면 '분립 이후의 연합', '분열을 전제로 한 합작'이다.

이 대목에서 가장 철저히 대오각성하고 환골탈태해야 할 주체가 있다면 진보정당운동, 그 중에서도 현재 제도정치 내 그 대표 주자인 정의당일 것이다. 무릇 정치란 가장 효과적으로 갈등을 발견하고 직시하며 해결하라고 존재하는 제도이자 영역이다. 지금 우리처럼 급변하는 사회일수록 정치 체제는 시민들이 가장 선명한 선택지를 받아들고 과감하게 선택할 수 있도록 자신을 기민하게 재편해야 한다. 이 역할을 하는 게 바로 정당이다. 정의당은 과연 지금 그 역할을 제대로 하고 있는가?

오랫동안 정의당은 민주개혁 세력의 급진파 정도 위상을 점해왔다. 더불어민주당이 적폐 청산을 제대로 추진하도록 다그치는 정치세력이었고, 대중도 정의당을 지지하는 일은 대체로 이런 방면에서 쓸모를 지닌다고 생각해왔다. 이는 촛불항쟁 과정에서 어쩔 수 없이 맡아야만 했던 역할이고, 더 거슬러 올라가면 이명박-박근혜 정부 시기에 진보정당운동이 민주대연합 논리를 받아들이며 익숙해진 역할이기도 하다.

그러나 오늘날 정의당은 이런 급진 민주개혁파 역할에서 벗어나 새로운 배역으로 과감히 이동해야 한다. 그것은 촛불연합 안에서 점점 더 민주개혁파와 뚜렷이 분리되고 있는 사회개혁파를 정치적으로 대표하는 역할이다. 현재 사회개혁파 쪽 여론은 무정형이지만, 이 상태가 오래 지속되어선 안 된다. 진보정당이 그들의 정치적 통로로 나서야 한다. 그때에야 비로소 민주개혁파와 사회개혁파는 개별적인 논쟁과 감정싸움이 아니라 집단적인 협상에 착수할 수 있을 것이다. 촛불연합의 역사적 효력이 점차 희미해지는 상황에서는 이제 이러한 정치 협상과 합작을 통해서만 촛불연합을 대신할 개혁연합을 재건할 수 있을 것이다.

정의당에게는 너무 새삼스러운 충고일 수도 있다. 정의당으로서는 그간 사회 개혁을 충분히 이야기하지 않았냐고 반문할 수 있다. 하지만 그것만으로도 부족하다는 것이다. 강령과 정책 자료집에 진보적인 주거, 교육 정책을 고이 모셔 두며 자족해서는 안 된다. 남들이 수구 적폐 청산을 이야기할 때 그 몇 배로 부동산 불평등을 말하고 대학 서열 구조를 떠들어야 한다. 그래야 메시지가 대중의 귀에 가닿을 수 있고, 대중이 투표용지에 나열된 정당들 가운데에서 자신의 무기를 제대로 골라 써먹을 수 있다.

만약 진보정당과 사회개혁파 대중의 만남이 때맞춰 이뤄지지 못한다면, 어떤 미래가 기다릴까? 더불어민주당 오른쪽에 포진한 정치세력들이 촛불연합의 와해를 정치적 자산으로 삼으려는 시도에 나서고 이쪽이 성공할 수도 있다. 가령 자유한국당이나 바른미래당 언저리에서 신진 우파 정치세력이 등장해 세습자본주의 비판 흐름 가운데에서도 경쟁의 공정성만 강조하는 쪽과 결합할 가능성이 충분히 있다. 일단 이런 정치세력이 세습 특권층 비판의 대표자로 인정받고 나면, 이 정치 지형을 다시 바꾸기란 결코 쉽지 않을 것이다. 즉, 진보정당의 실패는 고스란히 우파 포퓰리즘 승리의 기반이 될 운명이다.

지금 우리는 분명히 역사의 갈림길 앞에 서 있다. 조국 법무부장관 지명자 논란은 이 무거운 선택의 순간을 앞당겼다. 하지만 언젠가는 마주했어야 할 순간이기도 하다. 부디 역사의 올바른 방향을 열려는 이들이 두려움 없이 이렇게 다짐하며 미지의 새 국면을 향해 도약하기를 바랄 뿐이다.

"촛불연합은 죽었다. 새로운 개혁연합 만세!"

2019. 8. 28.

우리의 6월을 넘어서자

영화 〈변호인〉 끝부분에서 "데모로 바꿀 수 있을 만큼 세상은 그렇게 말랑말랑하지 않다"던 변호사 송우석은 스스로 데모의 선두에 선다. 부산의 1987년 6월 항쟁을 그린 장면이다. 〈변호인〉은 노무현 전 대통령의 삶에서 모티브를 따온 영화이지만, 달리 보면 87년 6월의 시대정신을 그린 영화이기도 하다. 주인공 송우석이 변화하는 과정은 광주의 외로운 저항 이후 7년 동안 한국 사회가 겪은 고통스러운 성숙의 시간을 압축한 게 아니겠는가.

〈변호인〉의 잔상 때문인지 요즘 새삼스레 87년 6월의 기억이 아프게 다가온다. 6월 항쟁 20주년을 기리던 2007년에만 해도 이렇지는 않았다. 아마도 그간 한국 사회가 87년 준혁명의 성과가 무색하게 퇴행에 퇴행을 거듭했기 때문일 것이다. 그래서 박종철 열사의 기일(1월 14일)을 맞아 마음은 더욱 무겁기만 하고, 연세대학교 캠퍼스의 이한열 열사 동산이 백양로 지하주차장 건설 소동으로 훼손되었다는 소식도 예사로 들리지 않는다. 어쩐지 우리의 6월이 송두리째 짓밟히는 것만 같은 느낌이다.

이러니 곳곳에서 87년 6월로 돌아가자는 이야기들이 나오지 않을 수 없다. 특히 그 시절의 기억이 지금도 생생한 40대 이상(민주화 세대)에서 그렇다. 1987년으로 돌아가자! 6월이여, 다시 한 번!

그런데 나는 이 대목에서 좀 딴죽을 걸고 싶어진다. 우리의 6월은 과연 영광스럽기만 했던가? 87년으로 돌아가는 것으로 정말 역사의 후퇴에 맞서 싸울 수 있을까? 나의 답은 '아니오'이다. 87년 6월의 시대정신은 현 시점에선 녹슨 무기일 뿐이다. 왜 그럴까?

무엇보다도 87년 6월의 성과라는 것이 지금 우리 발목을 조이는 족쇄, 그 자체이기 때문이다. 그 성과란 한마디로 대통령제와 국회의원 소선거구제가 결합된 오늘의 견고한 정치 제도다. 요즘도 민주화 세대는 대통령 직선제 개헌으로 제6공화국을 연 것을 자신들의 역사적 성취로 자랑스럽게 기억하고 있다. 이 세대가 한국 사회의 중심에서 물러나기 전까지는 대통령제에 손을 대는 개헌은 불가능하다는 게 정설이 될 정도가 아닌가.

"직선제 쟁취"를 외치던 6월의 광장에서 민주주의는 곧 '대결'의 다른 말이었다. 군부독재정권과 그에 맞선 다수 대중 사이의 대결. 대통령 간선제를 직선제로 바꾸고 국회의원 선거의 중선거구제를 소선거구제로 바꾼다는 것은 이 대결을 고스란히 반영하는 정치제도를 만든다는 것이었다. 승자와 패자가 명확히 갈릴 것이고, 승자의 자리는 당연히 반독재 민주세력이 차지할 터였다. 당시 반독재 세력의 대중적 지도자였던 김영삼, 김대중이 그렇게 생각했고, 학생운동 내 다수파의 "직선제 쟁취" 구호가 가장 시의적절하다고 여긴 거리의 시민들도 그렇게 생각했다.

하지만 그렇게 하여 쟁취한 대통령 직선제의 결과는 애초 기대와는 꽤나 다른 것이었다. 그해 말 대선에서 김영삼과 김대중은 자신들이 만들어놓은 게임의 규칙(대결 구도를 양자 대결로 단순화해야 한다는)을 스스로 어김으로써 패배를 자초했다.

그 후 김영삼, 김대중 모두 이 규칙에 부합하기 위해 예전의 적들과 손을 잡아야 했다. 승자 독식 게임에는 변함이 없었지만, '독재 대 민주'라는 명쾌한 대결 구도와는 거리가 꽤 멀어졌다. 김영삼, 김대중 둘 다 군부독재 잔당들과 타협한 덕분에 87년의 메아리는 점점 더 구질서의 강력한 관성에 자리를 내주었다. 가장 선명한 '대결'을 위해 채택된 정치 체제가, 역설적으로, 가장 추악한 '타협'을 강요한 꼴이었다.

그렇기에 87년 6월에 우리가 놓친 것은 민주주의의 또 다른 얼굴이었다. 승자 아니면 패자를 낳는 대결의 민주주의와는 다른 식의 민주주의. 그것은 바로 '합의의 민주주의', 즉 대중의 의견 분포를 비례적으로 반영하고 각 의견들의 잠정적 종합을 만들어내는 민주주의다. 그리고 이것은 완전 정당명부비례대표제(독일식이든 스웨덴식이든)와 내각제('의회제'라고 하는 게 더 맞겠지만,

일단은 널리 쓰이는 용어를 사용하겠다)가 결합된 정치 제도를 통해 가장 잘 구현된다.

'합의'라고 하여 이것을 대결을 배제한 타협이라고만 이해하면 안 된다. 오히려 합의의 민주주의에서 현대 사회의 대결들은 훨씬 더 효과적으로 제도정치에 반영된다. '독재 대 민주'식의 선명한 양자 대결 구도는 극히 예외적인 것일 뿐이다. 현실을 지배하는 것은 서로 교차하는 다양한 대립선들이다.

계급 대립만 하더라도 그렇다. 교조적 마르크스주의가 예상하듯이 사회가 단 둘로 쪼개지는 법은 없다. 사회는 항상 둘보다는 더 많은 계급으로, 다시 더 다양한 계층 그리고 보다 복잡하게는 이들과 교차하는 또 다른 여러 집단으로 나뉜다. 제도정치 무대에서 이들이 제대로 대결하자면 일단 이들 각자가 비례적으로 대표되어야 한다. 요점은 소선거구제는 그럴 수 없으며, 비례대표제에서만 이게 가능하다는 것이다. 그런 탓에 87년 이후에도 이 나라에서 정치는 항상 역동적인 사회 현실과 괴리되어왔다.

정치 무대에 제대로 대표되지 못하므로 제대로 대결할 수도 없다. 제대로 대결하지 못하므로 사실 합의도 없다. 격렬한 쟁투와 토론 끝에 도달한 잠정 결론이라는 의미의 '합의' 같은 것은 없다. 오직 승자 독식 게임에서 승리한 세력이 '다수'를 자처하며 행사한 강압이 있을 뿐이다. 이런 식으로 87년 이후의 정권들은 금융 개방을 밀어붙였고, 구조조정과 사유화[민영화]를 밀어붙였으며, 한미자유무역협정(FTA)을, 4대강 사업을 밀어붙였고, 이제는 철도, 의료까지 포함해 사유화 프로젝트에 마침표를 찍으려 하고 있다.

이제 민주화 세대는 대통령 직선제 쟁취의 추억에서 벗어나야 한다. 6공화국 정치 체제, 즉 대통령제 + 소선거구제에 대한 미련을 버려야 한다. 정말 박근혜 정권에 치가 떨린다면 이런 정권이 등장하도록 몰아간 게임의 규칙 자체를 뒤바꿀 생각을 해야 한다. '결자해지結者解之'라 했다. 민주화 세대가 앞장서서 내각제 + 완전 정당명부비례대표제로 전향해야 한다. 이것 없이는 "박근혜 퇴진" 구호도 공허할 따름이다.

그러자면 결국 개헌을 해야 한다. 요즘 새누리당도, 민주당도 떠드는 바로 그 개헌 말이다. 그런데 이 지점에서 우리는 87년의 또 다른 심각한 한계와 마주하게 된다. 그것은 당시의 개헌이 대중적인 제헌 절차가 부재한, 위로부터의 개헌이었다는 사실이다.

지금 우리 헌법인 제6공화국 헌법은 그렇게 해서 만들어졌다. 6월 항쟁이 있기 전에 선출된 국회가 새 헌법을 제정했다. 새 공화국의 틀을 짜는 과정에서 6월 항쟁의 타도 대상이었던 민주정의당이 최대 다수당으로서 가장 강력한 영향력을 행사했다는 이야기다. 87년을 '준혁명'이라 하기도 뭣한 이유가 바로 여기에 있다. 6월 항쟁의 승전가를 처음 울리던 그 순간에 이미 반혁명이 시작된 것이나 마찬가지였다.

제대로 하려면 제헌의회가 있어야 했다. 한국에서는 학생운동 내 소수파의 구호 정도로만 취급받았던 '제헌의회 소집'이 이뤄져야 했다. 우리와 같은 시기에 군부독재를 끝내고 민주화를 시작한 브라질은 실제로 제헌의회를 새로 구성하여 헌법을 제정했다. 현재 브라질 집권당인 노동자당은 바로 이 제헌의회에서 처음 두각을 나타내 민주화 이후의 대안 세력으로 성장했던 것이다. 그러나 87년 6월 이후의 한국 사회는 이런 기회를 갖지 못했다.

사실 이제는 제헌의회만으로도 부족하다. 핵심은 대중의 적극적인 참여로 새 헌법 질서를 짜야 한다는 것이다. 21세기의 발전 수준에 맞추자면 제헌의회뿐만 아니라 그보다 더 직접적인 대중 참여도 필요할 것이다. 이런 과정 없이는 어떠한 개헌도 무의미하다. 한국 사회가 진일보하는 계기가 될 수 없기 때문이다.

이게 우리의 6월이 놓쳤던 것들이다. 지금 한국의 민주주의가 거대한 장벽에 부딪혀 모두가 87년을 다시 목 놓아 부르고 있지만, 이 장벽은 사실 87년의 또 다른 산물들인 것이다.

그래서 6월로 돌아갈 수는 없다는 것이다. 6월을 넘어서야 한다는 것이다. 그래야 '박근혜 정권'으로 집약되는 현 질서도 극복할 수 있다. '87년 6월'을 넘어서야 '박근혜 정권'을 넘어설 수도 있다.

2014. 1. 16.

1991년 5월의 패배가 연 제6공화국 시대

보고 싶은데, 아직 못 본 영화가 있다. 〈보헤미안 랩소디〉는 아니다. 상영관이 이쯤 됐다면, 어떻게든 시간을 맞춰 관람하지 못했을 리 없다. 상영관도 얼마 안 된 데다 그마저 하루에 한두 차례밖에는 틀지 않았고, 지금은 아예 상영하는 곳도 없다. 다큐멘터리라 그럴 수밖에 없었으리라 짐작은 하지만, 그래도 아쉽다. 바로, 1991년 5월 투쟁을 다룬 권경원 감독의 〈1991, 봄〉이다.

그나마 독립영화 전용관에서 내년 봄까지 상영한다 하니 다행이긴 하다. 또한 각 지역에서 영화관을 빌려 공동체 상영을 하는 진보 단체들도 있다고 한다. 이 중 어떤 경로로든 봐야겠다는 생각이었는데, 홍기빈 칼폴라니사회경제연구소 소장이 〈경향신문〉에 쓴 글(「87년이냐 91년이냐」, 2018년 11월 16일)을 읽으니, 보고 싶은 마음이 더 간절해진다. 한 대목을 인용해본다.

박근혜와 보수의 몰락 후 이제 자신들이 역사의 주류가 되었다고 믿고 있는 '86세대'는 이 영화를 꼭 보시라. 87년의 혁명이 91년에 어떻게 소멸했는지 기억이 살아날 거다. 그리고 그 이후에 자신들이 어떻게 세상에 타협했고 또 어떻게 더 끔찍한 자본주의를 만들어 갔는지가 또록또록 기억날 거다. 그래서 2018년의 세상은 영광스러운 87년의 연속이기는커녕 헬조선의 씨앗이 뿌려진 91년의 연속이라는 점도 느껴질 거다. 그리고 그렇게 해서 나타난 오늘날의 이 끔찍한 야수적 자본주의에 고삐를 채우는 게 이제부터 할 일이라는 점도 느껴질 거다. 더 늦기 전에. 더 늙기 전에.

서슬 퍼런 문장이다. 이 글은 1987년 6월 항쟁 이후 한국 민주주의가 꾸준히 전진해왔다는 신화, 비록 이명박-박근혜 집권기에 일시 후퇴하기는 했지만 촛불항쟁 덕분에 본 궤도로 돌아왔다는 신화가 1991년 5월에 대한 망각을 통해서만 지탱하는 모래성일 뿐이라고 일갈한다. '1991년'이야말로 "민주혁명이 승리했다"는 익숙한 서사를 턱 밑에서 위협하는 예리한 칼날이라는 것이다.

그러고 보니 1991년은 그 역사적 중요성에도 불구하고 우리 기억 속에 그다지 자주 소환되지는 않는다. 1987년, 1997년(외환위기)에 밀려 별로 주목받지 못한다. 그런 탓에 우리는 아직도 그때의 패배를, 지금도 우리 삶을 규정하는 그 심대한 의미를 제대로 곱씹지 못하고 있다.

1991년 5월 투쟁. 1987년조차 역사책 속 한 장면으로만 어렴풋이 아는 젊은 세대에게는 너무 낯설지 모르겠다. 대략의 경과는 이렇다. 1991년 5월은 마치 1987년 6월이 어느 순간 입관했다 4년 뒤에 갑자기 부활한 듯 시작됐다. 시위 중에 한 대학생(강경대 열사)이 경찰의 폭력 진압으로 사망했다. 학생들이 거리로 쏟아져 나왔고, 오랜만에 시민들도 박수를 보냈다. 6월 항쟁 때와는 달리 그새 곳곳에서 민주노조운동을 벌이던 노동자들이 전국노동조합협의회(전노협) 깃발 아래 시위에 함께하기도 했다. 민주자유당 창당 1년이 되는 5월 9일에는 서울 종로가 10만 시위대로 꽉 찼다.

그러나 거기까지였다. 학생들은 "노태우 정권 타도"를 외쳤지만, 다수의 상식 속에서 노태우 정권은 전두환 정권과는 달랐다. 어쨌든 대통령 직접선거로 출범한 정부였다. 분노의 표시는 이 정도로 됐으니 이제 다음 선거를 기다리자는 분위기가 대세였다. 이런 가운데 분신 자결이 잇따랐다. 투쟁을 촉구하는 분신이었지만, 새로운 이름이 사망자 명단을 채울수록 이는 투쟁의 의지를 불러일으키기보다는 절망을 전염시켰다.

그리고 거센 반격이 시작됐다. 보수 언론은 분신에 배후 세력이 있다는 선동에 착수했다. 이를 입증이라도 하듯 분신한 이의 유서를 다른 이가 대필했다는 보도가 뒤따랐다. 전국민족민주운동연합(전민련) 활동가 강기훈 씨가 그 장본인으로 지목됐다. 유서 대필을 기정사실화하는 언론 보도의 홍수 속에서 애초에 시위 정국이 왜 시작됐는지는 관심 밖으로 밀려났다.

이러한 반전은 한 장의 사진으로 완결됐다. 이번에도 언론의 기여는 결정적이었다. 대학생들이 항의의 뜻으로 신임 국무총리에게 밀가루와 계란을 투척한 장면이 '패륜', '폭력' 등의 큼지막한 활자를 달고 대서특필됐다. 여론은 급반전했다. 가뜩이나 기세가 약해지던 시위대는 이후 완전히 위축돼버렸다. 학기말 시험기간이 왔고, 여름방학이 시작됐다. 뒤늦게 1987년을 완결하려던 투쟁의 참담한 종말이었다.

5월 투쟁은 이렇게 철저히 실패했다. 하지만 그 역사적 무게는 결코 가볍지 않다. 1987년의 어정쩡한 승리(?) 만큼이나 혹은 그 이상으로 1991년의 분명한 패배가 이후 한국 사회의 행로를 결정했다고 할 수 있다. 물론 그해 5월의 사건들만으로 역사의 방향이 바뀌었다고 말하기는 힘들 것이다. 하지만 당시 전개되던 한국 사회의 변화 양상을 압축하고 선명히 상징하는 사건들이 그해 5월에 한꺼번에 터져 나온 것만은 틀림없는 사실이다.

첫째, 5월 투쟁을 거치며 이후 한국 사회에서 전개될 민주화의 폭과 깊이가 확정됐다. 군부독재가 만들어놓은 체제와 완전히 단절하는 민주화의 길은 닫혔다. 오히려 기존 체제에 '적응'하는 길만이 당장은 민주화의 유일한 경로로 남았다.

사실 5월 투쟁이 폭발하기 전까지 상황은 더 암울했다. 1987

년 대선을 거쳐 재집권한 군부독재 세력은 3당 합당으로 김영삼 일파를 흡수했지만, 김영삼을 차기 대선 후보로 밀기로 정해놓은 것은 아니었다. 계속 다른 카드를 만지작거리며 김영삼을 고립시키려 했다. 그 일환으로 1991년 초까지 공안 정국이 이어졌고, 강경대 열사의 희생은 이런 상황이 낳은 필연적 결과였다. 그나마 5월 투쟁 덕분에 궁정 암투극은 최악의 결말을 피했다. 민주자유당 내 군부독재 잔당도 김영삼 외에 다른 대안이 없다고 인정하기에 이르렀다.

그러나 파국은 피했더라도 남은 길 역시 민중가요 〈그날이 오면〉이 노래하는 '그날'과는 한참 거리가 멀었다. 김영삼 정권의 등장은 군부독재 세력의 직접 집권이 끝났음을 뜻했지만, 또한 기존 체제와 단절하는 민주화의 길은 닫혔음을 뜻하기도 했다. 이제 이 나라에서는 구 지배 블록의 기득권을 최대한 보장해주는 '민주화'만이 가능함이 분명해졌다. 그리고 김대중은 1997년 대선에서 김영삼과는 또 다른 방식으로 구 세력(김종필 세력)과 연대함으로써 이 길을 충실히 따랐다.

1987년에 두 김 씨 중 누구라도 집권했더라면 기존 체제와 충돌하는 거의 혁명적인 민주화가 시작될 수밖에 없었을 것이다. 둘의 성향과는 상관없었다. 시대의 논리가 그러했다. 그러나 두 사람이 자초한 대선 패배 이후에는 상황이 달라졌다. 이제 둘의 집권은 전혀 다른 민주화 경로의 출발점이 됐다. 오랜 지배 세력과 단호히 결별하길 겁내는 민주주의. 2018년 현재 우리가 살고 있는 그 민주주의다.

둘째, 5월 투쟁은 1987년에 날개를 단 민주노동조합운동의 이후 전개와도 깊이 관련되었다. 5월 투쟁 중의 중대한 사건들 중 하나였던 박창수 열사의 의문사가 상징적인 사례였다. 이 사건은 특히 대기업(당시 표현으로는 '대공장') 민주노동조합에서 어떤 가능성이 어떻게 차단됐는지 시사하는 바가 많다.

노태우 정부는 노동자 대투쟁으로 등장한 민주노동조합들을 철저히 탄압했다. 특히 자동차업계나 조선업계 대공장에 들어선 민주노동조합들을 그 싹부터 짓밟으려 했다. 대공장 노동조합들은 초기에 전투적인 파업으로 이에 맞섰다. 대학생들보다 더 격렬하게 전투 경찰과 싸우는 대공장 노동자들의 모습은 이 무렵 민주화 투쟁의 새 국면을 상징하는 듯했다. 대기업 노동조합이라면 '노동 귀족'이라는 말부터 떠올리는 지금 세태와는 너무도 다른 광경이었다.

그런 가운데 급기야 1991년 5월 한진중공업 노동조합 박창수 위원장이 의문의 죽음을 당한다. 박창수 열사를 죽음으로 내몰면서까지 노태우 정권이 강요한 것은 한진중공업 같은 대공장 노동조합의 전노협 탈퇴였다. 대기업과 중소기업을 포괄하며 연대 투쟁을 벌이던 새로운 노동조합연맹인 전노협과 거리를 두게 하려는 것이었다. 지배 세력은 투쟁력-협상력을 지닌 대기업 노동자들이 다른 산업 부문의 대기업 노동자들과 연대할 가능성을 차단하는 데 혈안이 돼 있었다.

지배 블록의 노력은 실제로 결실을 맺었다. 노동조합위원장이 자칫 목숨까지 내놓아야 하는 이런 상황 속에 대기업 노동조합들은 하나둘 경제적 실리를 추구하는 편한 길로 들어섰다. 스스로 선택해서든 상황에 내몰려서든, 결국 이 길에서 다들 만났다. 연대의 열쇠를 쥐고 있다고 기대됐던 이들이 어느덧 기득권자라 지탄받는 신세가 됐다. 그러면서 민주화 이후 한국 사회는 차츰 연대가 아니라 그 반대, 즉 경쟁과 차별, 질시와 혐오로 온통 물들어갔다.

다만 현실이 이렇더라도 누구나 그들에게 마음껏 손가락질할 수 있는 것은 아니다. 적어도 자본과 보수 언론은 그럴 수 없다. 대기업 노동자들이 바로 이런 올가미에 갇히길 진심으로 바라며 온갖 폭력과 술책으로 이를 성사시킨 게 그들이지 않던가.

셋째, 5월 투쟁에 찬물을 끼얹기 위해 기획된 유서 대필 조작 사건은 1980년대와 구별되는 새로운 시대를 알리는 불길한 전조였다. 이 사건은 진실과 거짓의 경계가 무너지는 시대, 진실을 향한 열정이 비웃음거리가 되는 시대의 개막을 알렸다.

지난 2018년 11월 21일 검찰 과거사위원회는 이 사건을 노태우 정권의 압력에 따라 검찰이 수사 방향을 기획하고 증거를 조작한 결과라 규정하고, 검찰총장이 강기훈 씨에게 직접 사과하라고 권고했다. 이미 3년 전인 2015년에는 대법원이 강기훈 씨의 무죄 판결을 확정한 바 있다. 이로써 무려 24년 만에 이른바 유서 대필 사건은 유서 대필 '조작' 사건임이 확인됐다.

바로 그 24년간 진실은 무참히 농락됐다. 한 인간의 삶이 국가기구가 연출한 거짓에 유린당해도 어쩔 수 없다는 세태가 이른바 '민주화' 이후의 한국 사회를 지배했다. 아니, 유린당한 것은 강기훈 한 사람만이 아니었다. '민주주의'라는 말이 희망의 광채와 해방의 열기를 띠게 했던, 1980년대의 시대정신 또한 만신창이가 됐다.

1980년대의 시대정신이란 진실을 향한 열정이었다. 1980년 5월 광주에서 있었던 일의 진상을 알리고, 죽은 자와 죽인 자를 가르며, 악의 핵심에 육박하려는 집단적 의지였다. 그것은 "진상 규명, 책임자 처벌"이라는 구호로 요약돼 민중의 머리와 가슴에 파도처럼 일렁였다.

그러나 대통령 직접선거로 들어선 첫 정부 아래에서 이 시대정신은 1990년대로의 입장을 거부당했다. 유서 대필 조작 사건을 연출한 수사 당국과 이를 진실인 양 떠벌린 언론은 이제는 진실 또한 '만들어질' 수 있다고 당당히 천명했다. 진실과 거짓을 가려내려는 목소리에 조소를 퍼붓고, 세상의 토대는 그런 진실 따위가 아니라고 훈계했다. 이런 토대 아닌 토대 위에 풋내기 한국 '민주주의'가 두 발을 내디뎠다.

그러고 보면 가짜 뉴스의 범람은 결코 요즘 갑자기 등장한 현상이 아니다. 그 뿌리는 1991년 5월로 거슬러 올라간다. 가짜 뉴스의 최초 발명자 또한 시민사회 안의 별 볼 일 없는 극우파 한량 따위가 아니다. 뼈대 있는 대한민국 국가기구가 그 특허권자임을 알아야 한다.

지금껏 이야기한 것들 말고도 1991년 5월 정국에서 읽어낼 수 있는 중대한 역사적 의미는 더 많을 것이다. 하지만 위의 논의만으로도 한가지만은 분명히 확인할 수 있다. 지금 우리의 시간이 1991년 5월과 곧장 이어진다는 사실 말이다. 큰 틀에서 우리는 여전히 그 시간의 연장 속에 있다.

요컨대, 우리는 아직도 '제6공화국'의 시간을 살고 있다. 물론 1987년에 헌법이 크게 바뀌고 나서 헌법을 다시 개정한 적이 없으므로 누구도 현재 대한민국이 '제6공화국'임을 부정할 수는 없을 것이다. 하지만 노태우 정부 이후 '제6공화국'은 정권 주역들이 기피하는 명칭이 됐다. 그래서 애써 '문민정부'니 '국민의 정부'니 '참여정부'니 하는 말들을 만들어내며 거리를 뒀다. '87년 체제' 같은 건조한 대체어가 등장하기도 했다. 그러나 이런 신조어들과는 무관하게 진실은 이것이다—지금껏 한국 사회는 1991년 5월 투쟁의 패배와 더불어 굳어진 '제6공화국 체제'를 벗어난 적이 없다.

그해 5월의 거리에서 나는, 우리는 패배자였다. 30여 년이 지난 지금도 그 패배의 시간은 끝나지 않았다. 그때 대결했으나 결코 이겨내지 못한 상대가 여전히 우리를 노려보고 있다. 심지어는, 촛불 이후에도.

문득 노회찬 의원이 2007년 민주노동당 대통령후보 경선에 출마하며 제시한 비전이 떠오른다. 그때 노회찬 의원은 '제7공화국'을 설파했다. '제7공화국'이라 하니, 그때도 그랬고, 지금도 헌법 개정부터 떠올리는 경우가 많다. 그러나 '제6공화국'의 시간에 짙은 그림자로 남아 있는 1991년 5월을 시야의 중심에 둔다면, 이야기가 많이 달라진다. 이 경우에 '제7공화국'이 상징하는 바는 과감한 단절이고, 고개를 다른 방향으로 돌리며 내딛는 한 걸음이다. 어정쩡한 타협의 틀에 갇혀 발육이 멈춘 민주주의를 다시 성장시키는 일이고, 강제로 차단당한 연대의 가능성을 되살리는 일이며, 식어버리거나 길을 잘못 든 열정을 새롭게 불러내는 일이다.

나는 2016-2017년 촛불항쟁이 이러한 '제7공화국'의 시작으로 이어지길 바랐다. 그러나 현실은 그렇지 못했다. 적어도 아직까지는, 그렇다. 아직은 촛불을 87년의 사이비 승리와 연결하는 서사가 91년 5월 투쟁의 패배의 결과물과 오늘을 대조하며 새로운 과제를 향해 우리 자신을 채근하는 몸부림을 압도한다. 그렇기에 이 글 첫머리에 인용한 칼럼의 도발적인 제목은 지금 더없이 유효하다. "87년이냐, 91년이냐."

2018. 11. 26

문제는 86세대가 아니라 제6공화국 이데올로기다

이른바 '조국 대전'이 한고비를 넘긴 지금, 한국 사회에는 세대론의 태풍이 불고 있다. 대다수 언론은 이번 논란의 대립 구도를 86(민주화)세대와 젊은 세대의 충돌로 정리하고 있을 뿐만 아니라, 이를 계기로 한국 사회 불평등을 계급, 계층이 아니라 세대를 중심으로 바라봐야 한다는 주장이 주목받고 있다.

지금 우리 사회의 위기가 뭔가 새것의 등장을 가로막으면서까지 완강히 지속되는 옛것 탓이라는 데는 고개를 끄덕이지 않을 수 없다. 여기까지는 동의한다. 하지만 그렇다고 이를 곧바로 세대에 끼워 맞추는 게 과연 적절한 진단일까? '옛것'의 자리에 86세대를 넣고 '새것'에 젊은 세대를 넣기만 하면, 그림이 완성되는 걸까?

세대론이 각광받는 이즈음, 나는 오히려 이런 시각에 거리감을 느낀다. 이유는 간단하다. 이 틀에 들어맞지 않는 게 너무 많아 보이기 때문이다. 예컨대 최근 여론조사를 보면, 86세대에 해당하는 50대에서는 20대와 마찬가지로 문재인 정부-더불어민주당 지지를 철회하는 경향이 나타나는 반면, 30대는 여전히 굳건히 문재인 정부-더불어민주당을 지지하는 경향이 짙다. 이를 두고도 2002년 월드컵 '붉은 악마' 바람이나 김대중-노무현 정부 경험 등을 들며 세대론에 따라 여론을 설명하려는 시도들이 있지만, 나는 그 여론이 그저 세대론(더 정확히는 세대 대립론)의 한계를 보여주는 증거라 본다.

그렇다면 '새것의 등장을 가로막으면서까지 완고히 버티는 옛것'의 실체란 도대체 무엇인가? 그게 단지 '나이 든 세대'로 환원될 수 없다면 말이다.

내 생각에 그것은 '낡은 상식'이다. 우리의 인식과 실천을 좁은 울타리 안에 가두는 특정한 상식 체계가 작동하고 있다. 상당 기간 한국 사회를 지배해온 이 상식 체계 탓에 이 사회는 수십 년째 비슷한 일상 속에서 맴돌고 있다. 이 낡은 상식은 계급, 계층을 가리지 않고 세대 경계선까지 넘어 사회 전체에 확산돼 있는데, 사회 곳곳에서 새로운 상식의 싹이 등장하거나 자라나지 못하게 막는 역할까지 한다. 흔한 사회과학 용어법에 따라 우리는 이를 '이데올로기'라 칭할 수도 있을 것이다.

86세대 논자들 가운데 유독 이 이데올로기를 순수하게 대변하는 이들이 많은 것은 사실이다. 이번 조국 논란에서도 이 세대에 속한 유명 논객들이 낡은 상식의 주요 발화자로 나섰다. 그래서 이는 86세대의 체험이나 속성과 결합된 이데올로기, 즉 '86세대 이데올로기'로 보이기도 한다. 그러나 이런 작명에 역행하는 현실도 분명 존재한다. 이 이데올로기의 지배를 받는 것은 단지 86세대 대학졸업자들만이 아니다. 다수의 포스트-86세대 역시 여기에서 자유롭지 못하다. 위 여론조사 결과가 말해주듯, 어떤 경우는 그 지배의 강도가 더 세기까지 하다.

그렇다면 이 이데올로기에는 어떤 이름이 어울릴까? 최근 나는 홍기빈 칼폴라니사회경제연구소 소장을 비롯한 몇 분과 대화하는 가운데, 어울리는 이름 하나를 찾아냈다. '제6공화국 이데올로기'가 바로 그것이다.

여기에서 '제6공화국'이란 단지 현행 헌법의 등장과 효력 지속을 나타내는 건조한 시대명이 아니다. 그보다 이 이름은 지난 30여 년간 우리가 함께 겪어온 역사 과정 전체를 통칭한다. 이 기간 내내 86세대가 다른 세대보다 눈에 띄는 역할을 하기는 했지만, 분명 주인공은 이들만이 아니었다. 86세대 앞뒤의 여러 세대가 1987년의 어정쩡한 결말, 타협적 민주화, 외환위기와 신자유주의화, 이명박-박근혜 정권기의 '잃어버린 10여 년'을 함께 겪었다. 제6공화국 이데올로기란 이 과정에서 다져지고 이 과정을 지배해온 여러 상식의 체계를 뜻한다.

제6공화국 이데올로기가 어떤 식으로 우리의 인식과 실천을 지배하고 있단 말인가? 첫째, 제6공화국 이데올로기는 1987년에 만들어진 권력 질서 안에 민주주의의 상상력을 가둔다.

6월 항쟁은 위대한 민주주의 (준)혁명이었지만, 민주화를 대통령 직선제와 등치시키는 한계 안에 머물렀다. 숱한 비민주 질서가 도전받지 않은 채 잔존했고, 더 많은 민주화를 위해 반드시 필요한 물음들이 생략되거나 억압됐다. 그래서 헌법 위에 선 국가보안법 체제, 비선출직 관료가 주도하는 국가기구, 그 안에서도 독자적 권력으로 똬리를 튼 검찰과 사법부가 그대로 남았고, 대중 정치를 활성화하는 정당제도나 선거제도(대통령 결선투표제 도입과 비례대표제 확대 등)는 미래 과제로 넘겨졌다.

이후 한국 사회는 이 질서 안에서 대통령 자리의 주인을 바꾸는 데에만 익숙해졌다. 5년마다 돌아오는 대선이 민주주의의 거의 전부가 됐다. 이 대선에서 리버럴 정당이 승리하게 하거나 이를 통해 청와대에 입성한 세력이 벌이는 권력 투쟁을 응원하는 일이 곧 민주주의 투쟁의 전부가 되었다. 기존 정치 질서 자체에 대한 문제제기는 대개 변방의 목소리에 그쳤다.

둘째, 제6공화국 이데올로기는 정치와 경제는 별개라는 전제 아래 정치적 민주주의와 사회경제 개혁의 상호작용을 차단한다.

6월 항쟁에 뒤이어 폭발한 노동자 대투쟁은 정치적 민주화가 사회경제 개혁으로 이어져야 한다는 대중의 바람을 보여주었다. 그러나 당시 투쟁에 내재했던 한계, 즉 정당 정치와 결합하지 못한 '비정치적' 조합주의와 기업별 노동조합이라는 조직 형태 탓에 이런 열망은 대중의 극히 일부(오늘날 비판받는 대기업-공기업 정규직 남성 노동자들)에게만 실현됐다. 반면, 지난 30여 년간 국가가 추진한 사회경제 개혁은 노태우 정부의 토지공개념 정책이 최대치였다. 이후 이보다 더 멀리 나아가본 적이 없다. 이른바 '민주'정부의 개혁들 가운데는 이처럼 부분적으로라도 소유 구조까지 손대며 대중의 권리를 개선한 사례를 불행히도 우리는 찾을 수 없다.

제6공화국 질서 안에서 민주주의 투쟁의 '승리'는 이렇게 매번 사회경제 개혁 약속의 배반으로 이어졌다. 이런 경험이 반복될수록 정치적 민주주의는 비정치 영역의 개혁과는 상관없다는 것이 대중의 상식으로 굳어졌다. 즉, 정치('민주주의')와 경제('먹고 살기') 사이의 명확한 구별은 이제 모든 계급, 계층에게 불변의 진리가 됐다. 이런 상황에서도 자신들만의 자원(노동 시장과 자산 시장에서의 기득권, 주류 정당에 대한 영향력 등)으로 일정한 지위를 유지할 수 있었던 계층을 제외하면, 다수 대중에게 이는 '출구는 없다'는 패배주의적 승인을 뜻했다.

셋째, 제6공화국 이데올로기는 여성과 소수자의 권리, 생태계 위기 같은 새로운 과제들을 계속 관심과 고민의 사각지대에 가둬 놓는다.

대한민국에서 제6공화국의 시간이 시작될 무렵, 바깥세상에서는 이미 여성 해방을 위한 새로운 물결이 일기 시작했고 장애인, 동성애자, 이주민 등 소수자의 권리가 부각되는 중이었다. 또한 경제성장주의와 지구 시스템 안정성의 모순과 충돌을 지적하며 대안을 모색하는 흐름도 '녹색 정치'라는 이름으로 세계 곳곳에서 등장하고 있었다. 그러나 1980년대 말 한국 사회는 이들 과제를 자신의 급박한 현안으로 받아들이지 못했다. 한국인들이 생각하는 민주주의와는 상관없는 남의 나라 이야기일 뿐이었다.

안타깝게도 이런 분위기는 지금껏 크게 바뀌지 않은 채 이어지고 있다. 최근 여성들의 진출과 노력으로 젠더 의제가 점차 주목을 받고 있을 뿐, 다양한 소수자들은 여전히 정치 무대에서 충분히 자신의 목소리를 내지 못한다. 더구나 선진자본주의 국가 중 유독 한국만이 인류 문명 전체의 절박한 과제로 떠오른 기후위기에 기괴할 정도로 태평스럽다. 혹한과 혹서도 이 단단한 무관심을 깨기에는 아직은 무력하기만 한 것 같다.

한마디로, 지금 우리는 이러한 제6공화국 이데올로기의 포로가 되어 있다. 한국 사회를 전진시키려면, 넘어서야 할 것은 86세대가 아니라 제6공화국 이데올로기라는 말이다. 굳이 86세대가 문제라면, 이 세대의 유기적 지식인들(정치인, 언론인, 논객 등)이 이 이데올로기의 형성과 유지, 강화에 앞장서왔기 때문이다.

실은 이 이데올로기에 갇혔다는 점에서는 요즘 젊은 세대 사이에서 유행한다는 '공정' 담론도 마찬가지다. 공정론은 기존의 부-권력 사다리를 그대로 전제한 채 사다리 아래에서 위로 올라가는 경쟁이 공정해야 한다고만 주장한다. 이것은 부-권력 사다리는 결코 바뀔 수 없다는 제6공화국 이데올로기의 한 파생물에 불과하다. 더구나 인류 사회 전체가 그 규모와 영향력을 일정하게 줄여나가야 하는 상황에서 각자의 삶을 어떻게 설계해야 할지에 대한 고민이 누락된 근시안적 결론이기도 하다. 이런 공정론으로 86세대에 맞서봐야 무력하기만 할 뿐이다. 결국은 제6공화국 이데올로기의 포로들이 벌이는 수용소 안 다툼이기 때문이다.

낡은 질서를 타파하고 싶다면 우선 낡은 상식의 바깥에 서야 하지 않을까. 거기에서 새로운 상식을 다지고 기존 상식 체계를 안에서부터 흔들며 균열을 일으키고 마침내는 뒤집어야 한다. 감히 나는 그 '바깥'이 민주적이고 생태적인 사회주의의 상상력과 토론, 실험이라 주장한다. 그리고 옛것 '안에' 이런 새것을 침투시키고 확산시키는 노력을 탈'제6공화국' 운동, 달리 말해 '제7공화국' 운동이라 하자고 제안한다. 단지 헌법 문안을 바꾸자는 의미가 아니다. 제6공화국 이데올로기를 깨부수자는 바로 그 의미에서의 '제7공화국'이다.

조국 법무부장관 지명자를 둘러싼 이번 소란을 계기로 이러한 '제7공화국' 운동이 시작되기만 한다면, 이 소동도 결코 헛된 일만은 아닐 것이다. 다만 나는 현실 정치세력 가운데 과연 시대의 요청에 부응할 주역들이 나타날 수 있을지, 그것이 두려울 뿐이다.

2019. 9. 24.

6공화국 정치
—민주주의인가, 보나파르트주의인가

지난 번에 나는 한국 대선과 비슷한 시기(2022년 4월)에 실시되는 프랑스 대선 상황을 칼럼으로 소개한 바 있다. 그러면서 작금 프랑스 정치도 우리 못지않게 병이 중하다 진단했다.

그 글에서도 언급했지만, 그러고 보면 문제는 단지 헌법상의 권력구조만은 아니다. 프랑스는 한국과 달리 이원집정부제(대통령이 상당한 권한을 갖지만, 총리를 의회에서 선출하게 하여 의회제의 요소도 반영한 제도)이지만, 마크롱 정부나 문재인 정부나 오십보 백보이니 말이다. 대한민국 제6공화국 정치의 문제를 '제왕적 대통령제'라 진단하고는 곧장 내각제나 이원집정부제를 처방하는 접근법은 한계가 분명하다. 그런 처방이 잘못됐다는 게 아니라 그것만으로는 크게 부족하다는 것이다.

그렇다고 어떤 이들처럼 양대 정당 중 한쪽에 '파시즘' 딱지를 붙이는 놀음으로 분석을 대신할 수도 없다. '파시즘'은 가장 느슨한 의미에서도 민주주의의 테두리에 담길 수 없는 그 적인데, 제6공화국 민주주의가 아무리 중병에 걸렸어도 아직 그쯤은 아니다. 돌팔이 의사의 호들갑에 장단 맞추다 보면 정작 진짜 무거운 병의 싹을 제대로 잘라내지 못하는 법이다.

제6공화국 정치를 참으로 극복하려면 아무래도 이런 일면적 접근법이나 저질 선동과는 다른 분석이 있어야 하겠다. 혹시 사회과학 고전들 가운데에 이런 분석의 도구로 쓰일 만한 개념이 있지는 않을까? 실은 한국 민주주의 상황을 하필 프랑스와 견주어서인지 머릿속을 떠나지 않는 단어가 하나 있기는 하다. 그것은 다름 아닌 '보나파르트주의'다.

'보나파르트'란 나폴레옹 보나파르트를 말한다. 단, 여기에서 나폴레옹이란 위인전에 나오는 그 나폴레옹이 아니라 그의 조카인 나폴레옹 3세다. 나폴레옹 3세는 1848년 2월 혁명으로 들어선 민주공화국, 즉 프랑스 제2공화국에서 남성 보통선거로 대통령에 당선됐다. 그러나 임기가 끝날 무렵인 1851년 말에 스스로 쿠데타를 일으켜 임기를 마음대로 연장하고는 다시 몇 달 뒤에 황제의 자리에 올랐다. 삼촌이 간 길을 그대로 반복한 셈이고, 한국인에게는 박정희를 연상시키는 행보였다.

아무튼 1789년 대혁명을 이어받고 여기에 새로운 사회주의-노동계급 요소들까지 더한 찬란한 혁명으로 출범한 민주공화국은 불과 4년 만에 민주주의 아닌 어떤 체제로 전락하고 말았다.

어떻게 이런 일이 일어날 수 있었던 걸까?

이 물음에 답하려 한 이가 카를 마르크스다. 마르크스는 「프랑스의 계급투쟁」(1850년)과 「루이 보나파르트의 브뤼메르 18일」(1852년)이라는 두 장편 논설을 통해 2월 혁명 이후 나폴레옹 3세의 제2제정 수립에 이르는 과정을 분석했다. 이 두 편의 글에서 마르크스는 다름 아닌 제2공화국 민주주의 자체가 민주주의를 허물어뜨리고 독재 체제를 낳았다고 냉정하게 진단한다.

어떤 일이 있었던 걸까? 이 짧은 지면에서 당시 프랑스 역사나 마르크스의 논설을 상세히 짚을 수는 없다. 다만 제2제정이 들어서는 과정에서 마르크스가 주목한 요소들만 나열해보면, 우선 민주혁명에 함께한 사회세력 가운데 노동계급, 더 정확히 말하면 실직 상태에 있던 하층 노동자들이 혁명 직후에 첫 번째로 타격을 입었다. 1848년 6월, 임시정부 정책에 항의하는 노동자 봉기가 유혈 진압된 뒤에 그나마 민중 안의 가장 투쟁적인 세력과 국가기구를 연결하던 고리가 끊어져 버린 것이다.

이 봉기 뒤에도 의회 안에서 급진민주주의나 사회주의 성향의 민중 대표들이 활동하기는 했다. 하지만 이들은 급속히 고립됐다. 반면, 의회를 좌우하기 시작한 것은 부르봉파와 오를레앙파라는 왕당파의 두 분파와 부르주아 공화파였다. 그들은 민중의 이해와는 상관없이 철저히 소수 기득권 집단만을 위해 이전투구를 벌였다. 이런 와중에 새 헌법에 도입된 미국식 대통령제에 따라 대선이 실시됐고, 이 선거에서 나폴레옹 보나파르트가 주로 농민의 지지를 받으며 승리하게 된다.

그 후론 대통령과 의회가 정쟁의 두 주역이 됐다. 새 대통령은 프랑스의 거대한 중앙집권적 국가기구를 장악하고는 그 힘으로 의회를 압박했다. 의회 다수파는 새삼 '민주주의'를 들먹이며 대통령에 맞섰지만, 의회 밖에서는 아무도 이들의 외침에 진지하게 귀 기울이지 않았다. 민중은 왕당파와 부르주아 공화파가 벌이는 그들만의 싸움에 신물이 나 있었고, 심지어는 부르주아 계급 자신도 자기 계급의 의회 정파들을 지지하지 않았기 때문이다.

이런 상태가 지루하게 지속되다 결국 대통령 쪽에서 친위 쿠데타를 일으켜 의회의 마지막 숨통을 끊었다. 이로써 2월 혁명으로 시작된 모처럼의 민주공화국이 짧은 생을 마감했지만, 애도의 눈물을 흘리는 이는 찾아보기 힘들었다. 시민사회와 단절된 의회는 모두의 경멸 속에 고독사하고 말았다.

반면, 독재자로 부상한 대통령에게 권력이 집중되었다. 어느 계급에도 직접 속하지 않은 것처럼 보이는 나폴레옹 보나파르트에게 모든 계급의 기대와 환상, 체념이 모였고, 그럴수록 대통령은 더 큰 권력의 장악과 전횡으로 이에 답했다. 이때부터 사회과학자들은 시민사회 안의 어떤 계급도 확고하게 정치적으로 지배하지 못하는 상황에서 권력이 1인 통치자에게 집중되는 양상을 '보나파르트주의'라 부르기 시작했다. 마르크스는 이렇게 요약한다.

프랑스가 한 계급의 전제에서 벗어난 것은 이처럼 오로지 한 개인의 전제 아래로, 그것도 권위 없는 한 개인의 권위 아래로 되돌아가기 위해서였던 것 같다. 이리하여 투쟁은 모든 계급들이 다 같이 힘없이, 다 같이 말없이 총부리 앞에 무릎을 꿇는 것으로 해결된 듯이 보인다. (〈루이 보나파르트의 브뤼메르 18일〉, 《칼 맑스 · 프리드리히 엥겔스 저작선집 제1권》, 박종철출판사, 2004. 380)

결국 당대 유럽에서 가장 앞섰던 민주주의가 자기를 파괴하며 소멸했다. 아래로부터의 계급투쟁을 진압함으로써 출현한, 민중과 격리된 정치 공간, 시민사회 내 세력들과 괴리된 의회 안에서 끝없이 이어진 기득권 정파들만의 정쟁, 이런 의회를 중앙집권적 국가기구와 대립시키고 마침내 전자를 후자에 종속시키는 역할을 한 미국식 대통령제, 민주주의적 방식의 갈등 해결책을 찾지 못하자 대통령에게 황제의 관을 씌우며 무릎 꿇은 사회 내 모든 세력…이것이 마르크스가 정리한 민주주의 자멸 과정의 주된 계기들이었다.

여기까지 읽고 의아한 분들도 있을 것이다. 근대 민주주의의 초창기라 할 시점에 벌어진 일들이 21세기 현실과 도대체 무슨 관계란 말인가? 더구나 대한민국 제6공화국 민주주의와는 너

무 멀리 떨어진 이야기가 아닌가?

하지만 보나파르트주의는 '현대' 정치를 분석하는 틀로 아직도 활용되고 있다. 최근의 가장 인상적인 사례는 도메니코 로수르도Domenico Losurdo(1941-2018)의 작업이다. 로수르도는 국내에는 잘 알려지지 않은 현대 이탈리아 사상가로서 오랫동안 공산당 당원이었고 평생 고집스러운 좌파였다. 로수르도는 정치철학과 역사학을 넘나들며 여러 저작을 남겼는데, 그 중에서도 주목할 만한 한 저작은 《민주주의인가, 보나파르트주의인가: 보통선거제의 승리와 쇠퇴*Democrazia o bonapartismo. Trionfo e decadenza del suffragio universale*》(1993년)다.

로수르도는 이 책에서 보나파르트주의 개념을 19세기 중반 프랑스를 넘어 다른 나라에 확대 적용하는데, 그 나라는 무려 미국이다! 어쩌면 보나파르트주의는 미국식 대통령제가 당시만 해도 소농사회였던 미국이 아니라 산업자본주의의 모순이 이미 첨예해진 프랑스 같은 곳에서 실시됐을 때 나타나는 뜻하지 않은 효과로 이해될 수도 있다. 그러나 로수르도는 이런 생각을 뒤집는다. 로수르도는 미국 정치 자체를 보나파르트주의의 틀로 분석한다.

로수르도에 따르면, 19세기 말 독점자본주의가 대두하며 미국에 자리 잡은 정치 체제는 보나파르트주의의 한 변형이다. 이 시점에 미국식 대통령제는 미국 안에서도 자본주의와 결합함으로써 민주주의와 민주주의 아닌 것의 경계선에 선 체제로 변질되고 말았다. 의회는 단순다수대표제(소선거구제)를 통해 민주당과 공화당, 두 당이 독점하게 되며, 따라서 시민사회 내 기층 세력과는 구조적으로 단절된다. 대중에게 남은 것이란 양대 정당이 내세우는 두 명의 정치인 중 한쪽을 뽑는 대선 참여일 뿐이다. 그리고 이렇게 뽑힌 연방정부 대통령은 'people(인민)'의 이름으로 자본가 '계급'의 이익을 보장한다. 로수르도는 이 체제를 '연성soft' 보나파르트주의라 규정한다.

홍미로운 논의다. 연성 보나파르트주의 개념을 현재 한국 정치에 적용해보면 어떨까 하는 생각도 든다. 그런데 아쉽게도 로수르도의 연성 보나파르트주의론에 관한 소개는 이 정도에 머물러야겠다. 당장은 더 나아가기 힘들다. 《민주주의인가, 보나파르트주의인가》의 영역본이 아직 출간되지 않은 탓이다.

하지만 굳이 로수르도의 이론에 기대지 않아도 되지 않을까. 충분히 우리 나름의 방식으로 마르크스의 보나파르트주의 분석을 우리 사회의 현실에 적용해볼 수 있기 때문이다. 가령 마르크스가 분석한 19세기 프랑스 보나파르트주의 성립 과정의 중요한 요소들은 당대의 맥락을 넘어 다른 시공간에 맞게 '일반화'될 수 있다. 이런 식으로 최소한 다음의 구성요소들을 뽑아낼 수 있을 것이다.

첫째, 사회운동의 억압, 혹은 사회운동 세력이 정치 공간에 진입할 통로의 제한. 시민사회 내 적극적 사회운동 세력의 성장을 원천 봉쇄하거나, 협소한 정당정치 지형과 승자독식 선거제도를 통해 사회운동 세력이 정치 공간에 유기적인 영향력을 끼칠 통로를 차단한다. 이에 따라 민중의 커다란 일부가 제도정치와 구조적으로 괴리된다.

둘째, 소수 원내 정당 간의 일상적 정쟁. 대개 두 정당으로 수렴되는 제한된 원내 정당들이 벌이는 끊임없는 정쟁이 '정치'의 모든 것으로 여겨진다. 원내 정당들은 모두 '대중'정당을 표방하지만 의회에서는 지배'계급'의 이익을 위해 사실상 담합한다. '정치'는 다수 시민에게서 완전히 소외된다.

셋째, 행정적 국가기구의 끝없는 확장. 현대 자본주의의 발전과 함께 관료제에 바탕을 둔 국가기구는 꾸준히, 돌이킬 수 없이 확장돼나간다. 다른 개입이 없다면, 이 경향은 대의민주제의 역량을 압도하며 이를 무력화한다. 이 경향에 맞서 일정한 균형추 역할을 하는 지방자치나 연방제의 전통을 보유한 국가도 있지만, 전혀 그렇지 못한 국가(한국)도 있다.

넷째, 대통령제. 정치에서 소외된 대중의 민주주의 열망은 오직 대통령 선출 과정과, 대통령 1인을 향한 기대(혹은 적대)로 표출되며, 체제는 이를 오히려 활용한다. 선거를 포함한 현존 민주주의 장치에 대한 대중의 환멸은 대통령 1인에 권력이 집중되길 바라거나 이를 당연시하는 것으로 나타나는데, 그러한 대통령 권력이란 실제로는 국가 관료기구의 인격적 대변에 불과한 경우가 대부분이다.

이것이 일반화된 보나파르트주의다. 이는 각국의 독특한 정치 제도들을 통해 재생산된다는 점에서 '제도화'된 보나파르트주의이기도 하다. 그리고 나는 현재의 프랑스 제5공화국과 대한민국 제6공화국 모두 일반화-제도화된 보나파르트주의 체제라고 본다. 달리 말하면, 지금 우리가 대결해야 할 상대는 단순한 '제왕적 대통령제'나 '포퓰리즘' 혹은 '파시즘' 같은 잘못된 진단의 대상이 아니라 제6공화국의 일반화-제도화된 보나파르트주의 체제다.

이런 진단이 시사하는 바는 무엇인가? 우선, 가장 중요한 것은 한 세대의 위대한 성취로 기억되는 '제6공화국 민주주의'가 민주주의에 크게 미달할 수도 있음을 직시해야 한다는 것이다. 일반화-제도화된 보나파르트주의는, 아무리 좋게 말해도, 민주주의와 민주주의 아닌 것의 경계선에 선 체제다. 당장은 결코 파시즘이 아니지만 파시즘이 놀랍도록 빠른 속도로 승리를 거둘 가능성이 있는, 취약하기 이를 데 없는 유사-민주주의 체제에서 우리는 살고 있다.

이 진단이 전하는 또 다른 중대한 메시지는 '제6공화국을 넘어선다'는 것의 진정한 의미다. 그것은 단순히 권력구조 개헌일 수 없다. 물론 대통령제는 어떤 식으로든 바뀌어야 하겠지만, 그보다 더 근본적으로, 사회운동이 부흥해야 하며 선거제도 개혁과 정당정치 지형 재편이 필요하다. 국가기구의 경우, 최상위 권력구조뿐만 아니라 중앙정부-지방정부의 관계, 관료기구와 대의제의 힘의 균형, 대중의 참여 통로와 수준이 바뀌어야 한다.

일반화-제도화된 보나파르트주의라는 진단은 미래 전망에서도 쓸모가 있다. 지금 대선은 양대 정당이 각각 내세운 이재명, 윤석열, 두 후보를 향한 기대 혹은 적대라는 정념 일색이다. 이른바 '분석'이라 제시되는 것들도 이 정념의 정제된 표현 정도에 그치고 있다.

그러나 미래 시나리오는 둘 중 하나일 뿐이다. 모든 기대를 빨아들여 5년간의 정책 사보타주로 이에 답하며 기존 체제의 수명을 5년 더 연장시키기라는 역사적 사명을 다하는 '차가운' 보나파르트주의(그 최근 사례는 물론 문재인 정부다). 아니면 대통령에게 하나의 가능성으로 존재하는 그 권력을 실제로 사용하여 '독재', '파시즘'과 민주주의의 경계를 넘나드는 모험을 감행하는 '뜨거운' 보나파르트주의. 이재명이든 윤석열이든 이 두 시나리오를 넘어설 수 없으며, 이러한 두 가지 위험 역시 두 사람이 아닌 일반화-제도화된 보나파르트주의의 소산이다.

다른 미래는 오직 다른 길을 통해서만 열릴 수 있다. 제6공화국 30년 동안 한 번도 본격적으로 추진돼본 적 없는 것, 즉 일반화-제도화된 보나파르트주의를 무너뜨리려는 시도가 바로 그것이다. 다양한 대중과 유기적으로 연결된 여러 사회운동의 재생 그리고 정치 체제 변혁의 동시 추진만이 이에 걸맞는 강력한 일격이 될 수 있을 것이다.

2021. 12. 22.

2부

한국 사회 진단서

한국적 경제주의를 넘어서자
—추격의식에 대하여

2016~17년 촛불항쟁이 한창일 때 나는 기회 있을 때마다 촛불시민이 무너뜨려야 할 것이 박근혜 정권과 재벌 체제만이 아니라고, 바리게이트 안쪽의 우상도 타파해야 한다고 주장했다. 그러한 주장의 결론은 기성 사회운동이 새 세대의 사회 변화 요구에 부응하려면 '87년 이데올로기'에서 벗어나야 한다는 것이었다.

하지만 '87년 이데올로기'란 정확히 무엇인가? 여러 요소들이 있겠지만, 그 중에서도 우선 '경제주의'를 강조하고 싶다. 경제주의란 무엇인가? 경제적 이익 추구를 다른 어떤 가치보다 우위에 두는 태도, 그래서 다른 가치조차 경제적 합리성의 틀을 통해서만 바라보는 태도를 일컫는다. 자본주의 사회에서 경제주의는 너무도 당연한 전제이기에 딱히 '이데올로기'로 다가오지 않지만, 실은 그렇기에 가장 강력한 이데올로기다.

주류 경제학은 모든 인간이 경제주의에 따라 행동한다고 전제한다. 그리고 우리는 일상에서 대체로 그렇게 행동한다. 오직 과거 역사와의 대조를 통해서만 우리는 경제주의가 우리 시대만의 특징임을 알아차릴 수 있다. 자본주의 태동기에는 자본가 집단의 독특한 사고・행동 양식이던 것이 이제는 지구자본주의 안에 살아가는 거의 모든 대중의 문화가 되고 말았다.

경제주의는 한국에만 유별난 현상은 아니다. 오히려 자본주의 사회의 보편적 현상이다. 하지만 경제주의가 한국 사회에서 유독 강한 힘을 발휘하는 데는 특유의 역사적 맥락이 있다. 한국 사회에 뿌리내린 독특한 형태의 경제주의가 존재하며, 몇몇 사안이나 영역에서는 유독 강한 영향을 발휘한다. 말하자면 '한국적' 경제주의라고 할 만한 것이 있다.

한국적 경제주의의 발단은 박정희 정권에서 시작된 압축 성장이다. 이 시기에 국가권력은 시민들에게 지적・도덕적 스승으로 군림했다. 단순히 군홧발로 짓누르기만 한 게 아니다. 삶의 모범까지 가르치려 들었다. 국가가 '좋은 삶'이 무엇인지 규정하고 그 실천 지침까지 꼼꼼히 교시했다. 새벽마다 TV에서는 박정희가 작사, 작곡했다는 '새마을 노래'가, '잘 살아보세'라는 또 다른 노래와 함께 지겹도록 울려 퍼졌다.

국가가 제시한 '잘 사는' 것, '좋은 삶'이란 무엇이었던가? 새마을 운동이 한창이던 1970년대에는 일단 "초가집도 없애고 마을

길도 넓히”(‘새마을 노래’)는 것이었다. 1980년대에 들어서면 초가집이 없어진 자리에 아파트 단지가 들어섰고, 넓힌 길은 자가용 승용차가 가득 채웠다. 그것은 당시 한국인이 소위 선진국이라고 하면 떠올리던 막연한 이미지였다. 정부 선전과 기업 광고, 주류 매체의 프리즘을 거쳐 대중의 눈에 비친 선진국, 주로는 미국의 이미지.

압축 성장의 지휘자인 국가권력은 선진국들을 서둘러 ‘추격’해야 한다고 부르짖었다. 경공업을 따라잡고, 중화학공업을 따라잡고, 정보화를 따라잡고, 그러다 보면 우리도 선진국이 된다는 것이었다. 물론 추격은 지구자본주의가 등장한 이후 줄곧 후발 자본주의 국가들의 생존-발전 전략이었다. 영국 이외의 모든 공업국은 어느 정도는 추격의 결과물이기도 하다. 하지만 한국의 추격에는 남다른 데가 있었다. 박정희 정권은 유례없이 빠른 속도로 앞선 공업국들을 따라잡으려고 사회 역량을 총동원했다. 국가기구의 지휘를 받으며 모험 투자에 나선 재벌도, 노동조합도 제대로 없이 노동 경쟁에 내몰린 노동자도, 고향을 떠나 이제 막 낯선 도시의 달동네에 정착한 이농민도 모두 다 추격전이 벌어지는 거대한 경기장에 선 선수들이었다. 역사상 1930년대 소련과 비슷한 시기 만주국 말고는 비슷한 사례를 찾아보기 힘든 산업화 총력전이었다.

그러는 사이 추격의 세계관이 자연스럽게 대중에게 스며들었다. 국가가 제시한 ‘좋은 삶’의 이미지대로 살기가 보편적인 삶의 목표가 되어갔다. 앞선 이들이 거둔 경제적 성공을 나 역시, 우리 가족 역시 반복해야 했다. 후발 재벌은 앞선 재벌을 따라잡고, 중산층은 부유층을 따라잡고, 가난한 이들은 중산층을 따라잡으려고 안간힘을 썼다. 즉, 전 사회적인 추격전 양상이 나타났다. 국가는 선진 자본주의 국가를 추격했고, 시민들은 '좋은 삶'에 더 가까이 다가간 듯 보이는 바로 위 계층을 추격했다.

이런 '추격의식'을 통해 우리 사회에는 어느 자본주의 사회보다 빠르고 깊게 경제주의가 뿌리내렸다. 상층 계급을 추격 대상으로 보는 한, 계급 사이에 분명한 선이 그어질 수 없다. 본래 계급이란 거리두기에서 비롯된다. 노동자들이 자본가에게 거리를 둘 때, 비로소 우리는 '노동계급'을 말할 수 있다. 이 거리로부터 마르크스주의자들이 말하는 '계급의식'이 형성된다.

그러나 추격 상황에서 거리란 좁혀야 할 무엇일 뿐이다. 중산층에게 부유층은 미래의 자기이고, 노동자들에게는 중산층이 그렇다. 그럴수록 상층 계급의 사고·행동양식은 쉽게 아래로 퍼져나간다. 이게 압축 성장 시기에 한국에서 벌어진 일이다. 국가기구와 자본가 집단이 솔선수범한 경제주의 이데올로기를 너도나도 열심히 모방 학습했다. 하루빨리 따라잡아야 할 '좋은 삶'의 이미지와 경제적 이익 추구를 점점 더 등치시키면서 말이다.

'87년 이데올로기'의 경제주의는 이와 같은 경제주의 자체는 아니다. 이제껏 말한 한국식 경제주의라면, 제1차 경제개발 5개년 계획이 시작된 해를 따서 '1962년 이데올로기'라 하거나 유신 독재 수립 이후 새마을 운동이 요란하게 확대된 해를 따서 '1973년 이데올로기'라 해야 할 것이다. 문제는 1987년 이후 진보세력과 사회운동의 발전에도 불구하고 경제주의가 이완되기는커녕 더욱 확산되고 강화됐다는 사실이다. 87년 이후의 사회운동은 경제주의와 대결하지도, 그에 대한 대안을 제시하지도 못했다. 오히려 경제주의가 전성기를 이어나갈 수 있도록 새로운 통로를 만들어주고 자기 정당화 논리를 제공했다. 대중의 경제주의를 오인하고 이와 결탁하도록 부추긴 사회운동의 경제주의가 작동했다.

냉정히 돌이켜보자. 1987년부터 지금까지 민주화 세대, 민주노조 1세대가 현실에서 이뤄낸 것은 무엇인가? 집단적 추격의 성공이다. 과거에는 국가권력이 가리키는 방향으로 저마다 추격전을 펼쳤지만, 1987년 이후에는 추격에서 뒤쳐진 이들이 힘을 모아 국가권력과 충돌하기도 했다. 그러나 그런 충돌을 거치면서도 삶의 전진 방향 자체는 전혀 바뀌지 않았다. 3저 호황 이후 전성기를 맞이한 한국 자본주의에 편승해 앞선 이들을 따라잡으려 했다. 덕분에 민주화 세대는 국가가 그토록 선전하던 '좋은 삶'의 이미지가 실제로 어떤 것인지 맛보았고, 상당수 조직 노동자들도 이 대열에 합류했다.

그러나 진보세력(나도 그 일부이니 아래 내용은 '자기' 비판이기도 하다)은 이런 흐름에 별로 이의를 제기하지 않았다. 아니, 이를 옹호하고 역사 진보의 의미를 부여했다. 진보좌파는 기업별 노동조합의 임금인상 투쟁에서 '계급투쟁'을 보았다. 물론 이게 계급투쟁이 아니었다고 말할 수는 없다. 하지만 거기에는 또 다른 한국적 맥락이 있었다. 자본과의 치열한 대립의 이면에서 한국적 경제주의의 핵심인 추격의식이 작동하고 있었다. 진보좌파가 계급투쟁의 전진에 가슴 벅차한 바로 그 순간에 실제로 전진한 것은 대중의 경제주의였다.

이런 오인과 무능의 근저에는 '노동계급'을 둘러싼 지극히 단순한 관념과 환상이 있었다. 진보좌파의 머릿속에는 두 가지 층위의 노동계급만 존재했다. 하나는 경제적 피착취자인 현재의 노동계급이었다. 다른 하나는 미래에 모든 모순을 해결할 주체인 혁명적 노동계급이었다. 그리고 전자를 후자로 성장시키는 것이 계급투쟁이었다. 사회운동 진영은 이런 단순 관념에 따라 노동조합의 모든 투쟁을 '계급투쟁'이라 정당화했다. 이 틀에서는 집단행동의 주된 동기가 경제적 이익 추구인지 아니면 이를 넘어선 가치를 동반하는지 식별하는 것은 별로 중요한 일이 아니었다.

그런데 위의 두 노동계급은 실재라기보다는 허구에 가깝다. 단순히 자본의 피고용자라는 위치만으로는 노동'계급'이라 하기 힘들다. 아직 사회세력이 아니기 때문이다. 또한 혁명 주역으로서의 노동계급이란 여전히 검증되지 않은 가설일 뿐이다. 현실의 노동세력이 그런 존재에 근접한 순간들(가령 100년 전의 러시아 대도시들)이 있기는 했지만, 그건 '예외적' 순간 쪽에 더 가까웠다.

'노동계급'이란 말에 부합하는 실체는 오히려 이 두 허구 사이의 어떤 존재일 것이다. 달리 말하면, 노동계급의 또 다른 층위가 존재하며, 실은 이게 '현실' 노동계급이다. '경제적' 노동계급과 '혁명적' 노동계급 사이 어딘가에 존재하는 '사회적' 노동계급이 그것이다. '사회적' 노동계급은 자본주의 사회에서 자신의 이데올로기를 상식과 표준으로 들이미는 지배 집단과 거리두기를 하는 이들이다. 이들은 항상 지배 집단과는 구별되는 신념과 정서, 가치를 내세울 준비가 돼 있기에 경제주의 이데올로기에 '완전히' 포섭되었다고 말하기 힘든 집단이다.

한국의 진보좌파가 수용한 마르크스주의는 본래 이런 '사회적' 노동계급의 존재를 전제하는 이념-운동이었다. 이 층위의 노동계급이 존재한다는 전제 아래 '계급투쟁'을 이야기하며 '혁명이냐 개혁이냐'를 논쟁하는 사조였다. 한 세기 전의 유럽에서는 이게 별 문제가 아니었다. 사회주의 이념-운동이 번성할 무렵에 실제로 사회적 노동계급이 형성돼 있었기 때문이다. 그러나 한국의 진보좌파는 유럽 마르크스주의자들에게 당연시되던 이 사회적 노동계급이 한국 사회에는 아직 존재하지 않는다는 사실을 뚜렷이 인식하지 못했다. 그저 그들은 전 세계를 놀라게 한 전투적 민주노동조합들에서 마르크스주의적 담론의 현실 근거를 찾기에 급급했다. 마치 사회적 노동계급이 이미 등장했다는 듯이 고전 사회주의 담론을 반복했고, 그 논리에 따르면 대기업 · 공공부문의 분파적 경제 투쟁이 곧 '계급투쟁'이었다.

이러한 흐름은 민주노동조합 운동에도 좋지 않은 영향을 끼쳤다. 1987년 노동자대투쟁 이후 신생 노동조합운동은 다양한 가능성을 품고 있었다. 집단적 추격 운동으로 귀결될 가능성이 짙기는 했지만, 자본-국가가 결코 교시한 바 없는 사회 연대의 씨앗도 담고 있었다. 후자를 찾아내고 성장시키는 것이 진보세력과 사회운동의 몫이었다. 그러나 이들은 그러한 변별과 발견, 양육이라는 과업에 실패했다. 우리가 극복해야 할 '87년 이데올로기'의 핵심인 진보-사회운동의 경제주의가 낳은 실패였다.

어떻게 해야 진보-사회운동의 경제주의 경향을 극복할 수 있을까? 해답을 찾으려는 모색은 이미 여러 곳에서 시작되는 중이지만, '87년 이데올로기'를 존속시키려는 관성이 이런 시도들을 가로막고 있다. 그러나 새로운 항쟁을 통해 1987년 항쟁 이후의 한 시대가 매듭을 지은 지금, 더 이상 이런 관성을 어쩔 수 없는 현실로 치부할 수는 없다. 그랬다가는 기성 사회운동과 2017년 세대의 만남은 영영 기약할 수 없을 것이다.

아마도 출발점 중 하나는 '계급투쟁'이라는 말로 흔히 상상하던 바에서 벗어나는 일일 것이다. 가장 흔한 통념은 사회세력들이 전체의 이익을 어떻게 나눌지를 놓고 투쟁한다는 관념이다.

서로의 몫이 있고 각자 그 몫을 늘리려고 싸운다는 것이다. 또 다른 통념은 전체의 참 주인을 가리려고 투쟁한다는 것이다. 빼앗겼던 전체를 일거에 되찾는다는 식의 혁명관 말이다. 그러나 사회세력 사이의 투쟁은 이제 이것들과는 다른 관점에서 이해하고 상상해야 한다. 누가 더 나은 전체를 제시하는지를 놓고 벌이는 싸움으로 바라봐야 한다. 더 매력 있고 인간적인 전체를 예시하는 세력이 승리하는 싸움 말이다.

물론 여기에서 전체란 곧 '사회'다. 그리고 부도 권력도 없는 세력이 내세울 전체의 미덕이란 '연대'뿐이다. 다른 곳이 아니라 바로 여기에서 경제주의의 질긴 관성에서 벗어날 실마리를 찾을 수밖에는 없다.

2017. 3. 17

'1 대 99'냐, '20 대 80'이냐
—신자유주의 동맹에 대하여

외환위기를 겪은 지 얼마 안 된 2000년대 초만 하더라도 '신자유주의'라는 말은 아직 낯선 사회과학 전문용어였다. 그리고 그 당시 신자유주의를 설명하려고 동원된 도식이 '20 대 80 사회'였다. 20%만 살 길을 찾고 나머지 80%는 버림받는 사회라는 이야기였다. 그러나 언젠가부터 이런 설명은 쑥 들어가고 말았다.

2008년 금융위기가 터지자 신자유주의의 위상은 급속히 추락했다. 뉴욕 월스트리트 같은 자본주의 심장부에서 체제를 뒤엎자는 시위가 벌어지기 시작했다. 이때부터 '1 대 99 사회'라는 표현이 회자되기 시작했다. 1%의 슈퍼리치가 99%, 그러니까 사실상 만인을 패배자로 만드는 게 신자유주의라는 성토였다. 이후 '1 대 99' 도식은 어느덧 신자유주의에 염증을 느끼거나 분노하는 대중의 상식이 됐다.

그런데 최근 이 도식들이 새삼 논란거리가 되고 있다. 발단은 한국 사회의 대립 구도를 '1 대 99'라고만 보기 힘들다는 문제제기다. 기득권 집단이 이 사회의 1%뿐이라고 할 수는 없다는 것이다. '1%'에 해당하는 재벌만 문제가 아니다. 기득권층은 그보다 훨씬 더 두텁고 다양하다. 혹자는 기득권 집단의 목록 안에 민주화 세대 중산층을 넣기도 하고, 혹자는 대기업 정규직과 공공부문 노동자들을 지목하기도 한다. 그러면서 이들은 '20 대 80'론을 다시 입에 올린다. 그런데 '20 대 80'을 이야기하더라도 20여 년 전과는 어감이 사뭇 다르다. 과거에 '20'은 '80'에 비해 소수임을 보이려는 도식이었지만, 이제는 '1 대 99'론에 견줘 비판이나 극복의 대상이 '1'보다는 훨씬 크다는 것이 주된 메시지다. 단지 크기만 한 게 아니다. '1%'의 자리에 '20%'가 들어가는 만큼, 사회 개혁의 방법론도 훨씬 복잡해져야 한다는 주장이기도 하다.

과연 어느 쪽이 우리 현실을 해명하는 데 더 적합할까? 개혁 대상은 이른바 '1%'인가, 아니면 '20%'인가? 바꿔 말해 개혁의 주체는 '99%'인가, '80%'인가?

이런 논란이 얼핏 번잡하고 공허해 보일 수도 있지만, 나는 퍽 뜻있는 논의라 생각한다. 신자유주의를 '1%의 지배'로만 바라보는 시각의 한계를 잘 드러내기 때문이다. 물론 '1 대 99'론이 전혀 사실무근인 것은 아니다. 특히 시야를 지구 전체로 돌리면, 신자유주의 지구화 30여 년 만에 한 줌도 안 되는 거대 자본 소유주와 극소수 엘리트가 나머지 인류 위에 군림하는 광경이 선명히 눈에 들어온다.

그러나 이것은 현실의 한 단면일 뿐이다. 만약 현실의 다른 측면들 없이 노골적인 '1 대 99' 구도만 존재한다면, 이 질서는 단 며칠도 지탱하기 힘들 것이다. 신자유주의는 이보다는 훨씬 더 영악하고 단단한 지배 체제다. 최소한 한 세대 동안은 세상의 표준인 양 행세할 수 있었던 것도 바로 그 덕분이었다. 게다가 신자유주의는 파시즘과 달리 대의민주주의의 대립항도 아니다. 신자유주의는 대의민주주의를 빈껍데기로 만들었을망정 이를 뒤엎지는 않았다. 철저히 대의민주주의의 룰에 따라 지배 체제를 구축하고 작동시켰다. 이 과정에서 신자유주의의 전략은 선거 때만이 아니라 일상에서도 신자유주의를 지지하는 대중을 형성하는 것이었다. 적어도 신자유주의에 적극 반대하는 이들을 고립시킬 수 있을 정도로는 지지 · 중립 여론의 지대를 넓혀야 했다. 선진 자본주의 나라들에서 신자유주의는 바로 이런 지지 동맹을 구축함으로써 등장했고, 이 동맹을 유지 · 확대함으로써 자신의 역사를 써나갔다. 세계 금융위기를 겪은 지금도 신자유주의 질서가 막을 내리지 않는 것은 이런 동맹이 완전히 붕괴되지 않거나 다른 동맹에 압도되지 않았기 때문이다.

이 동맹은 선거정치에서 기발한 담론을 구사한 결과만은 아니었다. 영국, 미국의 대의제에 결함이 있어서(가령 승자독식 선거제도) 대처나 레이건식의 정치세력이 과대 대표된 탓만도 아니었다. 신자유주의 시스템 자체가 새로운 이익 동맹을 창출했다. 이 공동 이익의 비전에 밀려 이제껏 복지국가의 토대를 이루던 동맹에 균열이 갔다. 그리고 일단 이런 이익 동맹이 들어선 뒤에는 굳이 선동에 힘쓰지 않아도 선거에서 매번 신자유주의의 헤게모니가 확인됐다. 전통 좌파정당들은 '제3의 길'이니 '신중도'니 하는 이름으로 새로운 신자유주의 합의를 추종해야 하는 처지가 됐다.

신자유주의 체제의 어떤 장치가 이런 이익 동맹의 기반이 됐던가? 금융화와 직결된 자산시장이었다. 마거릿 대처의 영국 보수당 정부가 초기부터 주력한 정책 중에는 BT(브리티시 텔레콤)나 BP(브리티시 페트롤륨) 같은 거대 공기업의 주식 매각과 지방자치단체 소유 공공주택의 민간 분양이 있었다. 노림수는 명확했다. 각각 주식시장과 부동산시장을 활성화하려는 것이었고, 이를 통해 신자유주의의 주된 추진자인 금융세력에게 최고의 보상을 안겨주려는 것이었다.

하지만 노림수는 이에 그치지 않았다. 신자유주의 추진 세력은 '대중자본주의'라는 이름으로 자산시장에 광범한 중간계급을 참여시켰다. 대처 정부가 공기업 주식이나 공공주택을 거대 법인에 통째로 넘기지 않고 국민주를 발행하거나 임차인에게 우선 분양한 이유가 여기에 있었다. 신자유주의의 기획자들은 중간계급, 더 나아가 노동계급 상층까지 새 금융 제도의 이해당사자/수혜자로 만들려 했다.

결과는 대성공이었다. 소득 중 세금으로 빠져나가는 부분은 줄어들되 자신의 자산시장 투자는 늘어나길 바라는 중간계급이 두텁게 등장했다. 그들과 노동계급의 사이는 멀어졌고, 노동계급 안에서도 상층과 하층의 골이 깊어졌다. 복지국가 동맹은 와해된 반면 금융자본주의 동맹이 힘을 발휘하기 시작했다. 이것이 신자유주의의 저변에서 작동한 동맹의 정치다.

신자유주의의 본산 중 하나인 영국을 예로 들었지만, 이후 어느 나라든 걸어간 궤적은 비슷했다. 복지국가가 축소되는 만큼 자산시장이 늘어났고, 중간계급은 은행 대출을 받아 자산시장에 뛰어들었다. 일단 자산시장에 투자하고 나면 어떻게든 이 시장을 계속 키우는 데 만사를 걸게 된다. 어제의 좌파정당 지지자, 열성 노동조합원, 극좌파 학생운동 경험자라 하더라도 예외일 수 없다. 자산시장에 뛰어들고 나면 은행가, 대자본, 초국적 금융 세력과 공동 운명체가 된다.

항상 그렇듯 이번에도 벌거벗은 욕망에는 나름의 윤리적 외피가 필요했다. '1%'로 상징되는 최상층과 '20%'는 족히 넘는 중산층의 새 동맹에도 고유한 정당화 이데올로기가 있어야만 했다. 이익 동맹이 이렇게 이데올로기 동맹으로까지 발전해야 지배 체제가 세대를 넘어 지속될 수 있기 때문이다.

이 문제에 관한 한, 각 나라에는 나름의 자원들이 있다. 어느 나라든 중간계급의 신분 상승 욕망과 결합된 독특한 이데올로기가 존재한다. 가령 영미권에는 경쟁 담론과 평등 담론 사이에 걸쳐 있는 능력주의 이데올로기 전통이 있다. 신자유주의 등장 이전에는 이 전통이 복지국가와 불안하게나마 공존했지만, 신자유주의는 이를 복지국가 구조물에서 떼어내 반복지(연대)-친시장(경쟁) 담론의 주요 구성 요소로 발전시켰다. 이런 식으로 영미권에서는 시장주의와 능력주의가 결합된 새로운 중간계급 세계관이 구축됐다.

한국에서는 한국 사회만의 독특한 요소들이 재료가 됐지만, 이런 재료들로 빚어낸 완성품의 모양새는 서구와 크게 다르지 않았다. 중요한 차이라면, 서구에서는 복지국가 동맹을 해체하면서 새 동맹이 다져졌지만 한국에서는 민주화 이후 복지국가 동맹이 등장할 가능성을 차단 혹은 지연시키면서 금융자본주의 동맹이 자리를 잡았다는 점 정도랄까. 한국에서도 재벌 지배연합과 중산층의 이익 동맹이 구축됐고, 그 주요 기반은 이중 노동시장(기왕의 중산층 소득을 보장하는)과 부동산시장(임금 소득을 부동산 투자 수익으로 보완하는)이었다.

영미권에서 중간계급 포섭의 이데올로기적 자원이 된 능력주의는 한국에서도 중요한 역할을 했다. 다만, 한국에서는 각종 '고시'를 통해 계층 상승을 꾀한 유구한 전통과 결합된 한국 특유의 능력주의가 발전했다. 여기에서 '고시'란 고소득 전문직 혹은 공무원 세계로 진입하는 통로인 국가고시나 대기업 정규직 입사시험을 포괄하는 말이다. 이 관문을 통과한다는 것은 중산층의 삶을 보장받는 구명선에 올라탄다는 것을 뜻한다. 그리고 이렇게 구명선에 올라탄 이들이 주로 자산시장 투자자로 동원된다. 이리하여 한국 사회에서는 입시+고시(혹은 진입) 경쟁과 시장 경쟁이 결합된 결과로서 계층 간 장벽을 정당화하는 이데올로기가 형성됐다.

중산층 이데올로기가 능력주의의 한국적 형태인 '고시'주의를 취한다는 점, 구명선 의식과 이중 노동시장이 만나서 정규직-비정규직 격차가 극심해졌다는 점, 공공부문이나 대기업의 관료형 조직에서 서구와는 다른 전통이 중요한 역할을 한다는 점 등 때문에 한국 사회가 좀 별나 보이기는 한다. 그러나 서구에서 신자유주의 시대를 지탱했던 사회세력 간 구도와 한국 내 사회세력 간 구도가 크게 다르다고 할 수는 없다. 중산층을 그 아래와 단절시키고 위와 결합시키는 동맹의 정치가 다만 '한국적 방식'으로 작동하는 것뿐이다.

서구든 한국이든 이런 점에서 '1 대 99' 구도는 일국적 현실과 잘 맞아떨어지지 않는다. 이른바 '20 대 80'론은 이런 맹점을 정확히 지적하며 신자유주의 지배 체제의 보다 복잡하고 역동적인 측면을 부각한다.

하지만 그렇다고 '20 대 80'론이 대안의 방향까지 제대로 짚어주는 것은 아니다. '1 대 99'론만큼이나 '20 대 80'론도 탈신자유주의 전략을 모색하는 출발점이 되기에는 역부족이다.

우선 기득권을 지탱하는 동맹은 단지 '1%'보다 훨씬 클 뿐만 아니라 '20%'보다도 더 크다. 각종 경제 지표를 통해 확인되는 직접적 수혜자들만 지배연합을 지지하는 게 아니다. 한국 사회에서 아직도 중요한 역할을 하는 가족 관계, 하찮은 물적 보상으로 지탱되는 예속 관계, 경제적 이익보다 더 폭넓은 영향을 끼치는 이데올로기 덕분에 '20%'는 항상 '20%'보다는 훨씬 더 큰 블록을 구성한다.

게다가 이른바 '80%'도 허상이기 쉽다. 이 경우에도 소득 격차를 보여주는 통계표만으로는 그 안의 다양한 이해관계와 세계관의 차이를 알아챌 수 없다. '80%' 안에는 상당한 지식과 기술을 갖추었지만 '아직' 정규직 일자리를 얻지 못한 청년들도 있고, 항상 늘 그 자리에 있던 저소득-미숙련 노동자들도 있고, 새롭게 경제 활동에 참여하는 여성, 소수자, 이주민 등도 있다. 이들이 소득 격차라는 한가지 이유로 언제나 단결할 수 있다면, 아마 훨씬 전에 노동계급 단결도 쉽게 이뤄졌을 것이다. 그러나 현실은 그처럼 단선적이지 않다.

또 다른 중요한 문제는 어떤 자본주의 사회도 중간계급이나 노동계급 상층의 참여 없이는 조금도 변하기 힘들다는 점이다. 신자유주의 지배연합에 가장 인상적으로 포섭된 그 계층이 나서지 않고는, 그들 중 일부라도 이른바 '80%'와 함께하지 않고는 변화가 불가능하다. 자본주의 생산-재생산 구조에서 투쟁력과 협상력을 지닌 쪽은 여전히 '80%'의 구성원들이 아니라 이들이기 때문이다.

즉, '20 대 80' 도식에서 '80'이 '20'에 맞서 싸우는 탈신자유주의 투쟁을 그려선 안 된다. '99'가 '1'에 맞서 싸우는 그림에 사로잡혀선 안 되는 것처럼. 탈신자유주의 '정치'를 고민한다면, 필연적으로 경제주의에 포획될 수밖에 없는 이런 단순 도식들에 머물러선 안 된다.

우리의 사고와 상상력 안에 복원해야 할 것은 '대결의 정치'라는 동전의 반대면인 '동맹의 정치'다. 신자유주의의 저변에서 동맹의 정치가 작동했다면, 탈신자유주의는 이와는 정반대 방향의 동맹의 정치여야만 한다. 금융자본주의 동맹을 해체하고 대체할 새로운 이익-이데올로기 동맹의 구축이 긴요하다.

한국과 달리 2008년 금융위기의 직격탄을 맞은 나라들에서는 신자유주의의 이익 동맹이 더는 지속될 수 없다는 점이 대중적으로 확인됐다. 그러면서 기존 동맹에 극적으로 균열이 갔고, 새 동맹의 싹이 우후죽순처럼 등장했다. 새로운 흐름들은 예외 없이 과거의 복지국가 동맹을 복원하려 한다. 물론 예전에 없던 21세기의 구성 요소들을 추가해서 말이다. 현재 영국에서 '코빈주의'라는 이름으로 불리는 변화의 흐름이 그 대표적인 사례라 할 만하다.

그간 한국 진보 진영 일각에서는 사회연대전략이 논의돼왔

다. 사회연대전략의 요체는 조직 노동과 신자유주의 피해 대중의 연대를 강화하기 위해 노동운동이 미조직·저소득 계층의 처지를 개선하는 데 앞장서자는 것이다. 조직 노동의 경제적 이익을 일부 축소하는 한이 있더라도 저소득층의 임금 혹은 복지 소득을 늘리는 성과를 만들어 노동운동의 지적·도덕적 권위를 높이자는 것이다. 이런 제안에 대한 반론도 만만치 않았다. 재벌에 맞서 치열하게 투쟁하면 됐지 굳이 이런 전술을 고민할 필요가 없다는 반박도 있고, 정규직 노동자만 일방적으로 양보하자고 주장하는 꼴이라는 거센 비판도 있다.

그러나 나는 사회연대전략의 기본 구상이 탈신자유주의 동맹의 정치와 깊은 관련이 있다고 본다. 거대 자본에 맞선 투쟁과 결코 별개가 아니며, 신자유주의에 포섭됐던 노동계급 상층에게 과도하게 책임을 묻는 것도 아니다. 이중 노동시장과 자산시장의 결합을 통해 작동하던 최상층-중산층 이익 동맹을 대신할 중산층-저소득층 공동 이익 구조를 만들고 이를 통해 한국 사회에서 사회국가(복지국가)를 지탱할 동맹을 구축하자는 것이다.

사회연대전략 제안들 중에서도 보편 증세-복지 확대를 내용으로 하는 '재분배 연대' 방안이 이런 동맹 정치의 출발점이 될 수 있을 것이다. 노동계급 내 소득 불평등을 교정하는 임금협상방식을 도입하자는 '분배 연대' 방안도 있지만, 현재 한국의 노동조합 역량으로는 실현하기 어려운 방안이다. 아마도 재분배 연대의 성과가 점차 가시화돼 고소득 노동자의 임금 소득 의존도와 고용 불안 심리가 경감돼야 비로소 분배 연대가 힘있게 추진될 수 있을 것이다. 그럴 때에야 소득을 넘어선 자산(주택 등)의 재분배도, 노동시간의 획기적 단축도 날개를 달 수 있을 것이다.

당장 이번 정기국회에서부터 진보세력은 증세에 바탕을 둔 복지 확대를 다시 쟁점화해야 한다. 북핵 갈등으로 어수선하고 자유한국당의 난동이 예상되지만 그렇기 때문에 더욱 시급하게, 더욱 열렬히 외쳐야 한다. 국가 재정이라는 회로를 통해 모두가 지금보다는 나은 살림살이로 나아갈 수 있음을 설득하고 실제 사례로 보여주기 시작해야 한다.

지금이 적기다. 이 기회를 놓치지 말자.

2017. 10. 10.

중산층 행동주의에 가린
투명인간들의 사회

수도권 아파트값 폭등으로 나라가 어수선하다. 몇 주만에 몇 천만 원은 예사이고 몇 억 원이 오른 곳도 있다는 소식이다. 항상 그랬듯이 이번에도 강남부터 뛰기 시작하더니 서울 전역으로 확산했고 이제는 경기도 여러 도시까지 대열에 합류했다. 노무현 정권 중반을 떠올리게 만드는 광풍이다.

이 광풍을 주도하는 것은 물론 투기 세력이다. 뭉칫돈을 달리 굴릴 데가 없어 집을 사고 팔며 불로소득을 벌어들이는 자들. 그러나 돌아가는 모양새를 보면, 수도권 아파트값이 미친 듯 오르는 게 꼭 투기 세력 탓만은 아닌 것 같다. 몇몇 언론 보도에 따르면, 수도권에서는 아파트 단지마다 다시금 가격 담합 바람이 일고 있다. 자가 소유주들이 실제 거래와 상관없이 수도권 다른 지역 시세에 맞춰 호가를 정한다. 만일 이 호가보다 낮게 매매하는 가구나 부동산 중개소가 있으면 제재를 당하게 된다. 지금 아파트 주민회, 부녀회, 온라인 모임은 이런 작전 모의로 뜨겁다는 것이다.

가격 담합에 동참하는 이들 대다수는 좁은 의미의 투기 세력은 아니다. 달랑 실거주용 주택 한 채를 소유한 가구가 대부분이다. 만일 이사라도 가게 된다면, 가격 담합 물결 때문에 지금 사는 집을 매도하며 이득을 보기보다는 이사 갈 집을 매입하며 손해 보기 딱 좋은 가구들이다. 그런데도 이들은 투기 세력이 일으킨 불길에 뛰어들어 기꺼이 장작이 되어준다. 그 결과, 강남의 광풍은 불과 며칠 만에 수도권 전역의 대혼돈이 되고 만다.

이것은 하나의 운동이다. 한국 사회의 여론 형성과 정치 판세 결정에서 키를 쥐고 있는 특정 계층의 대중운동이다.

이 운동의 주체는 이른바 '중산층'이다. 하지만 이 중산층이란 정확히 어떤 계층인가?

중산층은 나라마다 그 중핵과 외연이 달리 나타난다. 중산층을 그 위 계층, 아래 계층과 나누는 불평등의 구조나 양상이 다르기 때문이다. 한국 사회에서는 특히 소득 격차만으로 불평등을 온전히 설명할 수 없다는 점이 중요하다. 소득 격차 이상으로 심각한 것이 자산 격차, 그 중에서도 부동산 소유 격차이고, 교육 격차, 즉 학력 · 학벌 문제도 중요하다. 한국 사회 불평등은 최소한 이 세 축(소득, 자산, 교육)을 교차시키면서 바라봐야 한다.

한국의 중산층은 각 축의 특정 범위에 혹은 이들이 중첩된 영역에 포진한 계층이다. 우선 소득 측면에서는 임금 소득자 가운데 대기업이나 공공부문의 정규직 노동자다. 기업 규모 면에서는 대기업이어야 하고 고용 형태 면에서는 정규직이어야 한다. 자영업자 중에서는 의사, 변호사 같은 전문직 종사자 중 상당수(이 직군 안에서 지배 엘리트에 가까운 최상층은 제외)가 이에 해당한다.

자산 측면에서는 상당한 자산 가치를 지닌(이른바 '똘똘한') 주택을 한 채 이상 보유하고 있어야 하는데, 그런 주택은 대체로 대도시의 단지형 아파트다. 물론 그 안에서도 다시 계층이 나뉜다. 거주용 주택 한 채 말고도 임대 수익을 얻거나 투기용으로 활용할 주택을 한 채 이상 더 가진 계층이 있고, 실거주 주택 한 채만 소유한 계층이 있다. 하지만 일단 자가 소유주가 되고 나면, 세입자보다는 다주택 소유자와 한 편이라고 생각하는 경우가 많다.

교육 측면에서는 학령기 자녀의 대학 입시 경쟁에 뛰어드는 가정이다. 더 정확히 말하면, 서울 소재 4년제 대학 입학 경쟁에 뛰어드는 가정이다. 한국의 중산층은 이 경쟁에서 '승리'해 자녀를 대학 서열 구조상 상층 대학에 밀어 넣는 것을 중산층 지위의 대물림이라 여긴다. 이 치열한 경쟁 때문에 공교육은 바람 잘 날이 없고, 귀족학교와 사교육이 팽창한다.

그런데 잘 들여다보면, 이런 한국 중산층의 기반 자체가 조직화와 동원, 여론 형성의 강력한 자원에 있다. 가령 한국 노동조합의 일반적 형태는 아직도 기업별 노동조합인데, 대기업, 공공 부문의 정규직 노동자는 다른 노동자 집단(중소기업, 비정규직 등)과 달리 기업별 노동조합을 쉽게 결성하고 유지할 수 있다. 이들은 기업별 노동조합을 통해 기업 단위 단체협상을 벌여 단기적인 경제적 이익을 효과적으로 뽑아낼 수 있다.

한편 중산층 가운데 전문직 자영업자 역시 그들만의 조합, 즉 직능단체로 잘 조직돼 있다. 이들 직능단체는 기업별 노동조합과 함께 한국 사회에서 집단행동을 통해 경제적 이익을 추구할 수 있는 몇 안 되는 조직이다.

마찬가지 양상이 수도권 아파트 단지의 가격 담합 운동에서도 나타난다. 한국의 주된 주거 형태가 아파트이고 핵심 투기 대상도 아파트라지만, 더 정확히 말하면 '단지형' 아파트다. 대규모 단지를 이뤄야만 시장 가격이 높아지기 때문이다. 이렇게 단지로 모여 있기에 거주자들의 집단행동도 쉬워진다. 주민 중 세입자를 제외한 자가 소유자들이 쉽게 정보를 나누고 의견을 모으며 이를 행동으로까지 연결할 수 있다. 입주자 투표로 선출된 주민회 같은 나름의 공식 조직은 입주민을 대표한다는 구실로 집단행동의 사령부가 된다. 심지어는 호가보다 낮은 가격으로 매매하려는 가구에 제제를 가하며 높은 수준의 규율을 강요하기도 한다. 꼭 이런 공식 조직이 아니더라도 아파트 단지 인근 교회나 학교 학부모 모임이 비공식적으로 이런 기능을 대신하기도 한다.

단지형 아파트 거주는 부동산뿐만 아니라 교육 영역에서도 중산층이 지닌 집단적 역량의 굳건한 토대가 된다. 아파트 단지 안의 수많은 대면 접촉 모임이나 비공식 조직에서 주로 오가는 이야기는 부동산 시장 정보 아니면 입시 경쟁 정보다. 그래서 입시 경쟁 중심 교육이 이러한 아파트 단지 공론장을 통해 끊임없이 확대 재생산된다. 이들 공론장을 거쳐 정리된 교육 관련 여론은 항상 중산층 자녀의 입시 경쟁 성공 가능성을 높여준다고 '생각되는' 방안으로 수렴된다.

이렇듯 한국의 중산층은 자신들의 지위를 결정하는 세 축(소득, 자산, 교육) 모두에서 중산층 이하 집단은 누리지 못하는 강력한 조직화-여론 형성 자원을 갖추고 있다. 그래서 소득, 자산, 교육의 세 사다리에서 중산층 밑에 있는 어느 계층보다 더 활발히 집단행동에 나서고 가시화-세력화할 수 있다.

요컨대, 한국 사회 특유의 중산층 행동주의가 이 땅에서 작동하고 있다. 중산층 행동주의는 문재인 정부 출범 이후 공공부문 비정규직의 정규직 전환, 대학 입시제도 개정 등 개혁이 논의될 때마다 가장 눈에 띄는 변수로 떠올랐다. 그리고 이제는 아파트값 폭등 속에서 그 위력을 유감없이 과시하고 있다.

중산층 행동주의가 부정적이기만 한 것은 아니다. 실은 촛불항쟁도 중산층 행동주의를 이루는 요소들의 결합이 없었더라

면 성공할 수 없었을 것이다. 평소 부동산-입시 정보로 넘쳐났던 중산층 공론장은 JTBC의 최순실 태블릿PC 보도 뒤에는 박근혜 정부에 대한 성토와 자연스러운 집단적 지지 철회 그리고 촛불시위 정보 교환의 통로가 됐다. 이미 오래 전부터 이명박-박근혜 정부에 맞서 싸우던 이들뿐만 아니라 이들 중산층과 젊은 세대가 새로 결합하면서 촛불시민연합이 모습을 드러냈다.

그러나 항쟁의 시간이 지나고 다시 찾아온 일상의 시간 속에서 중산층 행동주의는 오히려 사회 개혁의 장벽이 되고 있다. 그렇게 되고 만 이유를 살펴보려면, 먼저 한국 사회의 중요한 특징 중 하나가 추격사회라는 점을 이해해야 한다. 추격사회란 한국 자본주의의 추격 성장 전략이 사회 구성원들 사이의 추격 경쟁으로 내면화된 상태의 사회를 뜻한다. 추격사회에서는 계급의식이 발전하는 대신 추격의식이 확산된다. 자기보다 아래에 있는 집단들과 연대해 위와 대립, 협상, 타협하기보다는 자기보다 위에 있는 집단들과 자신을 동일시하며 아래를 차별, 경쟁, 배제의 대상으로 삼는다.

지금 중산층 행동주의는 의식적으로든 무의식적으로든 추격사회의 관성에 따라 전개되고 있다. 수도권 아파트 단지의 가격 담합 운동은 아파트값 폭등의 광란 속에서 자신이 소유한 부동산 가치의 상대적 하락을 막으려는 필사적 몸부림이다. 그러나 이 몸부림 때문에 1주택 소유 계층 바로 밑의 계층은 좌절의 수렁에 빠진다. 자가 소유 의지를 지닌 전세 세입자들은 부동산 중개소 앞에 나붙은 매물 시세(?)를 보며 "내 생에 주거 불안에서 벗어날 날은 없겠다"는 절망에 휩싸이는 것이다.

지금 이 절망에서 비롯된 원성이 드높다. 그래서 정부는 부랴부랴 부동산 대책을 쏟아낸다. 물론 제대로 된 부동산 처방은 중요하다. 하지만 이제는 추격사회에서 나타나는 중산층 행동주의가 드리운 깊은 사회적 그늘에도 주목해야 한다. 한국 사회에서 가장 강력한 조직화-여론 형성 자산을 지닌 계층의 집단행동이 불평등을 더욱 강화하는 결과를 낳는 현실을 타파하려는 고민이 필요하다.

여러 방안이 있겠지만, 근본 대안 중 하나는 중산층을 넘어선 행동주의의 확산이다. 즉, 불평등 사다리에서 중산층 아래에 위치한 계층도 집단 행동주의의 주역이 되는 사회를 만들어야 한다. 그래서 그간 중산층 행동주의에 가려 '투명인간'에 다름없던 이들이 가시화-세력화하고, 이들의 행동주의가 중산층 행동주의의 균형추가 되어야 한다.

그러자면 중산층 이외의 집단들도 나름의 조직화-여론 형성 역량을 갖춰야 한다. 가령 중소기업 혹은 비정규직 노동자가 중심이 되는 산업별 노동조합을 건설해야 한다. 이미 오랫동안 이 방면에서 여러 노력이 있었지만, 쉽지는 않았다. 그러나 촛불항쟁 이후 조금씩, 하지만 의미 있게 상황이 바뀌고 있다. 오랫동안 노동조합 바깥에 방치돼 있던 이들이 노동조합운동의 문을 두드리는 일들이 잦아지고 있다.

다른 한편으로는 미투운동이 사회운동의 새 시대가 열렸음을 보여주고 있다. 미투운동 자체의 내용과는 별개로, 이 운동은 새 시대의 조건과 가능성을 앞서서 드러낸다. 과거와는 달리 거대한 수직적 조직이 받쳐주지 않아도 개인들의 수평적 연결만으로 여론전에서 힘을 발휘할 수 있음을 보여준다. 정보화 혁명이 연 네트워크 사회만의 특성이다. 이는 조직 자산의 부족 때문에 행동주의의 주역이 될 수 없었던 이들에게 힘과 영감을 준다. 이런 가능성이 전통적인 조직화 노력과 결합한다면, 전에는 상상도 못했던 '투명인간'들의 가시화-세력화도 얼마든지 가능하지 않을까.

이와 함께, 정치 영역에서 '투명인간들'을 더 이상 투명하지 않게 만드는 것도 중요하다. 이 대목에서 우리는 선거제도 개혁의 의의를 또 다른 각도에서 확인하게 된다. 선거제도 개혁의 핵심은 정당 지지율만큼 의석을 배분하는 연동형(독일식) 비례대표제의 도입이다. 이 제도가 도입된다면 그간 중산층 행동주의에 가렸던 집단들이 비로소 정치적으로 가시화-세력화하는 데도 커다란 효력을 발휘할 것이 분명하다.

현재의 승자독식 선거제도에서는 가장 강력한 조직화-여론 형성 능력을 갖춘 집단에 의해 선거의 승패가 쉽게 좌우된다. 한 표라도 더 많이 받는 후보가 유일한 승자가 되기에 누구든 승리하려면 가장 효과적으로 집단행동을 펼치는 집단의 의사를 충실히 따라야 한다. 이 집단은 결국 중산층이다. 이제껏 이 논리에 따라 범민주당과 범새누리당은 중산층 끌어안기 경쟁을 벌여왔고, 둘 중 누가 권력의 주인이 되든지 중산층 행동주의는 불패 신화를 이어갔다.

선거제도가 바뀌지 않는 한, 늘 승자와 패자가 똑같은 이 게임은 영영 끝나지 않을 것이다. 더불어민주당이 아파트값 폭등을 잠재우지 못하더라도 자유한국당이 지금 모습 그대로라면 2020년 총선에서는 더불어민주당의 압승이 불을 보듯 뻔하다. 하지만 그보다 더 근본적인 승리의 주역은, 범새누리당이 지배정당 지위를 놓치지 않았던 과거 모든 총선과 마찬가지로, 투기-세습-불로소득 세력과 중산층 행동주의 간의 불길한 연합이 될 것이다.

그러니까 선거제도 개혁이 중요하다. 진보정당들이 여기에 사활을 거는 것은 단순히 그들의 정파적 이해 때문만이 아니다. 이제 선거제도 개혁은 이 나라에서 사회 개혁이 진짜 시작될 수 있을지 판가름할 관문과도 같다.

그러나 그렇기 때문에 진보정당의 선거제도 개혁 노력은 정치 개혁 캠페인에 그칠 수 없다. 그쳐서는 안 된다. 노회찬 의원이 부르짖은 것처럼, 진보정당은 우선 '투명인간들'을 진정으로 대변하는 정당이 돼야 한다. 재벌 같은 지배집단 아니면 중산층만 눈에 띄는 한국 사회에서 눈에 보이지 않는 나머지 모든 이들의 정치적 육신이 돼야 한다. 그러고 나서야 비로소 '투명인간들'도 선거제도 개혁에서 그들 자신을 가시화-세력화할 길을 찾고 그 완강한 지지자가 될 것이다.

말하자면 문제는 중산층 행동주의가 아니다. 실은, 이 움직임 밖에 있는 모두가 그저 암흑지대에 남아 있는 현실이 문제다. 오직 '암흑'으로만 표상되는 뭇 삶들이 자신을 대입할 수 있는 X가 될 때, 진보정당은 비로소 그 이름에 값하는 존재가 될 것이다.

2018. 9. 10.

성공한
후발 주자의 비애

다시 급상승하고 있는 수도권 아파트값 문제와 함께 인천국제공항 비정규직 노동자의 정규직화 문제가 뜨겁다. 정규직 노동자들, 그 중에서도 입사한 지 얼마 안 되는 젊은 직원들이 비정규직을 '시험 없이' 정규직화하는 조치가 '불공정'하다며 반대하고 나섰고, 여기에 상당수 취업 준비생들이 동조하고 있다. 이미 문재인 정부 원년인 2017년에 불거진 논란인데, 3년이 지난 뒤에도 원점을 맴돌고만 있다.

여러 여론조사는 이 문제를 둘러싸고 찬반이 팽팽히 맞서고 있음을 보여준다. 이런 상황에서 몇몇 여당 정치인들이 나름 소신 있는 발언을 내놓았다. 청년 정규직이나 취업 준비생들의 '공정성' 요구에는 비정규직 노동자들의 노동을 낮춰보는 시각이 깔려 있으며, 이런 점에서 '공정성' 담론의 속내는 고학력 중산층 이기주의일 수 있다는 이야기였다.

일리 있는 지적이다. 하지만 이 지적은 논쟁을 더 높은 수준으로 발전시키기는커녕 정부-여당에서 나온 또 다른 뉴스와 얽히며 짜증과 분노만을 낳았다. 수도권 아파트 가격이 고공행진을 이어가는 상황에서 청와대 정책실장이 소유 중인 두 채의 아파트 중 서울 반포에 있는 아파트를 팔겠다고 했다가 번복하고는 청주의 아파트를 급매물로 내놨다는 뉴스였다. 부동산 문제는 정권의 명운과 직결되는데도 정권 핵심 인사가 여론의 따가운 눈총에도 아랑곳없이 강남 아파트만은 마치 제 목숨이라도 되는 듯 지켜냈다는 이야기였다. 갖고만 있으면 몇억 원씩 뛰는 '똘똘한 아파트'들을 움켜쥔 이들이 수두룩한 정부-여당이 '정규직 이기주의'를 꼬집으니 빈축만 살 수밖에 없다.

생각해보면, 비정규직 정규직화를 반대하는 젊은 정규직과 강남 아파트를 정권보다 더 중요시하는 여당 정치인의 모습은 같은 동전의 양면일지 모른다. 둘 사이의 거리는 의외로 가까울 수도 있다. 물론 표면에서는 세대 간 이해 갈등이 격하게 나타나지만, 그 이면에 존재하는 것은 공통의 당혹감과 방어 본능은 아닌가?

최근 나는 '추격의식'이라는 말을 꺼낸 적이 있다. 한국 사회가 뒤늦게 산업화에 나서며 지구자본주의를 무대로 추격전을 펼쳤듯이 한국의 시민들 사이에서도 '강남 중산층'을 모범으로 삼은 추격전이 벌어졌고, 그래서 대다수 노동자들에게까지 계급의식

이 아닌 추격의식이 뿌리내렸다는 주장이었다. 계급의식을 갖춘 자가 자기 위에 군림한 이들에 맞서기 위해 아래에 있는 이들과 연대하려 한다면, 추격의식의 주체는 자기 바로 아래에 있는 이들을 지위 쟁탈전의 주된 경쟁자로 바라보며 적대시한다.

이런 분석의 밑바탕에 깔린 기본적인 착상은 한국 사회 내부의 독특한 양상을 이해하려면 한국 사회가 지구자본주의에서 차지하는 독특한 위상에서 출발해야 한다는 것이다. 이 독특한 위상에서 비롯된 한국 사회만의 역사적 경험이 한국 사회 구성원들의 행동을 설명하는 첫 번째 요소가 되어야 한다. 한국의 재벌과 중산층, 노동계급 모두 다른 사회의 비슷한 행위자들과 다른 선택을 반복한다면, 무엇보다도 20세기 중후반에 한국 자본주의가 걸은 고유한 길에서 이유를 찾아야 할 것이다. 유례를 찾을 수 없이 숨 가쁘게 전개된 전 사회적 추격전이라는 집단 경험 말이다.

그 연장선에서 나는 최근의 여러 현상들을 바라보며 경제학에서 이미 상투어구가 돼버린 유명한 표현 하나를 떠올리지 않을 수 없다. 바로 '후발 주자의 이점'이다. 이 문구 자체는 본래 더 진부한 상식 하나를 뒤집으며 등장했다. 어떤 경주에서든 후발 주자는 불리할 수밖에 없다는 상식이 그것이다. 그러나 지구자본주의라는 경주에서는 그렇지만도 않았다. 뒤늦게 뛰어들었다고 꼭 불리하지만은 않았다. 뒤에 뛰어든 자는 앞선 자가 어렵게 이룩해놓은 것들에서 시작할 수 있었기에 앞선 자를 따라잡기가 마냥 힘겹지는 않았다.

후발 주자 가운데에서도 최후발 주자 중 하나인 대한민국은 이 역설을 철저히 활용하며 추격전의 신화를 창조했다. '후발 주자의 이점'이란 말은 마치 한국 경제를 위해 만들어진 문구인 것만 같았다. 그런데 최후발 주자로서 둘도 없는 성공을 거둔 바로 그 순간, 뜻밖의 사태가 돌발했다. 선두 주자들을 막 따라잡으려는데 갑자기 경주가 중단됐다는 사이렌이 울린 것이다.

경주가 끝났다. 끝나버렸다. 오랫동안 다른 주자들을 아득히 따돌리며 선두를 독점하던 이들은 이 상황에서도 얼굴빛을 바꾸지 않고 숨을 고를 수 있을지 모르지만, 이제 막 선두군에 들어선 후발 주자는 결코 그럴 수 없다. 후발 주자는 경주에 참여한 그 누구보다 더 당혹감에 빠진다. 그리고 성난 목소리로 외친다. "이렇게 끝날 수는 없어!"

경주가 끝났다는 나팔 소리는 지금 여러 곳에서 너무도 시끄럽게 울려 퍼져서, 체제의 가장 완고한 옹호자들조차 반박하는 목소리에 힘이 빠져 있을 정도다. 첫째, 지구자본주의의 가장 중요한 전제인 세계 평균 성장률의 일정한 유지가 점점 더 힘에 부치는 목표가 돼가고 있다. 2008년 금융위기 이후 전통적인 중심부만 장기 침체에 빠진 게 아니다. 그나마 세계 평균 성장률을 지탱해주던 중국 경제까지 예전 같은 힘을 보여주지 못한다. 상황이 얼마나 심각한지는 다들 신기루 같은 '제4차 산업혁명'에 매달리는 광경에서 확인할 수 있다.

둘째, 패권국 지위를 놓고 벌이는 미국과 중국의 대결이 점

입가경이다. 오직 유일 패권국이 버티고 있을 때에만 지구 전체에 걸친 '만인에 대한 만인의 투쟁'이 기적과도 같이 지구자본주의라 할 만한 어떤 질서로 나타날 수 있다는 것이 지난 두 세기간 세계사의 결론이다. 지금 이 패권국 지위를 놓고 전임자와 도전자가 아귀다툼을 벌이고 있지만, 정작 패권국에 필요한 지적·도덕적 권위는 둘 중 어느 쪽에서도 찾아보기 어렵다. 패권국이 부재한 것이나 마찬가지 상황이랄까. 100여 년 전의 비슷한 상황(1930년대)에서 인류는 결국 역사상 최대 전쟁에 빠져들고 말았다. 경주 대신 어쩌면 격투기의 시대가 밝아오는지 모른다.

셋째, 가장 중요한 신호는 지구의 외마디 비명, 즉 기후변화다. 이 글을 쓰는 지금, 시베리아 동토는 더위에 신음하고 있고 남반구 산림은 불타고 있다. 이제는 탄소 배출을 줄여 봐도 지구 평균 기온 상승세를 더는 돌이킬 수 없을지 모른다. 하지만 인간을 비롯한 진짜 생명의 운명이야 어찌되든 오직 자본주의의 생명을 연장하기 위해 지금도 다량의 탄소가 대기로 방출되고 있다. 이 짓을 끝내지 않으면, 어쩌면 인류 문명 자체가 끝날지도 모른다. 경주를 '끝내야만' 하는 것이다.

지구 위의 모든 나라가 이 신호들을 마주하며 당황하는 중이다. 그러나 어떤 한 나라의 당혹감은 다른 나라에 비할 바가 아니다. 왜냐하면 가장 최근에 이 경주의 역사를 새로 쓰며 놀라운 속도로 선두 군에 합류한 나라이기 때문이다. 이 나라야말로 이 경주의 진정한 신자信者였다. 그런데 이제 끝이라니.

"믿을 수 없다. 절대 이렇게 끝날 수 없다." 이 나라에서는 다른 어느 사회보다 더 격렬하게 이런 외침이 분출할 수밖에는 없다. 비록 당장은 저마다 다른 여러 외침들로 나타날지라도 그 이면에는 이런 무의식이 흐르고 있다. 성공한 후발 주자의 슬픔—대한민국의 비애다.

추격의식을 논한 다른 글(「한국적 경제주의를 넘어서자-추격의식에 대하여」)에서 주장했듯, 지구자본주의를 무대로 한국 사회가 벌인 추격전은 한국 사회 안에서도 펼쳐졌다. 한국 경제가 경주에 골몰하는 동안, 한국의 시민들 역시 어딘가를 향해 서로 경주를 벌였다. 그 어딘가란 대체로 '강남 중산층'이었고, '강남 중산층'에 가까워지자면 일자리, 부동산, 교육, 이 세 방면에서 동시에 자산을 확보해야 했다. 한국 사회에서 유독 '시험'과 결부되던 대기업/공기업 정규직이거나 전문직이 돼야 했고, '똘똘한 아파트'를 한 채 이상 갖춰야 했으며, 가족 구성원이 모두 명문대학 졸업장과 동창생 명부를 자랑할 수 있어야 했다.

그런데 대한민국이 추격전을 펼쳤던 전 지구적 경주가 돌연 중단된다는 것은 한국 사회 안에서 시민들이 벌이던 경주 역시 예전처럼 지속될 수 없다는 뜻이다. 일자리-부동산-교육의 삼각 기득권을 따내기 위해 서로 밀치며 달리고 또 달리던 시합이 끝없이 계속될 수는 없다는, 혹은 뭔가 예전 그대로 계속되기는 힘들다는 뜻이다.

지금 한국의 시민들은 의식적으로든 무의식적으로든 어느 정도 이를 감지하고 있다. 그래서 이미 이에 대한 반응이 서로 다른 형태로 나타나는 중이다. 안타깝게도 지금 당장 나타나는 반응은 대개 어두운 잿빛을 띠고 있다. 특히 중산층에서 그렇다.

우선 중산층 가운데에는 이미 일자리-부동산-교육의 삼각 기득권을 손에 쥔 이들이 있다. 이제 이들에게 이 기득권은 폭풍우를 헤쳐갈 단 한 척의 구명선과도 같다. 무슨 일이 있어도 이 구명선만은 놓치지 말아야 한다. 젊은 세대에게 훈계를 늘어놓으면서도, 그리고 여론의 뭇매를 맞더라도, 이것만은 움켜쥐어야 한다. 그렇지 않다면 전직 정권 실세마저 아무것도 아닌 존재로 전락한다고 믿는다.

다른 한편에는 막 중산층 대열에 합류하려 하거나 중산층 진입이라는 꿈을 좇아 달려온 이들이 있다. 그 종착역으로 가는 길이 지금 이들의 눈앞에서 닫히려 한다. 나보다 겨우 조금 경주에서 앞섰던 이들이 기득권 대열에 합류하는 걸 봤는데, 드디어 내 차례가 올 것 같은 바로 이 순간에 문이 닫히려 한다. 이렇게 진지한 믿음이 배신당할 때 나타나는 반응은 방향을 찾지 못하는 분노이기 쉽다. 이런 경우 누구나 처음에는 이해하려 하기보다는 분노하기 마련이다.

전자가 '냉혹한 위선자'들이라면, 후자는 '분노한 신자'들이다. 둘 다 추격전의 돌연한 중단이라는 전망에 마주한 반응으로, 즉각적이며 감정적이다.

이렇듯 한국 사회에서는 지구자본주의의 다중 위기가 우선은 중산층과 그 경계선에서 긴장과 동요를 낳고 있다. '냉혹한 위선자'들과 '분노한 신자'들이 서로를 향해 손가락질하지만, 그들은 똑같은 어둠을 맴돈다. 전 국민적 추격전 종료 이후의, 알 수 없는 미래라는 어둠을.

지금 한국 사회는 참으로 위험한 국면에 돌입하고 있다. 어떤 다른 요소가 시의적절하게 개입하지 않는다면, 감정의 언어들은 서로를 증폭시키며 사회 전반을 부정적 감정의 소용돌이로 몰아넣을 가능성이 높다. 이는 극우 포퓰리즘이 싹 트고 급속히 자라나기에 더없이 좋은 조건이다.

극우 포퓰리즘은 구명선을 지키려는 '냉혹한 위선자들'의 완강함에 터를 잡을 수도 있고, '분노한 신자들'의 상처를 헤집으며 지지 기반을 만들 수도 있다. 아니면, 지금은 상상이 잘 안 가겠지만, 서로 증오하는 듯 보이는 둘의 부정적 감정을 하나로 모으며 돌풍을 일으킬 수도 있다. 아무튼 이제껏 승자였거나 승자에 가까웠던 이들이 오로지 자기 보호 본능과 낭패감에 따라서만 움직이는 상황이 장기화된다면, 사회 붕괴는 필연일 것이다.

역사가 이쪽으로 흘러가지 않도록 막는 개입은 정치에서 시작될 수밖에 없다. 완고해지거나 분노에 빠진 이들에게 추격전의 시대는 끝났으며 삶의 가치와 지향 자체를 다시 정해야 할 시대가 시작됐다고 에누리 없이 이야기하는 정치세력이 있어야 한다. 현실 정치에서 이런 진단과 메시지가 끈질기게 반복되어야만, 감정의 언어들로만 가득 차 있던 국면은 새로운 국면에 자리를 내어줄 수 있을 것이다.

요즘 정의당은 '혁신'을 논하느라 분주하다. 이념과 정책, 조직 체계, 지도력, 차기 선거 대응…이 모두가 혁신의 의제로 올라와 있다 한다. 하지만 내가 생각하기에 혁신의 큰 줄기는 오히려 간단하다. 이 시대에 참으로 필요한 정당이 되는 것이다. 이 요구만 충족한다면, 어떤 정당이든 망하려야 망할 수가 없다.

그렇다면 지금 우리 사회에 필요한 정당은 어떤 정당일까? 숨 가쁘게 달려온 이들에게 감히 "이 길이 아니었다"고 말할 수 있는 정당, 성난 이들에게 돌을 맞더라도 흔들림 없이 이렇게 말할 수 있는 정당이다. 지금은 이 배역을 흔쾌히 맡을 진보정당이 간절히 필요한 국면이다.

2020. 7. 8.

3부

생태 사회주의적 민주 공화국
전환의 좌표 —

조국 대전의 한국 사회에서 빠진 것, 사회주의

2주 전에 조국 법무부장관 지명자를 둘러싼 논란에 글 한 편(앞의 「조국 대전이 아니라 촛불연합의 와해」)을 보탰는데, 법무부장관 임명 절차가 끝난 지금도 이 논란의 여진이 가실 줄 모른다. 그만큼 역사적인 논쟁이었다. 이 나라 시민이면 누구나 찬성인지 반대인지 답해야만 할 것 같은 분위기였고, 평소 사회과학자들이 내놓는 진단 못지않은 무게 있는 이야기들이 저마다의 입에서 쏟아져 나왔다.

게다가 조국 지명자가 발단이 된 논란임에도 화제가 너무나 광범하게 확산됐다. 마치 대한민국의 문제라는 문제는 다 불거져 나오는 듯싶었다. 검찰 공화국의 어두운 속살이 새삼 조명됐고, 입시 논란이 젊은이들 사이에서 불공정 경쟁을 향한 불만으로 이어지더니 마침내는 '계급'이라는 단어까지 튀어나오게 만들었다. 이야깃거리가 너무 많아 탈인 지난 한 달이었다.

하지만 그 많은 기사와 분석, 담론과 행동들 속에서도 내게는 비어 있는 뭔가가 더 도드라져보였다. '있는 것'이 너무 많아 문제인 시국이었지만, 도리어 '없는 것' 하나가 더 눈에 들어왔다. 내가 보기에는 이 '없는 것' 한가지 때문에 그 수많은 '있는 것'들이 전부 변죽만 울리고 있었다. '없는' 그것이 '있는' 모두를 텅 빈 존재로 만드는 꼴이랄까. 생각만 해도 어지럽고 복잡했던 조국 지명자 논란에서 도대체 무엇이 비어 있었다는 말인가?

조국 장관 지지자들은 하나같이 검찰 개혁 필요성을 앞세웠다. 검찰이 뜻밖에 법무부장관 지명자 가족 수사에 들어가고 언론에 수사 내용을 흘리자 이 목소리는 더욱 격해졌다. 그들의 눈에 조국 지명자 가족의 삶에서 드러난 중산층 지위 세습에 대한 분노는 검찰 개혁이라는 다급한 과제에 비하면 투정에 불과했다. 서울대, 고려대 등에서 벌어진 촛불 시위를 바라보는 그들의 눈길이 대체로 그러했다.

하지만 정녕 검찰이라는 비선출직 관료 권력을 개혁하길 바란다면, 엘리트 계층의 특권 세습에 반발하는 외침에 과연 그토록 거리감을 느껴야 했을까? 둘 다 민주공화국의 규범에 어긋나는 엘리트층의 존재 방식과 권력에 맞서고 있지 않은가? 동일한 최상층을 조준하면서도 서로 동지라 느끼지 못하는 이유는 무엇일까?

반면, 조국 장관 비판자들(자유한국당 열혈 지지자들은 제외하고)은 무엇보다 편법이나 반칙이라 생각되는 방식으로 자녀에게 학벌을 세습하는 행태를 참지 못했다. 특히 젊은 세대는 여기에서 자신들도 참여하고 있는 입시-취업 경쟁의 불공정성을 보았다. “과정은 공정할 것”이라던 문재인 정부의 약속이 정권 핵심 인물 혹은 주된 지지층에 의해 배반되는 모습을 보았다. 그래서 급기야는 최순실-정유라를 상기하며 촛불까지 들었다.

하지만 이들이 낸 불만의 목소리는 ‘공정성’이라는 한 단어만을 맴돌았다. 이와 겨룰 만한 다른 말들은 좀처럼 출현하지 않았다. 그러다 보니 최상위권 대학 입시 경쟁에 함께 뛰어들었던 이들만 불만의 주역인 듯 보였다. 그 경쟁에 아예 끼어들지 못하는 훨씬 더 많은 이들은 ‘공정한 경쟁’을 외치는 자리에서 왠지 낯섦을 느껴야 했다.

어느 쪽이든 뭔가 겉도는 것만 같았다. 전에 없던 말의 성찬이 벌어졌지만, 정작 꼭 필요한 말은 빠져 있다는 느낌이었다. 그러면서 양편 모두 자신의 한계는 보지 못한 채 상대방의 맹점만을 손가락질했다. 서로가 서로의 꼬리를 물며 어지럽게 제자리를 돌기만 했다.

비어 있던 것은 무엇일까? 그것은 보편적 평등을 요구하는 거대한 이념-운동이었다. 경쟁은 공정해야 한다는 목소리가 아니라 경쟁을 통해 사다리 위쪽으로 올라가야 사람답게 살 수 있는 구조 자체를 뜯어고쳐야 한다는 지적이 안 보였다. 검찰 엘리트와 강남 중산층이 1등 시민이 되고 나머지는 전부 2등 시민이 되는 현실을 뒤집는 게 진짜 개혁이라고 밝히는 흐름이 눈에 보이지 않았다. 만약 이런 이념-운동이 강력히 존재했다면, 이번 논란은 사뭇 다르게 전개됐을 것이다.

실은 이런 방향의 문제제기들이 전혀 없지는 않았다. 입시 경쟁 공정성이 아니라 대학 서열 구조를 문제 삼는 눈 밝은 이들이 있었다. 공정성에 대한 집착이 실은 사이비 평등주의인 능력주의의 표현일 뿐이라는 시원스런 비판도 있었다. 그러나 안타깝게도 이런 주장이 사회적으로 유의미한 흐름으로는 대두하지 못했다. 그리하여 지난 한 달 우리의 언어는 지나치게 풍성한 듯싶으면서도 실은 빈곤하기 그지없었다.

따지고 보면 이러한 빈곤은 자본주의의 당연한 광경일지도 모른다. 돈만 많으면 타인을 마음껏 지배해도 되는 사회에서 만인은 평등하다는 명제만큼 허망한 것이 또 어디 있겠는가. 또한 시험만 잘 보면, 학력(=학벌) 증서만 갖추면, 돈 많은 자들 대열의 꽁무니에라도 낄 수 있는 사회에서 평등을 외치며 가장 약한 이들과 함께 하자는 게 얼마나 가당치 않은 주장인가. 그러니 평등을 주장하는 흐름 따위가 존재한다면, 그게 더 이상한 일이다. 그리고 이런 현실에서 시민의 평등한 권리를 전제하는 민주공화국이란 조만간 빈 껍데기로 전락하고 말 것이다.

그런데 놀라운 일이 있다. 곧바로 무너졌어야 마땅한 민주공화국들이 아직도 그런 식으로 무너지지는 않고 있다. 그것도 우리보다 훨씬 먼저, 더 오래 전부터 자본주의 질서 아래 있는 나라들에서 그렇다. 세대 간 계급 재생산을 거의 처음 경험하는 대한민국과 달리 이미 몇 세대를 계급 사회에서 살아온 대서양 양쪽 나라들 말이다. 물론 속을 들여다보면 다들 삐걱대고 있지만, 그래도 드러내놓고 귀족 지배 체제로 돌아가지는 못하고 있다. 어째서일까?

존재하는 게 더 이상할 그 이념-운동, 즉 보편적 평등을 요구하는 흐름이 이상하게도 계속해서 존재했기 때문이다. 강력한 노동조합을 결성해 이미 안정된 지위를 얻은 노동자들이 그런 권리의 확대를 요구하기란 힘든 일이다. 그런데 그런 운동이 자라났다. 중산층 가정에서 태어나 대학 졸업장을 갖춘 지식인들이 가장 취약한 처지에 있는 이들의 삶이 개선되어야 한다고 생각하기란 힘든 일이다. 그런데 그런 이념이 확산됐다. 이런 뜻밖의 이념-운동이 출현한 덕분에 민주공화국들은 속절없이 후퇴하지는 않을 수 있었다.

더구나 이 이념-운동에 참여하면서 사람들은 진정 자유로운 개인이 되는 길은 체제가 가르쳐준 바와는 달리 경쟁이 아님을 터득했다. '경쟁'의 자리에 들어가야 할 다른 말은 '연대'였다. 경쟁이 지배하는 시장도 아니고 명령의 세계인 국가도 아닌 사회 연대 속에서 마침내 대중의 상당수는 결코 낙오됨 없이(평등하게) 자기 자신일 수 있는(자유로울 수 있는) 길을 발견했다. 그 길로 안내한 이 이념-운동에는 우리에게도 잘 알려진 이름이 있었다. 대한민국의 주요 정치세력 중 오직 자유한국당만 쉽게 내

뱉는 말, 지금도 한국 사회에서는 일상어가 되기에 부적합하다고 치부되는 말, '사회주의'가 그것이다.

이번 논란에서 '사회주의'라는 말이 전혀 등장하지 않은 것은 아니다. 맨 처음과 마지막에 잠깐 출몰했다. 조국 지명자의 전력을 들먹이는 극우 언론 지면에 잠시 나타났고, 인사청문회 끝 무렵에 자유한국당 의원과 지명자 사이에 오간 공방에서도 언급되고 지나갔다. 그러나 논란의 중요한 쟁점들과 섞이지 못한 '사회주의'란 지나간 옛 추억의 어휘에 다름 아니었다. 누군가 이 네 음절을 발음하더라도 관료 권력 해체나 특권 세습 타파 같은 현안과는 별 관련이 없다고 치부되는 죽은 언어에 불과했다.

한국 사회에서 이 말은 어찌 이 모양이 됐을까? 따지고 보면 여기에 86세대 지식인-운동가 상당수가 이 사회에 남긴 가장 커다란 잘못이 있다. 이른바 세대론을 말하려는 게 아니다. 오히려 내가 염두에 둔 것은 지성사다. 한국 지성사에서 86세대에 속하는 한 무리의 지식인-운동가들은 이후 한국 사회의 숱한 가능성을 제약하게 될 커다란 구멍 하나를 남겨놓았다. 그것은 사회주의의 부재라는 구멍이다.

1980년대에 일단의 젊은이들은 어쩌면 너무도 쉽게 사회주의를 받아들였다. 그리고 1990년대에 이들은 그보다도 더 쉽게 사회주의를 폐기해버렸다. 이들은 소련, 중국, 북한의 국정 교과서에 정리된 교조적 체계를 정통 사회주의라며 수입했다. 그러더니 현실사회주의권이 무너지자 자신들이 받아들인 교과서뿐만 아니라 사회주의 전체를 내다 버렸다. 덕분에 한국 사회에서는 '사회주의'라면 여전히 대중의 살림살이와는 거리가 먼, 한물간 외국 이론을 뜻할 뿐이다.

사회주의가 이런 어두컴컴한 구멍으로만 남은 한국 사회에서는 이후 어떤 일이 벌어졌던가? 가장 비극적인 것은 이 말이 절실히 필요한 이들이 오래도록 무장 해제 상태에 있어야 했다는 것이다. 그들은 가장 뚜렷하면서도 상상력을 자극하는 이 표어 없이 자신들의 요구를 정리해야 했다. 그것은 저마다의 권리 확대가 어떻게 사회 전체의 전진으로 이어지는지 도무지 알아챌 수 없는 기다란 목록에 불과했다. 잘못 읽으면 그것은 어느 항목이 더 위에 있어야 하는지를 놓고 끝없이 다퉈야 하는 화근 덩어리일 수도 있었다. 말하자면 저항자들은 그 목록 전체를 아우르는, 그들이 반드시 갖춰야 할 독자적 세계관과 그 이름을 박탈당했다.

물론 '사회주의'라는, 어쩌면 역사의 온갖 피딱지와 오물이 덕지덕지 붙은 네 음절에 지나치게 집착할 일은 아닐지 모른다. 평등한 자유의 실현과 그 기본 전제인 사회 연대를 표현할 다른 말을 고안해낼 수 있다면 말이다. 그러나 그런 대체 용어가 아직 준비돼 있지 못하다면, 우리는 이 오래된 표지를 내세우길 두려워하지 말아야 한다. 구멍은 메꿔지고, 다람쥐 쳇바퀴 돌던 말들은 재정리돼야 한다. 다시 "그렇소, 우리는 사회주의자요"라고 말하기 시작해야 한다.

1단계 혁명이니 2단계 혁명이니 하는 번잡한 논의를 되살리자는 게 아니다. 프롤레타리아 독재니 전위정당이니 하는 낡은 개념들을 다시 시험해야 한다는 이야기가 아니다. 재정 확장을 통해 기초연금을 지금 당장 최소한 50만원은 넘게 지급해야 한다는 것이고, 입시제도나 끝없이 뜯어고칠 일이 아니라 대학 평준화를 단행해야 한다는 것이며, 학력과 성별, 고용 형태와 기업 규모에 따른 임금 격차를 해소해야 한다는 것이다. 물론, 이미 하고 있는 주장들이다. 그래서 반문이 자연스럽게 따라온다. 86세대에 가까운 지식인-운동가일수록 더욱 강한 어조로 반문한다. "뭣하러 이런 구체적 요구들에 '사회주의'란 딱지를 덧붙여 논란을 자초하려 하지?" 심지어는 진보정당 안에서도 분위기는 다르지 않다.

그러나 지금 우리에게 반드시 필요한 것이 바로 이러한 '표지'다. '이름'이다. '깃발'이다. 상징 자원이 빈곤한 이들일수록 이런 자신만의 상징은 참으로 소중하다. 당장에 다른 표지를 내놓지 못할 바에는 이미 있는 표지를 내세우려는 노력을 뒤로 미루거나 가로막아선 안 된다. 경쟁의 공정성이 아닌 평등 사회 실현이라는 목소리를 대변할 표지, 정규직과 비정규직의 차별이 없어야 한다는 주장을 구구절절 부연하지 않아도 한마디로 요약해주는 상징적 표지, 가난하고 힘없는 이들이 자신들이야말로 부자와 권력자들보다 더 민주공화국에 어울리는 존재임을 자부할 뒷심이 돼주는 가치의 표지. 지난 200여 년간 다른 자본주의 국가들에서 이런 역할을 했던 '사회주의'가 대한민국에서만 그러지 못할 이유가 있을까.

더는 진실에서 눈을 돌리지 말자. 헬조선은 단순히 자본주의의 과잉 탓이 아니다. 그 과잉을 유지하고 촉진하는 한가지 결핍이 지옥을 더욱 지옥으로 만들고 있다. 그것은 대중적인 사회주의 운동의 부재다.

한국 사회가 조국 대전으로 한창 시끄러울 때, 인터넷에는 한 유명 저자의 신간 광고가 떴다. 금융화 이후 전 지구적인 자산 격차 심화와 그에 따른 불평등 구조를 비판한 《21세기 자본》(장경덕 옮김, 글항아리, 2014)의 저자 토마 피케티가 새 책을 냈다는 것이었다. 제목은 '자본과 이데올로기.' 국내 언론도 이 책이 기본소득제를 넘어 기본자산제 같은 정책 제안을 담고 있다며 발 빠르게 소개 기사를 냈다.

그런데 내년 출간이 예정된 영역본(이 책의 국역본은 2020년 5월에 《자본과 이데올로기》라는 제목으로 출간되었다)의 소개글을 보면, 피케티는 새 책에서 자신의 정책 제안들을 묶어 "참여에 바탕을 둔 사회주의"라 제시한다 한다. 책을 직접 읽지 않았으니 단정하기는 이르나 소개글에서 이 점을 강조한 것 자체가 시대정신과 무관하지 않아 보인다. 지금까지 두 세기 동안 민주공화국들의 죽음을 저지한 힘은 '사회주의'라는 이 표지 아래 모였던 보통 사람들의 불굴의 노력이었음을 세계 곳곳에서 다시 환기하고 있다는 징표이고, 신자유주의의 쇠퇴 이후 역사의 후퇴를 저지하려면 이 힘을 부활시키는 것 외에 다른 길이 없음을 자각하고 있다는 징표다.

이제 한국 사회도 이 보편적인 흐름에 합류해야 한다. 그렇지 않고 지구자본주의라는 보편성만 받아들인 채 그에 맞설 사회주의라는 보편성과 한사코 거리를 둔다면, 우리는 검찰 공화국, 강남 공화국, 삼성 공화국이라는 가장 보편적이지 않은 현실을 대대손손 등에 지고 살아야 할 운명이다.

나는 그렇게는 살기 싫다. 더 많은 '우리'도 같은 생각이리라 믿는다. 그래서 이제껏 어리석게 참아온 만큼 앞으로는 더욱 시끄럽게 떠들려 한다. 한국 사회에도 드디어 거대한 흐름이 되어 나타나도록 지겹게 외치려 한다. 보편적 평등의 약속, 경쟁이 아닌 연대라는 출구, 다름 아닌 '사회주의'라는 표지를.

2019. 9. 10.

기후위기 시대에 다시 돌아보는 파리 코뮌

150년 전인 1871년 3월 18일, 파리 코뮌 봉기가 시작됐다. 그해 벽두에 프랑스는 1년 전 패배로 끝난 프랑스-프로이센 전쟁이 아직 제대로 정리되지 않은 상태였다. 베르사유에 들어선 임시정부는 굴욕적인 강화조약을 체결할 준비가 돼 있었던 반면, 파리 시민들은 프로이센군에 맞서 항전을 이어갈 태세였다. 급기야 임시정부의 지휘를 받는 정규군이 무장 시민들로 이뤄진 국민방위군이 관할하던 파리 시 외곽의 대포들을 압수하려 하자, 사실상 '내전'이 시작됐다.

국민방위군과 그 지지자들은 임시정부를 부정하고 곧바로 선거를 실시해 파리 자치정부, 즉 코뮌을 결성했다. 코뮌은 이후 2개월간 임시정부와 대치하며 버텼다. 코뮈나르들, 즉 코뮌을 열렬히 지지한 시민들은 대개 노동자이거나 하위 중산층이었는데, 대혁명 시기 자코뱅파의 정신을 이어받은 블랑키주의자들과 국제노동자연합(제1인터내셔널) 프랑스지부에 모인 프루동주의자들이 이들을 이끌었다. 두 세력 모두 자본주의에 반대한 급진좌파였고, 그래서 당시 파리 코뮌은 짧은 존속기간 동안 전례 없는 사회적 실험들을 펼쳤다.

결말은 처참했다. 5월 21일, 베르사유 측 군대가 파리에 진입해 코뮌을 진압했다. 수만 명의 코뮈나르들이 사실상 학살당했고, 살아남은 이들도 오랫동안 망명객 신세가 되어야 했다. 그러나 시야를 이후 세대로 더 확대해보면, 코뮌은 프랑스, 아니 유럽과 세계 곳곳에서 민중이 주도하는 변혁을 꿈꾸는 이들이라면 누구나 공유하는 역사적 기억이자 상징이 됐다. 그렇기에 150년이 지난 지금, 지구 반대쪽에서 여전히 이 사건을 이야기하고 있는 것이다.

그런데 이참에 파리 코뮌에 대해 다시 짚어보고 싶은 게 있다. 코뮌을 뜨겁게 기억한 이들은 물론 후대의 좌파였고, 그래서 이 사건은 이후 150년간 일어난 사건들의 뿌리나 전조 혹은 예행연습이라 평가되곤 했다. 예컨대 파리 코뮌은 50여 년 뒤에 성공하게 되는 러시아 사회주의 혁명의 선구자로 여겨졌다. 20세기에 등장할 현대 사회주의의 조숙한 예고편이라는 것이었다. 이 경우, 코뮈나르들은 혁명적 독재와 중앙집권적 계획경제로 나아가야 했으나 불과 2개월밖에 버티지 못한 탓에 이를 실현하지 못한 비극의 주인공이었다.

그러나 150주년이 되는 지금, 우리가 비판의 눈길로 돌아봐야 할 것은 코뮌에 대한 망각이나 저주, 왜곡뿐만 아니라 어쩌면 이런 20세기 좌파의 표준 서사일지 모른다. 이 서사 때문에 깎이거나 가려진 파리 코뮌의 또 다른 얼굴이 있지는 않을까? 작가 귀스타브 플로베르는 코뮌의 종말이 다가올 즈음, 왕년의 사회주의 투사 조르주 상드에게 보낸 편지에서 이렇게 단언했다. "이제 곧 죽을 운명인 코뮌은 중세의 마지막 현시였습니다."

중세의 마지막 현시. 현대 사회주의의 선구자라는 것과는 얼마나 상반되는 평가인가. 이 표현은 자신의 소설《감정교육》에서 1848년 2월 혁명을 한 편의 소극笑劇으로 다뤘던 한 허무주의자의 냉소에 불과한 걸까? 그러나 플로베르 자신의 의도와는 상관없이 이 통명스러운 문구에는 분명히 파리 코뮌에 관해 오늘날 우리가 놓쳐선 안 될 진실이 숨어 있다.

세계사를 훑다보면, 근대국가라는 게 얼마나 '근대'적인지 확인하며 놀라게 된다. 정말 최근에야 겨우 탄생했다고 할까. 영국과 프랑스 정도를 제외하면, 지금도 'G-몇' 안에 늘 끼는 주요 국가들이 모두 그러하다. 게다가 그들이 근대국가의 모습을 갖춘 시점 또한 묘하게 일치하는데, 그것은 1860년대에서 1870년대에 이르는 시기다.

파리 코뮌의 배경이 된 프랑스-프로이센 전쟁은 독일 통일 문제가 그 발발 원인이었다. 이 전쟁에서 프로이센이 승리한 덕분에 1871년 1월에 독일제국이 출범하게 된다. 지금 우리가 '독일'이라 부르는 통일국가가 이때 처음 등장한 것이다. 이 일이 있기 정확히 10년 전인 1861년에는 이탈리아 반도가 하나의 왕국으로 통일됐다. 전에 없던 '이탈리아'라는 국가의 출현이었다. 이로써 서유럽 일부에 제한됐던 근대국가 중심의 국제 질서가 1870년대 즈음에는 유럽 중앙으로까지 확장된다.

유럽만이 아니었다. 북미에서도 비슷한 시기에 비슷한 일이 벌어졌다. 물론 미합중국은 건국되고 이미 몇 세대가 지난 뒤였지만, 실질적인 통일국가가 되기 위해서는 관문을 한 번 더 통과해야 했다. 우리가 잘 아는 남북전쟁이 그것이었다. 원어가 '내전'인 이 전쟁을 거치고 난 1865년에야 비로소 미국은 북부의 자본주의 체제를 중심에 둔 근대 국민국가로 새롭게 출발할 수 있었다.

시야를 더 넓혀보면, 같은 시기에 동아시아에서도 근대국가를 만들려는 움직임이 전개되고 있었다. 1868년에 일본에서 메이지 유신이 성공했고, 1872년에는 봉건 체제를 폐지하고 중앙집권 국가로 전환하는 폐번치현廃藩置県이 단행됐다.

이렇듯 미국, 독일, 이탈리아, 일본 모두 파리 코뮌 몇 년 전이나 몇 년 후에 근대국가로 대두했다. 좀 더 넓게 보면, 러시아가 근대국가 체계를 갖추기 위해 농노 해방 등의 내부 개혁에 나서고, 중국이 한족 군벌을 중심으로 양무운동에 돌입한 시기도 바로 이 무렵이었다.

요컨대, 1860~1870년대는 세계사의 결정적 전환기 가운데 하나였다. 앞서 언급한 나라들이 지금도 지구 질서를 좌우한다는 점을 놓고 본다면, 우리는 여전히 1860~1870년대에 시작된 한 시대 안에 있다고, 이때의 대전환 '이후 시대'를 살고 있다고 하겠다.

하지만 150여 년에 이르는 이 시대의 그림은 1870년대에 시작된 또 다른 거대한 전환까지 포함해야 비로소 완성된다. 그것은 이른바 '제2차 산업혁명'이다. 뒤늦게 근대국가로 거듭난 독일과 미국은 영국을 뛰어넘기 위해 생산 체제를 혁신했다. 핵심은 생산을 더욱 기계화하는 것, 전력을 사용함으로써 이 과정을 보다 가속화하는 것이었다. 그런데 이를 촉진하자면 기업의 형태가 바뀌어야 했고, 전에 없이 팽창한 국가기구가 이를 도와야 했으며, 노동력이 새롭게 조직돼야 했다. 거대한 국가-자본 복합체의 뜻대로 돌아가는 자본주의, 지금도 우리가 살고 있는 그 자본주의가 이때부터 시작됐다.

다시 파리 코뮌으로 돌아가자. 바로 이러한 역사적 변곡점에서 코뮈나르들은 봉기했다. 파리 바깥에서 숨 가쁘게 질주하기 시작한 새 시대의 휘황찬란함에 비하면, 코뮈나르들의 꿈은 얼마나 고색창연했던가! 이런 대비 속에 바라보면, "중세의 마지막 현시"라는 플로베르의 표현이 전혀 악의적으로 느껴지지 않을 정도다.

코뮌 집행부에서 사회적 실험을 앞장서서 펼치던 프루동주의자들은 전기로 돌아가는 대공장을 준비하기는커녕 노동자 협동조합을 만들려 했다. 임시정부를 지지하는 자본가들이 버리고 떠난 작업장을 노동자가 직접 경영하는 게 그들의 목표였다. 비록 입법만 하고 실행은 못했지만.

프루동주의자들과 달리 블랑키주의자들은 중앙집권적 국가의 필요성을 강조했다고 하지만, 그들이 구상한 국가조차 이후 세상을 지배하게 될 현실 국가에 비하면 지극히 목가적이었다. 블랑키주의자들이 염두에 둔 프롤레타리아 공화국은 뉴딜이나 5개년 계획을 밀어붙인 20세기의 육중한 국가기구들보다는 《플루타르크 영웅전》에 나오는 고대 로마 공화국이나 그 자코뱅적 변형에 더 가까웠다.

이처럼 당대 자본주의 현실보다 훨씬 뒤처져 있었으면서도 코뮌의 실험은 거창하기만 했다. 대의제를 대중의 일상적 참여, 통제와 결합하려 했고, 고작 두 달 동안에 지난 2000년간 하지 못했던 여성 해방을 실현하려 했다. 이 무슨 시대의 엇박자인가. 코뮈나르들은 지금도 요원하게만 보일 뿐인 과제들을 노동자 협동조합이 경영하는 18세기풍 작업장 그리고 저녁에 카페에 모인 선거구민들의 눈치를 보는 시의회를 통해 달성하려 했다.

어쩌면 세계사에서 이와 가장 유사한 사례는 1894년 조선의 동학농민혁명일 것이다. 파리 코뮌보다 20여 년 뒤에 발발한 동학농민혁명은 코뮌만큼이나 드높은 이상에 불탔고, 그만큼 시대착오적이었다. 농민군은 죽창으로 무장한 채 동아시아의 한 지역에 전에 없던 질서를 세우려 했다. 그러자 이미 세상의 흐름에 맞춰 착실히 저들의 질서를 구축하던 두 세력, 메이지 유신의 일본과 양무운동의 중국이 이들의 진압에 나섰다. 마치 20여 년 전 파리에서처럼.

이처럼 두 봉기 모두 현재 우리 삶의 90% 이상을 만들어놓은 자본주의의 기준에서 보면 '진보'라기보다는 '반동'에 가까웠다. 한때 그들의 정신적 후예들이 내놓았던 평가와는 달리, 두 운동의 꿈은 이후 150년간 실제로 전개될 역사와는 사뭇 다른 어떤 곳을 향하고 있었다.

그러나 바로 그렇기 때문에 오늘날 우리는 파리 코뮌과 동학농민혁명의 기억을 다시 불러내야 한다. 그때 그들과는 전혀 다른 방향으로 전개돼온 역사가 도달한 곳, 지금 인류의 현실 때문이다. 코뮈나르들은 꿈도 꾸지 못했을 자본주의적 번영은 과연 1871년의 프랑스보다 더 나은 사회를 만들었던가? 베르사유의 신사, 숙녀들과 파리에 남은 민중 사이의 골은 머나먼 옛 일이 되었던가? 그렇기는커녕 골은 더 깊어지고만 있다. 게다가 수명을 150년 더 연장한 바로 그 자본주의 탓에 인류는 현재 전대미문의 위기인 기후위기에 봉착해 있지 않은가? 이에 대처해야 한다고 부르짖어도 거대한 국가-자본 복합체는 꿈쩍도 하지 않는다. 우리는 과연 그때보다 더 전진했다고 할 수 있을까?

작금의 이 궁지 속에서 파리 코뮌과 같은 역사를 기억함은

햇빛과 바람이 들어오는 작은 창과도 같다. 아찔하게 높기만 한, 메아리조차 없는 의사당이나 정부 청사를 지날 때면 시민들이 하도 들락날락해 회의를 제대로 할 수도 없었다는 코뮌은 어땠을지 떠올려본다. 가령 자전거를 타고 모여든 시민들이 예정에 없던 집회를 열고 공직자들은 또 그런 일상적 토론에 신경 쓰지 않을 수 없는 정치라면 어떨까? 이런 광경에 익숙한 사회라면 기후위기 같은 문제에 대해 지금과는 얼마나 다르게 대처할 수 있을까?

물론 낭만적 복고주의는 금물이다. 지나친 발전이 낳은 재앙은 그 발전이 동반한 가장 현대적인 수단들이 없이는 극복될 수 없을 것이다. 그렇기에 오히려 파리 코뮌이나 동학농민혁명 같은 역사에 관한 기억을 진지하게 돌아보는 일은 결코 복고주의만은 아니다. 코뮈나르나 농민군을 우습게 볼 정도로 사회가 발전했다고 볼 수 있으면서도 유독 가장 중요한 한 가지만은 그때보다 그다지 나아졌다고 할 수 없는 상태에 우리가 있기 때문이다. 그것은 정치다.

지금의 현실을 낳은 실제 역사는 어쩌면 이 결정적인 한가지 차이 탓에 코뮈나르나 농민군이 바란 세상과는 정반대 방향으로 뻗어나갔다고 할 수 있다. 달리 말하면, 이제 새로운 경로를 모색하며 우리가 첫 번째로 돌아봐야 할 것은 그때 그들이 잠시나마 실제로 보여준 그 '다른' 정치다. 이것이 생태 전환이 절실히 요청되는 이 시대에 파리 코뮌이 부활해야 할 이유다.

2021. 3. 25.

로자 룩셈부르크, 20세기가 우리 시대에 남긴 숙제—민주적 사회주의(1)

1월 15일은 독일 현대사에서도, 20세기 좌파 역사에서도 커다란 상처로 기억된다. 1919년 독일혁명 와중에 급진좌파의 걸출한 두 지도자, 로자 룩셈부르크와 카를 리프크네히트가 이날 무참히 학살당했다. 특히 올해는 그로부터 정확히 100년이 되는 해다.

이때의 역사는 언제 읽어도 당혹스럽다. 독일 주요 도시에 혁명의 불길이 타오른 게 불과 두 달 전(1918년 11월)이었다. 다섯 해째 계속되는 세계 전쟁을 더는 견딜 수 없었던 병사와 노동자가 함께 들고 일어났다. 무기를 들고 함선과 병영을 이탈한 병사들이 시민의 환영을 받으며 주요 도시를 속속 점령했다. 황제는 외국으로 도망쳤고, 황위 계승권자 중 누구도 권력을 인수하려 하지 않았다. 그 강력했던 독일 제국이 단 며칠 만에 무너졌다.

무정부 상태가 된 전시 국가에 이제 정통성을 지닌 권력기구라고는 제국의회뿐이었다. 그리고 이 의회의 제1당은 1912년 총선에서 유권자 1/3 이상의 지지를 받은 사회민주당이었다. 이 당이 내세운 마르크스주의 교리에 따른다면, 사회민주당은 혁명을 쌍수 들고 환영해 마땅했다. 사회주의 혁명은 차치하고라도 전제왕정을 민주공화정으로 바꾸는 민주주의 혁명은 창당 때부터 이 당의 암묵적 당면 과제였다.

그러나 막상 사회민주당 지도부의 태도는 영 뜨뜻미지근하기만 했다. 그들은 오래 전부터 민주주의 혁명의 투사이기보다는 독일 제국의 만년 야당으로 지내는 데 익숙해 있었다. 이런 체질은 제1차 세계대전 발발 이후 군부의 전쟁 수행에 협력하면서 더욱 강해졌다. 급기야 1917년에는 개혁파, 혁명파 가릴 것 없이 뜻있는 간부와 당원들이 이런 행태에 분노하며 집단 탈당해 독립사회민주당을 창당하기에 이른다.

룩셈부르크와 리프크네히트는 독립사회민주당 안에서도 가장 급진적인 입장을 대표했다. 1918년 늦가을, 마침내 혁명이 발발하자 이들은 더 왼쪽에 독일공산당을 따로 만들어 혁명을 계속 밀고 나아가려 했다. 별 열의도 없이 임시혁명정부를 이끌게 된 사회민주당(신생 독립사회민주당과 구별해 '다수파 사회민주당'이라 불렸다) 지도부는 이런 시도에 함께할 생각이 전혀 없었다. 나중에 독일 공화국 첫 대통령이 되는 프리드리히 에베르트를 비롯한 사회민주당 간부들은 옛 동지들이 아니라 혁명의 적인 구 지배세력과 손잡는 쪽을 택했다.

집권당인 사회민주당의 의중이 명확해지자 거리 풍경이 순식간에 뒤바뀌었다. 혁명을 성공시킨 탈영병이나 노동자들이 아니라 구 제국군 장교들이 이끄는 부대(젊은 아돌프 히틀러도 그 중 한 명이었다)가 가두를 활보했다. 저항하는 이들은 잔혹하게 진압됐다. 룩셈부르크와 리프크네히트도 이 와중에 희생됐다. 임시정부를 이끌던 사회민주당 지도부의 인지認知와 연루, 지시 없이 일어날 수 없는 일이었다. 수십 년간 같은 당에서 활동한 동지들을 이렇게 살육하다니, 100년이 지난 지금도 믿기 힘들다. 혁명의 결과로 등장한 정부가 고작 몇 주 전에 그 혁명에 앞장선 이들에게 총구를 겨눴다는 사실 역시 충격적이기만 하다.

일제에 강점당한 조선에서 3.1운동이라는 또 다른 혁명을 막 준비하던 때, 지구 반대편에서는 이런 일이 벌어지고 있었다. 너무도 암울한 역사가 아닐 수 없다. 100년 세월이라는 시간적 거리에다 유라시아 대륙 반대쪽 끝이라는 공간적 거리까지 있으니 굳이 100주년이라며 이 어두운 역사를 환기할 필요가 있겠냐 싶기도 하다. 하지만 그러기에는 이 사건이 이후 인류사 전체에 드리운 어두운 그림자가 너무도 강렬하다. 무엇보다 19세기에 자본주의의 대안이 되겠다며 등장한 사회주의 운동의 앞길에 엄청난 부정적 영향을 끼쳤다. 사회주의 운동의 두 흐름, 개혁 노선과 혁명 노선 모두에 그러하다.

우선 개혁 노선을 보자. 독일 혁명에서 승자는 다수파 사회민주당의 개혁파 사회주의자들이었다. 그러나 이것은 상처뿐인 승리였다. 정적을, 그것도 그냥 정적이 아닌 옛 동지를 살해했다는 도덕적 흠결만이 아니었다. 혁명파를 탄압하면서까지 민주주의 혁명을 중도에 그치는 바람에 이들은 다름 아닌 개혁 노선의 미래를 좁은 한계 안에 가둬 버렸다. 많은 혁명파의 비판과 달리, 1919년 사회민주당 지도부가 저지른 가장 큰 오류는 사회주의 혁명을 시도하지 않은 게 아니었다. 1918년 11월 거리에서 대중이 바란 바는 자본주의의 폐지가 아니라 전제 군주정의 종식일 뿐이라는 사회민주당 지도자들의 진단은 어쩌면 정확했을지도 모른다. 문제는 그들이 정작 이러한 민주주의 혁명조차 제대로 밀고 나아가지 않았다는 점이다.

20세기 초 독일에서 민주주의 혁명이란 무엇을 뜻했을까? 독일은 19세기 말부터 미국과 함께 제2차 산업혁명을 이끌던 나라였다. 아직 자동차 산업이 본격 시작되기 전에 그 토대를 놓은 철강 산업과 석유화학 산업이 이 두 나라에서 동시에 눈부시게 발전했다. 제1차 세계대전이 일어나기 전만 해도 영국을 대체할 지구자본주의의 다음 패권국이 독일일지 미국일지는 아무도 알 수 없었다.

그런 독일이었지만, 사회 구조는 미국과 천양지차였다. 이 나라에서 제2차 산업혁명을 이끈 것은 신흥 자본가만이 아니었다. 그들 뒤에는 제국의 기둥인 대토지 소유 귀족이 있었다. 그리고 이들은 국가기구 안에 제국 육군이라는 강력한 진지를 구축하고 있었다. 1870년에 통일을 주도한 것도, 1914년에 세계 전쟁을 일으킨 것도 이들이었다. 제국의회에 한해 남성 보통선거권을 인정한 이후 민주주의가 그 이상 더 확대되지 못하게 가로막은 거대한 장벽이 바로 이들이었다.

첨단 산업혁명 주도국이라는 사실과 이런 반민주적 국가 체제가 서로 충돌하는 것처럼 보일지도 모르겠다. 그러나 놀랍게도 당시 이 둘은 궁합이 잘 맞았다. 제2차 산업혁명의 산물들에 판로를 마련해 이윤을 보장하기란 결코 간단한 일이 아니었다. 대량 생산-대량 소비 시스템이 등장하기 이전에는 확실히 그랬다. 그런데 혁명 이전 독일에서는 군부가 주도하는 전쟁 경제가 이 문제를 '해결'해주었다. 독일의 귀족-군부는 첨단 과학기술혁명을 주도하는 자본가의 적이 아니라 가장 믿음직한 동맹자였다.

룩셈부르크와 리프크네히트의 정치 이력이 무엇보다 군부와 대결하는 데 집중된 이유가 여기에 있다. 제1차 세계대전이 발발하던 바로 그 시점, 룩셈부르크는 재판 중이었다. 군대 내 인권 탄압을 고발한 활동 때문이었다. 룩셈부르크는 이렇게 군인과 시민의 마음을 움직여 군부권력에 맞서려 했다. 리프크네히트 역시 제국의회 의원으로는 유일하게 제1차 세계대전 초기부터 반전운동에 나서서 군부의 최대 적수가 됐다.

그렇다면 독일 민주주의 혁명이 반드시 해결해야 할 과제가 무엇이었는지는 분명하다. 구 지배 질서의 기둥이자 세계 전쟁의 원흉인 군부를 해체해야만 했다. 귀족 장교단이 이끄는 군대 대신 공화국 군대를 새로 설립해야 했다. 그러나 사회민주당은 바로 이 과제를 회피했다. 단순히 피하기만 한 게 아니라 군부 잔당과 야합해 이 과제의 해결을 부르짖는 옛 동지들을 탄압했다. 이런 식으로 수립된 공화국이 결국 나치당 같은 세력에게 허망하게 무너진 것은 어쩌면 필연이었는지도 모른다.

이는 단지 독일 사회민주주의자들만의 비극은 아니었다. 개혁파 사회주의자들이 바라는 사회 개혁이 전 세계로 확산되려면, 무엇보다 제2차 산업혁명의 두 주도국에서 개혁이 시작돼야 했다. 불행히도 그 중 한 국가인 독일에선 개혁은커녕 파시즘이 승리했다. 개혁은 '뉴딜'이라는 이름으로 미국에서 시작됐고, 이 개혁의 내용이 제2차 세계대전 직후 세계 표준이 됐다.

하지만 독일의 사회주의 · 노동운동 전통이 실현할 수도 있었을 개혁은 미국의 자유주의자들이 실제 이뤄낸 개혁과는 분명 차이가 있었을 것이다. 개혁의 방향과 수준이 현저히 달랐을 것이다. 전자는 불발하고 후자가 유일한 대안이 됨으로써 20세기에 가능한 사회 개혁의 전반적 방향과 수준도 한계가 뚜렷해졌다. 그 최대치는 자유주의가 허락하는 한계선을 넘을 수 없게 됐고, 또한 그렇기에 시장 자유주의의 반동 공세(지금 우리가 '신자유주의'라 부르는)에 취약할 수밖에 없는 형태가 되고 말았다.

이 모든 사건들의 연쇄를 거슬러 올라가면, 결국 1919년 1월 추운 독일의 거리들과 마주하게 된다. 바로 그 시점, 이른바 개혁파의 선택은 사회 개혁의 풍부한 가능성을 스스로 봉쇄해 버렸다. 역설적이게도 이는 혁명이 가장 필요한 시점에 혁명을 기피한 탓이었다.

혁명 노선 측면에서도 룩셈부르크와 리프크네히트의 죽음은 20세기 내내 이어진 비극의 시작이었다. 두 사람은 혁명파 사회주의자라는 점에서 러시아 볼셰비키 지도자들과 통했지만, 크게 다른 점도 있었다. 두 사람은 러시아보다는 대의민주주의가 좀 더 발전한 독일 사회에서 오래 활동하며 경험을 쌓고 사상을 다졌다. 그래서 민주주의가 일정하게 작동하는 사회에서 혁명 정치가 무엇을 고민하고 해결해나가야 하는지를 러시아 혁명가들보다 훨씬 명석하게 이해하고 있었다.

1월 15일의 학살 사건은 독일, 더 나아가 서유럽 혁명 운동 전체에서 이런 지도자들을 앗아갔다. 그리고 이후 독일공산당은 미숙한 젊은 간부들의 지휘 아래 좌충우돌을 거듭한다. 독일공산당만이 아니라 각국 공산당의 국제조직인 코민테른도 유럽 혁명을 추진하며 비슷한 여정을 밟았다. 제1차 세계대전 끝 무렵 시작된 혁명의 물결이 이렇게 미로에서 헤매는 사이, 유럽에서는 혁명에 맞선 가장 사악한 대안, 파시즘이 빠른 속도로 성장했다.

러시아 혁명 지도자들이나 그 젊은 추종자들과 룩셈부르크,

리프크네히트의 차이는 어디에서 나왔을까? 그저 서로 경험이 달랐기 때문만은 아니다. 룩셈부르크의 경우는 특히 그랬다. 룩셈부르크는 독일 사회민주당의 급진파 당원으로 활동하며 동시대 다른 혁명가들과는 사뭇 다른 시각을 발전시켰다. 무엇보다 대중을 바라보는 각도가 달랐다. 룩셈부르크가 1905년 제1차 러시아 혁명 경험을 바탕으로 쓴 저작 《대중파업론》(1906년)에는 이런 시각이 여실히 드러나 있다. 이때 처음 등장한 대중파업 현상은 사회주의자들도 미처 예기치 못한 것이었다. 러시아 제국 곳곳에서 민중은 차르 정부에 맞서 스스로 파업에 나섰다. 노동조합 소속인지 아닌지는 중요하지 않았고, 사회주의 정당들의 지침을 기다리지도 않았다. 많은 고참 사회주의자들이 이 현상이 사회주의 프로그램에 맞는지 아닌지 따질 때 룩셈부르크는 단호히 이것이야말로 20세기 혁명의 얼굴이라고 선언했다. 룩셈부르크는 대중이 혁명의 주인공이라는 명제를 머리가 아니라 가슴으로 이해하고 있었다.

이를 보고 어떤 이들은 룩셈부르크가 대중을 신비화했다고 평가하기도 한다. 물론 룩셈부르크가 이후 안토니오 그람시나 프랑크푸르트학파 혹은 20세기 말 서구 마르크스주의자들이 그랬던 것처럼 대중의 여러 얼굴을 더 깊이 분석하지 못했다는 평가는 타당하다. 사실, 그럴 여유가 없었다. 그러나 신비화한 것은 아니다. 오히려 룩셈부르크는 대중의 갖가지 얼굴, 서로 반목하고 충돌하기까지 하는 얼굴들을 누구보다 잘 알고 있었다. 그리고 이 모든 얼굴을 혁명운동이 진지하게 마주해야 할 현실로 받아들였다.

사실 우리는 룩셈부르크가 10월 혁명 이후 볼셰비키의 선택들을 가혹하게 비판한 이유를 이런 맥락에서 이해할 수 있다. 대중은 대중파업에서 그랬듯 예기치 않게 앞서 나가기도 하지만 완강하게 변화를 거부하기도 한다. 하지만 그렇다고 혁명 러시아에서처럼 당-국가가 지적·도덕적 전위를 자임하며 대중에 대한 독재를 실시할 수는 없다. 이 경우에도 역시 혁명의 주역은 대중 자신이다. 혁명은 철저히 민주주의와 일체여야 한다. 민주주의가 혁명을 전진시키는 제도적 기반으로 나타날 때만이 아니라 혁명을 가로막거나 지연시키는 듯 보일 때도 이 원칙은 결코 흔들려서는 안 된다. 이런 이유로 룩셈부르크는 제헌의회 해산 이후 새 총선 실시를 거부하는 러시아 혁명 정부를 꾸짖었고, "진짜 자유란 의견이 다른 사람들의 자유까지 인정하는 것"이라는 원칙을 강조했다. 대중 자신의 살아 있는 활동, 가장 자유로운 공공생활을 통해서만 사회주의는 실현될 수 있기 때문이다. 그것은 러시아 혁명 정부가 인내할 수 있었던 것보다 훨씬 더 길고 험난한 우여곡절을 수반하겠지만, 이것만이 사회주의로 나아가는 유일한 길이다.

우리는 20세기 사회주의 경험에 대한 룩셈부르크의 이러한 예언적 비판을 항일혁명가 김산(장지락)의 회고록 《아리랑》에서도 발견할 수 있다. 다음 대목이다.

> 주어진 다수의 투표는 반드시 받아들여야 한다. 그러나 그 다수가 올바른가 않은가는 별개의 문제이다. 레닌 한 사람이 옳고 당 전체가 그를 수도 있다. 그러나 고독한 레닌 한 사람이 옳다고 하는 경우, 레닌이라는 사람이 개인적으로 전혀 오류를 범하지 않는 인물이기 때문에 옳은 것이 아니라 대중의 다수 의사를 대표하고 있기 때문에 옳은 것이다. 또한 당이 그르다고 하는 경우, 그것은 당이 자기 밑에 있는 대중의 다수를 더 이상 대표하고 있지 못하기 때문인 것이다. 민주적 의사표시가 존재하는 곳에서는 지도력의 문제는 그다지 어려운 문제가 아니지만 그것이 억압당하고 있는 곳에서는 지도력의 문제가 위험하고도 어려운 것이다. 진정한 민주적 대중투표를 하면 잘못된 결정이 내려질 수가 없다. (님 웨일즈 · 김산, 《아리랑》, 송영인 옮김, 동녘, 2005. 468)

아니, 실은 잘못된 결정이 내려질 수도 있다. 그래도 이 길밖에는 없다. 왜냐하면 사회주의란 결국 대중을 위한, 대중 자신에 의한, 대중의 변화이기 때문이다. 설령 그것이 가장 험난하고 지루한 여정일지라도 말이다.

룩셈부르크는 이 진실을 냉철히 직시했다. 독일공산당 창당대회에서 룩셈부르크는 독일 혁명이 아직 제대로 시작도 안 됐다고 진단했다. 도시의 대중은 각성하기 시작했지만, 농촌 대중은 그렇지 못한 상태라는 것이었다. 룩셈부르크는 마치 자신의 죽음을 예견하기라도 하듯이 이런 문장으로 연설을 끝마쳤다.

역사의 진보는 부르주아 혁명을 수행하듯이 그렇게 쉽게 이뤄지지는 않습니다. 부르주아 혁명은 하나의 정권을 무너뜨리고 그 자리에 두어 명 혹은 수십 명의 새로운 얼굴을 대체시키는 것으로 충분했습니다. 그러나 우리는 완전무결한 역사의 진보를 추구해야 하며, 우리가 수행해야 할 혁명의 성격과 목적은 우리가 살고 있는 사회 질서의 본질을 포괄하는 대중적인 길을 따라야 합니다.

이런 과정은 여러분이 그때그때 느끼기보다는 훨씬 더 오래 걸려서 달성될지도 모릅니다. 그러므로 우리가 이 혁명을 달성하려면 혁명의 고난과 어려움을 충분히 명확하게 깨닫는 것이 대단히 중요한 일이라고 저는 믿고 있습니다. (…) 저는 감히 여러분께 그와 같은 과정이 얼마나 오래 걸릴 것인지는 이야기할 수 없습니다. 그러나 우리들 중 누가 과연 혁명의 그날이 오기까지 살 수 있다고 생각하고 있으며 그렇지 못하다고 해도 그것이 무슨 큰 의미가 있겠습니까? (파울 프뢸리히, 《로자 룩셈부르그의 사상과 실천》, 최민영 옮김, 석탑, 1984. 328-329에서 재인용, 번역은 인용자가 일부 수정)

두 혁명가가 무참히 쓰러졌던 그날로부터 100년이 흐른 지금, 룩셈부르크와 리프크네히트의 죽음이 사회주의 운동의 여러 흐름에 던진 어두운 그림자는 여전히 우리 시대의 숙제로 남아 있다. 21세기 좌파 역시 탈신자유주의 개혁은 얼마나 혁명적이어

야 하는지 고민하고 있고, 지구화-금융화에 대한 불만을 극우 포퓰리즘 지지로 토해내는 성난 대중에 둘러싸여 있다.

100년 전 1월 15일이 폭력적으로 앗아간 기회를 21세기의 우리는 과연, 지난 세기보다는 더 성숙해진 전략과 실천으로 만회할 수 있을까? 룩셈부르크의 저 유명한 촉구, "사회주의냐, 야만이냐"에 21세기는 어떤 답을 던지게 될까?

"우리들 중 누가 과연 그날이 오기까지 살 수 있겠냐"던 그 마음을 떠올리면 문득 겸허해지지만, 그래도 부질없이 다짐해본다. 이번에는 반드시 야만의 반대쪽 대안이 승리'해야만 한다'고.

2019. 1. 15.

또 다른 혁명 100주년, 조지아 혁명
—민주적 사회주의(2)

러시아 혁명 100주년을 맞이해 10월 혁명이나 볼셰비키, 소련 체제의 역사를 다룬 신간이 여럿 나왔다. 덕분에 한동안 절판 도서가 대부분이던 국내의 러시아 혁명 관련 문헌 목록이 조금은 풍성해졌다. 영어권에서도 양상이 비슷한 것 같다. 올해 들어 새로 나온 연구서나 대중서가 꽤 된다.

아직 우리말로 번역되지 않은 이런 신간 중에 내가 가장 인상 깊게 읽은 책은 미국 태생의 노동운동가이자 독립 저널리스트 에릭 리Eric Lee의 《실험: 조지아의 잊힌 혁명*The Experiment: Georgia's Forgotten Revolution*》(Zed Books, 2017. 국내 미번역)이다. 분명 러시아 혁명 100주년을 맞아 기획됐겠지만 러시아 혁명을 다룬 책은 아니다. 조지아 혁명 이야기다.

조지아, 우리에게는 퍽 낯선 이름이다. 러시아 혁명사에 익숙한 이들에게는 러시아식 발음 '그루지야'로 더 잘 알려진 나라. 흑해 동쪽, 캅카스 산맥에 자리 잡은 인구 400여 만 명의 작은 나라. 그들 자신의 역사보다는 오히려 러시아 역사에 깊은 상처를 남긴 조지아인, 이오세브 주가슈빌리(별칭 '스탈린')로 더 유명한 나라.

이 나라의 사회주의 혁명을 다룬 책이라고 하면, 아마 대부분 "그런 일이 있었던가" 하고 반문할 것이다. 혹은 러시아 혁명사 마니아라면 볼셰비키 정권에 맞선 조지아 멘셰비키 정권이 있었음을 떠올리며 '반혁명' 이야기 아니냐고 할지도 모르겠다.

그러나 러시아 중심부에서 혁명의 불길이 타오르던 그 시기에 변방 조지아에서 벌어진 일 역시 또 다른 '혁명'이었다. 볼셰비키 정권 초기이던 1918~1921년, 약 4년간 조지아에는 볼셰비키와는 다른 사회주의 프로그램을 추진한 혁명정부가 있었다. 에릭 리의 책을 통해 나는 참으로 뒤늦게 그들의 놀라운 이야기를 알게 됐다.

러시아가 선사 시대의 깊은 잠에 빠져 있던 오랜 세월 동안 조지아에서는 숱한 문명과 왕국이 명멸했다. 고대 그리스인들이 황금 양털의 땅으로 동경한 콜키스가 바로 조지아의 옛 이름이었다. 하지만 근대에 들어 러시아와 오스만, 두 제국이 이 땅을 놓고 각축을 벌였고, 결국은 러시아 제국에 복속됐다.

러시아 제국의 다른 지역과 마찬가지로 조지아인 다수는 농민이었다. 또한 농민의 다수는 소작농이었다. 1917년 혁명이 일어날 때까지도 러시아 사회의 최대 숙제가 토지 개혁이었듯 조지아 민중의 가장 절실한 바람도 농지 분배였다.

그러나 같은 농업 사회라도 러시아 본토와 조지아는 분위기가 사뭇 달랐다. 러시아에 비해 조지아 농촌은 교육열이 높았다. 덕분에 조지아어를 말할 뿐만 아니라 고유 문자를 읽고 쓸 줄 아는 농민의 비중이 늘어났다. 이렇게 이민족 지배와 민족어 읽고 쓰기 능력의 확산이 겹치면 근대 민족주의가 발흥하기 마련이다. 19세기 말 조지아도 여기에서 예외가 아니었다.

하지만 조지아 민족주의자들은 단순한 민족주의자들이 아니었다. 그렇다고 농민 문제를 전면에 내걸고 이 무렵 러시아를 휩쓸던 나로드니키(농민이 차르 독재를 무너뜨릴 민주주의 혁명뿐만 아니라 사회주의 혁명의 주체라고 본, 19세기 말~20세기 초 러시아의 독특한 농민 사회주의자들)가 영향을 끼치지도 않았다. 놀랍게도 조지아 민중에게 민족 문제, 토지 문제를 해결할 대안 세력으로 인정받은 것은 마르크스주의자들이었다. 마르크스주의라면 민족주의보다는 국제주의, 농민보다는 노동계급을 더 강조하는 사상인데도 그랬다.

이는 상대적으로 후진적인 제국의 지배를 받는 피억압 민족의 전략적 선택이라 할 수 있었다. 피억압 민족은 침략국보다 더 선진적인 나라들의 이념, 문화를 받아들여 저항의 무기로 삼으려 한다. 왜냐하면 식민 지배자들은 보통 '근대화'를 명분 삼아 침략을 정당화하기 때문이다. 피억압 민족은 침략자보다 더 근대적인 존재가 됨으로써 이런 정당화 논리를 뒤집으려 한다. 일제 치하에서 조선인들이 미국식 기독교나 소련식 사회주의를 열렬히 받아들인 이유 역시 여기에 있다. 마찬가지 이유에서 조지아인들도 러시아식 농민 사회주의가 아니라 독일식 마르크스주의를 전폭 수용한 것이다.

러시아나 조지아나 1890년대 말에 마르크스주의 정당이 처음 건설된 점은 같았다. 하지만 러시아에서는 1917년 10월 혁명 무렵까지 사회민주노동당의 볼셰비키와 멘셰비키를 다 합쳐도 나로드니키 정당(사회주의혁명당)을 압도하지 못한 반면, 조지아에서는 처음부터 조지아 사회민주당이 차르 전제에 맞서는 대중운동을 주도했다. 10월 혁명을 다룬 문헌에 볼셰비키의 정적으로 가끔 등장하는 니콜라이 츠헤이제Nikolay Chkheidze, 훗날 조지아 민주공화국 총리를 역임하는 노에 조르다니아Noe Zhordania 등이 창당 때부터 조지아 사회민주당을 이끈 주요 인물들이었다.

조지아 사회민주당원들은 전全러시아 사회민주노동당의 일부로도 활동했다. 그리고 사회민주노동당이 볼셰비키와 멘셰비키로 분열하자 조지아 사회민주당은 멘셰비키 쪽을 선택했다. 즉, 조지아 사회민주당은 1903년 이후 조지아 멘셰비키였다. 볼셰비키 당원이 된 스탈린은 조지아인들 가운데에서는 특이한 사례였다.

러시아 혁명사에서 '멘셰비키'는 흔히 '온건파'와 동일시된다. 그때나 지금이나 멘셰비키라고 하면, 러시아의 당면 혁명은 철저히 부르주아 민주주의 혁명이어야 한다는 단계론을 신봉한 탓에 노동자·농민 투쟁보다는 자유주의자들과 공조하길 더 선호하는 세력을 떠올린다. 그러나 이것은 페트로그라드나 모스크바는 몰라도 티플리스(조지아 수도 트빌리시의 옛 이름)에서는 통하지 않는 이야기였다. 1905년 러시아 제1차 혁명이 일어나기 이미 1년 전에 조지아에서는 대중 봉기가 시작됐고, 조지아 멘셰비키가 이 투쟁의 정치적 대변자였다.

1904년 조지아의 구리아 지방에서 농민 봉기가 일어났다. 경작권을 놓고 지주와 대립하던 소작농들이 들고 일어나 러시아 경찰들을 쫓아내고 자치를 시작했다. 농민들은 구리아 공화국을 선포했고, 조지아 사회민주당에 대거 입당했다. 노동계급정당이라 자임하던 조지아 사회민주당은 농민을 '농업 노동자'라 부르며 농민 혁명의 대변자로 나섰다. V. I. 레닌이 마르크스주의를 농업사회의 현실에 맞게 개조하려고 애쓰던 바로 그 시절 조지아 멘셰비키도 같은 작업을 벌이고 있었던 것이다.

구리아 혁명은 1년 후 러시아 전역에서 혁명운동이 일어났다가 진압당하자 러시아 전체의 혁명과 함께 미완으로 끝나고 말았다. 그러나 제국 내 다른 지역과 마찬가지로 이때의 불꽃은 꺼지지 않고 이어지다 10여 년 후 다시 작렬한다. 1917년 2월 혁명이 일어난 후, 조지아인들은 러시아 전체의 제헌의회가 소집되기만을 기다렸다. 이때까지만 해도 조지아 사회민주당 방침은 러시아 연방공화국 안에서 조지아인들의 자치를 최대한 보장받는다는 것이었다. 그러나 10월 혁명의 우여곡절을 거치며 러시아 전체의 제헌의회는 흐지부지돼버렸다.

상황이 이렇게 흘러가자 조지아인들은 과감한 선택을 했다. 1918년 5월에 멘셰비키가 이끄는 티플리스 소비에트와 노동조합, 인민방위군(러시아 군에서 떨어져 나온 조지아 병사들이 조직한 군대) 등의 대표들이 모여 조지아 민주공화국 수립을 선포했다. 이로써 러시아로부터 독립한 또 다른 사회주의 국가 실험이 시작됐다.

조지아 혁명정부의 가장 급박한 과제는 토지 개혁이었다. 1917년 여름에 러시아 곳곳에서 그랬던 것처럼, 조지아에서도 이미 소작농들이 대지주 소유 농지를 점거하고 있었다. 새 정부는 이런 아래로부터의 농민 혁명을 사후 승인하기만 하면 됐다. 농지 소유는 각 농가가 직접 경작할 수 있는 만큼으로 제한됐다. 신경제정책(NEP)을 추진하던 1920년대 초의 소비에트연방과 마찬가지로 조지아는 삽시간에 자작농의 나라가 됐다.

티플리스와 모스크바의 경제 정책이 갈라진 지점은 민간 기업 처리 문제였다. 볼셰비키 정부가 내전기에 대다수 기업을 국유화한 데 반해 조지아 멘셰비키는 국유화에 신중한 태도를 보였다. 주된 외화 수입원이던 망간 광산 정도만 국유화했다. 노선이나 전략이 다른 탓도 있었지만, 무엇보다 경제 상황이 달랐다. 아직 조지아에는 러시아 대도시에서 볼 수 있는 거대 자본주의 기업이 존재하지 않았다. 얼마 안 되는 기존 민간 기업을 국유화한다고 해서 경제 전체에 그리 큰 영향을 끼칠 수 없었다.

대신 조지아 정부는 신규 공공 투자로 국영 기업을 신설했다. 협동조합도 적극 육성했다. 레닌은 죽음을 앞두고서야 협동조합의 가치를 재발견했지만, 조지아 멘셰비키는 처음부터 협동조합을 새로운 사회주의 경제의 핵심 구성 요소로 바라봤다. 1920년 조사에 따르면, 조지아 노동 인구 중 52%가 국영 기업 소속이고 18%가 협동조합 소속이었다. 민간 기업에 고용된 인원은 19%에 불과했다. 대규모 국유화 없이도 기업의 사회화가 이뤄진 셈이었다.

노동조합은 사회화된 부문, 민간 기업 가릴 것 없이 자유로운 활동을 보장받았다. 소비에트연방에서는 이른바 '프롤레타리아 독재' 아래에서 프롤레타리아의 전통적 기구인 노동조합이 어떤 지위를 지니며 기능은 무엇인지가 뜨거운 쟁점이 됐다. 그리고 오랜 논란과 투쟁 끝에 소련 노동조합은 공산당의 부속 기관이 되고 말았다. 그러나 조지아에서는 노동조합의 자주성이 너무도 당연한 전제였다. 이런 자유롭고 안정된 지위 덕분에 1917년 기준 41개 조합, 조합원 29,000명이던 노동조합은 1920년에는 113개 조합, 조합원 64,000명으로 급성장하게 된다.

노동권도 급신장했다. 당시 세계 노동운동의 숙원이던 8시간 노동제가 확립됐다. 청소년의 경우는 노동시간이 6시간으로 제한됐다. 연장 노동은 특별한 경우에만 허용됐고, 통상임금의 2배를 수당으로 지급해야 했다. 아동 노동은 금지됐다. 여성과 청소년의 야간 노동 또한 금지됐다. 또한 우리의 4대 보험에 해당하는 사회보험이 신설됐다. 서유럽에서 복지국가가 수립되기 한참 전에 조지아는 그 뼈대를 구축하고 있었다.

조지아 민주공화국은 여러 모로 동시대 소비에트연방과 대비되지만, 그 중에서도 확연히 다른 것은 정치 체제였다. 볼셰비키와 사회주의혁명당 좌파의 연립정부가 깨진 후 공산당 일당 지배체제가 들어선 소련과 달리, 조지아에서는 정당 활동의 자유가 보장됐고 자유선거가 실시됐다. 1919년 제헌의회 선거에서는 약 60%의 유권자가 참여한 가운데 총 130석 중 109석을 멘셰비키가 차지했고 사회주의혁명당을 포함한 다른 사회주의 세력들이 13석을 얻었다. 부르주아 정당인 민족민주당도 8석을 획득했다. (공산당은 1920년 소련-조지아 평화조약 체결 이후에야 합법화됐다.)

제헌의회는 2년 여의 논의 끝에 조지아 민주공화국 헌법을 기초했다. 헌법학자들은 흔히 사회권을 인권의 중요한 내용으로 명시한 최초의 사례가 독일 바이마르 헌법이라고 하지만, 조지아 민주공화국 헌법도 바이마르 헌법과 어깨를 나란히 한다. 아니, 조지아 헌법이 바이마르 헌법보다 훨씬 더 철저했다. 1921년 조지아 헌법은 모든 아동의 무상 초등교육을 못 박았을 뿐만 아니라 교복과 급식, 학용품도 무상 지급해야 한다고 명시했다. 국가가 모든 시민의 고용과 사회보험을 보장해야 한다고도 했다. 노동시간은 주당 48시간으로 제한됐다. 여성과 청년은 작업장에서 특별한 보호를 받게 했다. 반면 재산권은 엄격히 제약됐고 유상 매수를 전제로 한 강제 수용을 인정했다.

그러나 안타깝게도 이 헌법은 제대로 실현될 기회를 얻지 못했다. 조지아 민주공화국의 독창적 사회주의 실험은 1921년 2월 외세의 침입으로 돌연 중단되고 만다. 외세? 신생 터키공화국? 아니면 러시아 내전에 개입하던 연합군? 뜻밖에도, 내전에 승리하고 나서 한숨 돌린 소련 붉은 군대가 1년 전 체결한 평화조약을 짓밟으며 쳐들어왔다. 인민방위군은 격렬히 항전했지만, 중과부적이었다. 사회민주당이 이끌던 합법 정부는 망명길에 나서야 했다.

레닌은 이 작전을 사전에 알지 못했다고 한다. 두 조지아 출신 볼셰비키 스탈린과 그리골 오르조니키제Grigol[Sergo] Ordzhonikidze의 작품이었다. 비록 기억하는 이들은 많지 않지만, 이는 한 '사회주의' 국가가 다른 '사회주의' 국가를 침공한 첫 번째 사례였다.

그렇다고 러시아 혁명은 다 악이었고 조지아 혁명은 다 선이었다는 이야기는 아니다. 조지아 혁명도 혁명인 바에는 어두운

그늘이 없지 않았다. 숱한 민족이 섞여 사는 캅카스 지역이기에 조지아 민주공화국에도 소수민족 문제가 있었다. 조지아 정부가 소수민족들을 다룬 방식은 대러시아주의자들(혁명 이후에도 구 러시아 제국의 영토확장주의를 고스란히 이어받은, 가령 스탈린 같은 이들)의 처신보다 도덕적으로 우월했다고 하기 힘들다.

또한 조지아는 러시아의 위협에 맞서려고 외국군에 지나치게 의존하는 모습을 보이기도 했다. 제1차 세계대전 종전 직전에는 독일군 주둔을 받아들였고, 전쟁이 끝난 뒤에는 영국군에 기댔다. 그러나 영국은 볼셰비키 정부가 내전에서 좀처럼 무너질 기미를 보이지 않자 조지아에 더 이상 관심을 기울이지 않았다. 이런 강대국 군대 주둔은 소련군 침입의 빌미가 되고 말았다.

말하자면, 조지아 혁명도 교과서는 될 수 없다. 그러나 이 짧은 실험은 러시아 혁명이 가야 했고 어쩌면 갈 수 있었으나 가지 않은 길이 무엇인지 보여주는 훌륭한 거울임에는 분명하다. 다당제와 자유선거, 자유권과 사회권을 철저히 보장하는 헌법, 자주적인 노동조합, 공기업-협동조합-민간 기업이 어우러진 경제 등 조지아 민주공화국이 보여준 '민주적 사회주의'의 맹아에서 우리는 20세기에 막혔던 길이 무엇인지 한눈에 식별할 수 있다. 이 길을 확인하는 일이야말로 100년 전 민중이 감히 내딛었던 걸음을 '더 낫게' 다시 내딛을 출발점이 될 것이다.

게다가 나는 조지아의 슬픈 역사에서 묘한 동질감을 느꼈다. 좌파조차 역사를 논할 때마다 주로 꺼내는 이야깃거리가 러시아 혁명 아니면 중국 혁명이다. 모두 대국의 사례들이다. 그러나 우리는 대국이 아니다. 물론 절대 규모로는 한국과 조지아가 비교가 안 되지만, 너무도 커다란 나라들의 틈바구니에 끼어 있다는 점에서는 동변상련 신세가 아닌가.

그런 까닭에라도 우리는 이제 러시아 혁명만이 아니라 조지아 혁명을 알아야겠다. 프랑스 혁명과 독일 사회민주당만이 아니라 오스트리아나 북유럽 여러 나라의 여러 시도에서 배울 바를 찾아야겠다. 작아만 보였던 한 나라가 어떤 주변 강대국보다 더 존엄한 존재로 우뚝 섰던 순간들을 잊지 말고 또한 우리의 역사로 만들어내야겠다.

2017. 11. 21.

사회주의의 해체인가 재발명인가

최근 새로 나온 책 중에서 사회과학서적 독자들의 눈길을 끌 만한 자극적인 제목의 책을 한 권 만났다. 《사회주의 재발명》(사월의책, 2016)이 바로 그 주인공이다. 저자는 악셀 호네트. 프랑크푸르트학파의 제3세대를 대표하는 독일의 철학자, 사회학자다.

프랑크푸르트학파는 마르크스주의를 현대 사회에 맞게 변형하려는 노력에서 출발했다. 하지만 제2세대의 대표자인 위르겐 하버마스에 이르러서는 사회주의 운동의 실천 현장과는 거리가 꽤 먼 이론이라는 인상을 주곤 했다. 그런데 그 전통을 잇는 학자가 사회주의를 전면에 내건 저작을 낸 것이다. 원서 제목은 국역본보다는 좀 밋밋한 '사회주의 이념'이지만, 그래도 사회주의를 새삼 핵심 의제로 부각하려는 저자의 의도는 명확히 담고 있다.

사회주의를 재발명하겠다니, 좌파 성향 독자라면 누구든 솔깃하지 않을 수 없을 것이다. 젊었을 적에 운동권 서적 좀 본 민주화 세대 중에도, 금융위기 이후 세상의 진로에 고민이 많은 젊은 세대 중에도 이 책에 관심을 보일 이들이 적지 않을 것 같다.

그러나 제목에 끌려 책을 손에 든 독자들 중 상당수는 어쩌면 크게 실망할 수도 있다. 호네트는 중앙집권형 계획경제는 대안이 아니라고 단언한다. 더 이상 노동계급이 사회 변혁의 주체라고 이야기할 수도 없다고 한다. 당연히 전위정당이니 프롤레타리아 독재니 하는 도식들도 기각된다. 과거 사회주의 교과서에서 사회주의와 등치되던 내용들 중 거의 대부분이《사회주의 재발명》에서는 부정 혹은 극복 대상으로 제시된다.

이쯤 되면 사회주의 '재발명'은커녕 '해체' 아니냐는 항변이 들릴 법도 하다. 이런 항변에 저자는 아마 "해체 맞다"고 답할 것이다. 호네트의 입장은 확고하다. 호네트는 두 세기 동안 사회주의의 '목표'라고 생각해왔던 것들이 실은 '수단'에 불과했다고 단언한다. 다른 진짜 목표를 실현하기 위한 시대적인 수단들이었다는 것이다. 진짜 목표를 발굴해내려면 목표로 오인됐던 수단들을 제자리로 돌려놔야 한다. 그곳은 대개 무덤이다.

그렇다면 이런 무자비한 작업을 통해 호네트가 찾아낸 사회주의의 진짜 목표는 무엇일까? 그것은 '사회적 자유'다.

생시몽, 푸리에, 오언부터 마르크스, 엥겔스에 이르는 초기 사회주의자들은 세상에 이미 존재하지만 당장은 가려져 있는, 그러나 앞으로 반드시 세상의 중심 원리가 돼야 할 무언가를 말로 표현해보려 애썼다. 때로는 어울리지 않는 옛 용어를 빌려 썼고, 때로는 신조어를 제시했다. 그래서 나온 게 '공동체', '연합', '코뮌', 이런 말들이었다. 호네트는 이 말들이 가리키는 방향을 '사회적 자유'라는 말로 아우른다.

출발은 프랑스 대혁명이다. 대혁명의 구호 '자유, 평등, 우애'가 모든 영감의 발단이다. 혁명의 즉각적 수혜자였던 자본가들은 이 구호의 첫째 항을 '개인적 자유', 즉 소유권을 바탕으로 시장 경쟁을 벌이는 원자적 개인의 권리로 이해했다. 이에 따라 서유럽을 중심으로 자본주의 질서가 확산되기 시작했고, 일정한 재산을 소유한 남성들만의 의회가 들어섰다.

초기 사회주의자들은 당시 막 상식이 돼가던 이 흐름에 반기를 들었다. 자유를 개인적 자유로 바라본 결과는 자유라는 가치와 평등, 우애라는 가치 사이의 모순과 대립이었다. 개인적 자유의 주창자들이 이 자유를 향유할수록 나머지 대다수는 비-자유로 내몰렸다. 자유로운 자와 자유를 박탈당한 자가 나뉘었고, 따라서 평등하지 못했다. 당연히 평등하지 못한 집단들 사이에는 우애도 있을 수 없었다.

이에 대한 초기 사회주의자들의 응수는 '사회주의'라는 작명 안에 집약돼 있다. 한마디로 '사회'가 있다는 것이었다. 개인들은 이미 '함께' 살고 있을 뿐만 아니라 사회를 이룸으로써만 생존하고 성장할 수 있다. 산업화와 도시화가 진전될수록 사람들의 삶에서 사회의 중요성은 더욱 커진다. 개인적 자유 관념은 이런 진실에 눈 감는다. 그래서 사회의 존립을 위협하는 행위로 나아간다. 이것이 참된 자유일 리 없다. '함께' 사는 모든 이들이 '함께' 누려야만 진정한 자유다. '개인적' 자유가 아니라 '사회적' 자유다.

하지만 호네트는 사회적 자유가 여기에서 한 걸음 더 나아간다고 강조한다. 만일 우리가 '함께' 살고 있음을 자각하게 되면, 우리의 관심은 상대방에게 끼칠 피해를 걱정하는 수준에만 머물지 않는다. '서로를 위해' 무엇을 할지도 생각하게 된다. '서로를 위한' 행동을 하면서 삶의 충만함을 경험하고 이 경험을 지속·확대하려 노력하게 된다. 초기 사회주의자들은 이런 원리가 중심이 될 때에 비로소 사회가 사회다워진다고 믿었다. 로버트 오언은 이를 다음과 같이 감명 깊게 정식화했다.

> 우리가 지금 주장하는 원리는 분명하게 이해되고 한결같이 실천되는 자신의 행복은 공동체의 행복을 늘리는 행위에 의해서만 이루어질 수 있다는 것이다. 인간의 개인적 행복은 주변 모든 사람의 행복을 늘리고 확장하려는 노력에 비례해서 그렇게 될 수 있다. (로버트 오언, 《사회에 관한 새로운 의견》, 하승우 옮김, 지식을만드는지식, 2008, 27)

사회주의란 이렇게 사회적 자유를 통해 자유, 평등, 우애라는 근대의 약속을 하나로 꿰뚫으며 실현하려는 이념이자 운동이다. 사회주의가 역사 속의 숱한 실패와 오류에도 불구하고 재발명돼야만 하는 이유가 바로 여기에 있다. 사회주의의 진짜 목표인 사회적 자유야말로 개인적 자유의 복고 운동(이름 하여 '신자유주의')이 세상을 벼랑 끝으로 몰아가는 이 시대에 우리가 고개를 돌릴(성서의 메타노이아, 즉 회심) 방향이 어디인지 가리켜주기 때문이다. 《사회주의 재발명》에서 호네트가 동시대인에게 전하려는 메시지는 무엇보다 이것이다.

그래도 여전히 고개를 갸우뚱하는 독자가 있을 것이다. 과거 사회주의 교과서에서 흔히 마주쳤던 '계급의식'이나 '생산수단의 사회적 소유' 등에 비하면 '사회적 자유'는 지나치게 느슨한 윤리적 관념으로 보일 수도 있지 않을까.

물론 《사회주의 재발명》에 이러한 논의만 있는 것은 아니다. 책의 후반부에서는 새로운 사회주의의 정책들을 모색하기 위한 예비 논의가 이어진다. 하지만 이런 논의에 합류하자면 어쨌든 사회주의의 궁극 목표가 사회적 자유라는, 저자의 사회주의 재규정에 대한 동의가 필요하다.

나는 호네트의 주장을 적극 지지한다. 이유는 이렇다. 첫째, 사회적 자유는 사회주의 사상·운동의 생명을 지속시킬 가장 강력한 동기다.

흔히 사회주의의 핵심 구성 요소로 치부되는 것들은 삶이라는 시험을 버텨내기에는 내구성이 강하지 못하다. '국유화' 같은 정책은 마치 현실사회주의가 그랬던 것처럼 현존하는 공기업의 모습에서 금방 빛이 바랜다. '전위정당' 신화는 좌파 정치조직에서 바깥 세상과 크게 다르지 않은(혹은 더 기괴할 수도 있는) 인간군상을 마주하는 순간에 환멸로 바뀌기 쉽다. 사회주의를 받아들인 계기가 이런 요소들 때문이라면 반-사회주의로 전향하기가 그리 어렵지는 않을 것이다.

변혁운동 언저리에 계속 남아 있는 이들이 미련을 버리지 못하는 것은 이보다는 어떤 기억 때문이다. 평소에 무덤덤하던 사람들이 내 삶에 없어서는 안 될 존재로 다가오고 또한 그들의 삶에서 나 역시 의미 있는 존재임을 확인하며 벅찼던 기억. 이런 관계들로 충만한 다른 세상의 모습을 언뜻 본 것 같았던 기억. 사람들은 이런 기억에 어눌하게나마 '동지애'나 '연대' 같은 이름을 붙여 간직하지만, 호네트에 따르면 이 경험의 진짜 이름은 사회적 자유다. 이 경험을 잊지 못하는 한, 그 사람은 변혁운동에 등 돌릴 수 없다. 이것만큼 오래가고 절실한 동기는 없다. 사회적 자유는 역사 속 사회주의의 다른 어떤 원칙보다도 근본적이며 강력한 원칙임에 분명하다.

둘째, 사회적 자유는 사회주의를 가장 사회주의답게 만드는 원칙이다.

진짜 목표인 사회적 자유 대신 수단들이 목표 구실을 하는 동안에 사회주의에는 어떤 일이 벌어졌던가?《공산당 선언》의 가장 보석 같은 구절, "각인의 자유로운 발전이 만인의 자유로운 발전의 조건이 되는 연합"은 먼 미래의 약속이 되고 말았다. 이 약속의 땅에 도달하기 위해 지금 당장은 혹독한 시험을 견뎌내야만 했다. 당-국가의 지령에 따르며 노동 규율을 강화하고 만성적인 생필품 부족 사태에 익숙해져야 했다. 자유의 감각은 무뎌지고 망각됐다.

거대한 성취가 미래에는 있을 것이라는 약속을 믿고 그 약속과는 정반대되는 현재를 받아들이라는 것—이것은 실은 자본주의가 강요하는 일상의 풍경이다. "성장을 위해 빈곤과 고된 노동을 달게 받아들여라!" 그런데 사회주의도 이 풍경의 일부가 됐다. "프롤레타리아 해방을 위해 당이 정한 생산 할당량을 채워라!" 자본주의만큼이나 사회주의도 거대한 배반의 질서를 만드는 데 한몫했다.

그러나 사회적 자유로부터 재출발하는 사회주의는 더 이상 이런 반역에 동조할 수 없다. 사회적 자유는 결코 유예될 수 있는 게 아니다. 어떤 실험을 통해서든 지금 당장 구현돼야 한다. 초보적인 형태로라도 사회적 자유가 중심 원칙이 되지 못하는 실험은 폐기 대상일 뿐이다. 자율과 자치가 사회주의와 동의어가 되어야 하고, 더 이상 '국가'주의가 '사회'주의를 대신해선 안 된다. 이렇게 사회주의는 근대의 족쇄로부터 벗어나야 한다.

이런 사회주의는 새로운 세대의 지향과도 맞아떨어진다. 스페인 '분노한 자들' 운동 등 최근의 사회운동들을 꿰뚫는 한가지 공통점은 자율성의 추구다. 이들 운동에 참여한 젊은 세대는 먼 미래가 아니라 지금 당장 실감할 수 있는 대안을 원하며, 대리자를 통해서가 아니라 직접 참여해 이 대안을 실현해나가길 욕망한다. 정치 개혁이든 복지든 모든 과제를 자율성이라는 프리즘을 통해 바라보는 것이다. 사회적 자유의 환기는 이러한 시대정신에 부합한다.

셋째, 사회적 자유는 인류 모두의 보편적 가치가 될 수 있다.

'자유, 평등, 우애'가 프랑스 대혁명을 통해 처음 제기됐으니 서구 특산물 아니냐고 반문할지도 모른다. 물론 이 구호를 '개인적 자유'로 환원한 사회세력은 인류 역사상 서유럽에서 처음으로 특이하게 등장한 집단이다. 이후 세상의 나머지 곳곳에서 이러한 자유주의 문명을 '개화문명'이라며 학습하고 모방하고 갱신한 결과가 현재의 지구자본주의다. 이 점에서 개인적 자유를 중심에 둔 흐름은 서구중심주의일 수밖에 없다.

그러나 '자유, 평등, 우애'에서 '사회적 자유'를 이끌어내려는 흐름은 전혀 그렇지 않다. 사회적 자유가 규범적 원칙이 된 순간은 유럽 민주주의 혁명과 노동운동의 역사에서 반복됐을 뿐만 아니라 제국주의에 맞서는 비유럽 세계의 해방투쟁 현장에서도 나타났다. 지배 세력이 자유를 독차지하는 모든 곳에서 민중에게 남은, 혹은 지배자들이 유일하게 빼앗을 수 없는 자유는 그것뿐이었기 때문이다. 이렇게 사회적 자유는 지구 전역에서 자생적으로 솟아나 서로 합류하며 대양으로 나아가는 보편적 흐름이자 지향이다.

우리만 해도 그렇다. "오 자유여, 봉기의 창끝에서 빛나는 별이여"(김남주, 〈자유를 위하여〉)라고 시인이 노래한 동학농민혁명부터 1980년 5월 광주를 거쳐 최근의 노동운동과 촛불시위에 이르기까지, 이 땅에서도 민중의 자연스러운 몸짓으로 사회적 자유의 경험과 그에 대한 열망이 움트고 자라났다. 그렇기에 《사회주의 재발명》이 제안하는 사회주의는 우리에게도 토착적이면서 동시에 보편적인, 아니 토착적이기에 보편적인 지침이 될 수 있다.

요즘 사회과학자들 사이에 유행하는 말들 중 하나가 '궐위기interregnum'다. 왕이 죽었는데 새 왕의 즉위가 계속 뒤로 미뤄지는 혼란기라는 뜻이다. 죽은 것은 물론 금융화의 정점에 이른 지구 자본주의다. 인간사회가 더욱 답답해지기만 하는('헬지구') 이유가 자본주의가 막다른 골목에 도달하여 그런 것임을, 모두가 어느 정도는 안다. 어쩌면 자본주의가 문제라는 선동조차 불필요한 시대일지도 모르겠다.

하지만 이런 인식이 이미 널리 퍼졌다고 해서 대변화의 조짐이 보이는 것은 아니다. 자본주의에 대한 신념뿐만 아니라 자본주의의 대안이 존재한다는 신념 또한 붕괴한 상태이기 때문이다.

그렇기에 '궐위기'라는 푸념이 오늘의 세상을 짓누른다.

《사회주의 재발명》은 이 무거운 침묵의 시대에 용감하게 손을 들어 내놓은 발언이다. 궐위기를 끝내려면 어디에서 다시 출발해야 할지에 관해 세상에 던진 선명한 제안이다.

2016. 10. 4.

생태 사회주의가 필요하다

서울 · 부산 시장 보궐선거가 끝나고 나서 문재인 정부-더불어민주당의 실정을 놓고 말들이 많다. 실패의 대표적 사례로 참으로 다양한 쟁점들이 이야기된다. 수도권 아파트 가격 논란도 있고, 이른바 '공정' 문제를 둘러싼 20대의 실망감도 자주 화제에 오른다. 교착 상태에 빠진 한반도 정세도 문제이고, 코로나19 팬데믹 대응이 점점 혼선을 빚는 것도 불안감을 낳는다.

그러나 몇십 년쯤 뒤에 후세대가 문재인 정부-더불어민주당의 가장 커다란 실패가 무엇이었는지 따진다면 가장 먼저 도마에 오를 것은 지금까지 말한 사안들은 아닐 것이다. 기성 양대 정당 모두 부채질하지 못해 안달이 난 듯한 청년 세대의 남녀 갈등도 아니고, 심지어는 부동산 가격 폭등이나 용두사미로 끝난 북핵 협상도 아닐 것이다. 아마도 그것은 기후위기 대응 실패일 것이다.

지난 4월 22일, 조 바이든 미국 대통령 주도로 전 세계 40여 개국 정상이 참여한 기후위기 대응 화상회의가 열렸다. 물론 문재인 대통령도 참석했다. 이날 미국을 비롯해 많은 나라 정부가 탄소 배출 감축 목표를 상향하겠다고 밝혔다. 바이든 대통령은 2030년까지 온실기체 배출을 2005년 수준보다 50% 이상 낮추겠다고 선언했고, 2030년까지 1990년 수준보다 55% 이상 온실기체 배출을 줄이겠다고 이미 합의한 유럽연합 회원국 정상들은 이를 환영했다.

다분히 선언적인 수준이기는 하지만, 어쨌든 기후위기 대응의 세계적 분위기가 바뀌고 있음을 보여주는 장면임에는 틀림없다. 2050년까지 탄소 배출 제로에 도달하겠다는 막연한 목표 대신 앞으로 10년 안에 탄소 배출을 급감시키겠다는, 보다 절박하고 구체적인 목표가 부상하고 있다. 그런데 이런 시대 변화를 확인한 이 자리에서 대세와 동떨어져 자기만의 세계에 갇힌 듯한 한 나라가 있었다. 대한민국이다.

문재인 대통령은 "한국은 2030년까지의 온실기체 감축 목표를 추가 상향해 올해 안에 UN에 제출하겠다"고 연설했다. 2050년까지 탄소중립 상태에 도달하기 위해 10년간 무엇을 할지 명확한 목표를 제시하지 못한 채 "올해 안에 마련하겠다"며 발언 시간을 채운 것이다. 누가 봐도 그저 변명이거나 미루기일 뿐이다. 이게 지금 곳곳에 "K-" 접두어를 붙이며 "글로벌 선두"를 부르짖는 나라가 인류의 생존 위기에 대처하는 모습이다.

주요국 정부들이 30년 뒤의 '천년왕국'만을 되뇌던 수준을 벗어나 이렇게 탄소 배출 감축을 당면 과제로 바라보기 시작한 이유는 무엇인가? 물론 가장 근본적인 이유는 기후위기 자체의 급진전에 있다. 2020년은 코로나19 팬데믹의 해였을 뿐만 아니라 기후위기가 돌이킬 수 없는 국면에 들어선 것 아닌가 하는 대중적 의식을 불러일으킨 해이기도 했다. 여름철 시베리아의 이상 고온, 유럽의 기록적 폭염, 지구 곳곳의 산림을 덮친 대화재, 미국 텍사스의 이상 한파가 모두 몇 달 사이에 몰려 왔다.

기후'위기'가 아니라 가시적인 기후'재난'을 말해야만 하는 새로운 상황에서 탄소 배출 감축 계획의 가속화를 가로막은 장애물은 미국의 도널드 트럼프 정부였다. 그러나 역사상 가장 시끄러웠던 미국 대선을 통해 이 장애물이 치워졌다. 그러자 뒤늦게나마 봇물 터지듯 각국이 기후위기 대응의 고삐를 바짝 죄기 시작한 것이다.

하지만 한국만은 여전히 예외다. 이 차이는 어디에서 비롯된 걸까? 집권 세력의 차이? 그렇게 보기에는 현재 주요국 정부의 이념과 노선에 별로 큰 차이가 없다. 미국 민주당을 비롯해 거의 모든 집권당이 리버럴이나 기독교민주주의에 속한 '중도우파' 성향이다. 물론 문재인 정부-더불어민주당도 리버럴이고 중도우파다. 그런데도 문재인 정부는 다른 중도우파 집권세력들에 비해서도 기후위기 대응에 소극적이며 보이콧에 가까운 태도를 보이고 있다.

실은 리버럴 세력 자체에게는 그럴 수밖에 없는 충분한 이유가 있다. 리버럴 세력의 핵심 가치는 자본주의 질서를 지속하고 그 끊임없는 발전을 뒷받침하는 것이다. 물론 보다 보수 쪽에 기운 우파와는 달리 계급 타협을 중시하며 이를 위해 부분적 개혁을 시도하기도 한다. 그러나 이는 어디까지나 자본주의의 핵심 구조와 성장 방향을 지속시킨다는 대전제를 넘어설 수 없다. 미국 민주당도 그렇고, 프랑스의 마크롱 정부도 그러하며, 한국의 더불어민주당도 이 점에서 이들과 다르지 않다.

그리고 바로 이것이 지금 인류가 기후위기에 진지하게 대처하지 못하게 막는 결정적인 정치적 족쇄다. 기후위기를 비롯한 현재의 생태계 위기는 화석 연료를 태우지 않고는 현재와 같이 번성할 수 없었던 자본주의의 산물이다. 따라서 자본주의에 역행하거나 이를 초월하는 사회적 선택과 결정들을 실행하지 않고서는 결코 극복될 수 없다. 하지만 가장 반동적이거나 수구적인 우파뿐만 아니라 중도우파까지(더 나아가서는 많은 사회민주주의 정당들 같은 중도좌파도) 자본주의의 구조와 관성을 벗어나지 않으려 한다. 아니, 이를 지키는 데 혈안이 돼 있다. 그러니 기후위기에 대한 과감한 대응을 좀처럼 찾아보기 힘들 수밖에 없다.

중도우파의 속성이 그렇다면, 기후위기 대응 화상회의에서 보인 여러 정부의 입장 변화는 어떻게 설명할 수 있을까? 우선 주의해야 할 점은 각국 정부의 탄소 배출 감축 목표 상향이 겉으로 보기보다 그리 전향적이라 할 수 없다는 것이다. "2030년"을 거론하기 시작한 것은 반가운 일이지만, 그렇다고 거대한 계획들과 그에 걸맞는 투자에 착수한 것은 아니다.

그렇다 하더라도 미국 등에서는 피상적인 수준에서나 변화가 감지되는 데 반해 한국은 요지부동이다. 비슷한 리버럴 성향 정부인데도 이런 차이가 나타나는 이유는 집권세력 그 자체에 있지 않다. 한국과 달리 미국 등에서는 집권세력이 자기 관성에서 조금이라도 이탈하는 선택을 하지 않을 수 없게 몰아붙이는 힘이 작동하고 있다. 기성 정치 바깥에서 형성된 다양한 사회운동이 그런 힘이다. 그 힘이 기후위기를 인간의 언어로 번역해 집권세력에 커다란 압력을 넣고 있고 그래서 중도우파 정부들도 과거와는 다른 입장을 취하지 않을 수 없게 된다.

미국에서는 버니 샌더스 상원의원의 대통령 선거 도전을 계기로 대중정치세력으로 성장한 민주적 사회주의자들이 '그린뉴딜'을 주창하며 바이든 정부와 민주당 주류를 압박하고 있다. 영국에서는 한때 노동당 당권을 쥐었던 당 내 좌파가 '녹색 산업혁명'을 내걸자 보수당 소속 보리스 존슨 총리가 탄소 배출 감축 목표를 상향하며 응수했다. '그린뉴딜'의 원조라 할 수 있는 유럽연합 국가들에서는 오래 전부터 녹색당과 급진좌파가 생태 전환을 외쳐왔다.

이것이 최근 각국 정부의 태도 변화 이면에서 작동하는 정치 역학이다. 단지 기후위기가 가속화하고 있을 뿐만 아니라, 이를 인간과 사회의 언어로 번역해 대전환을 역설하는 사회-정치

세력이 성장하고 있고 이들의 활동 역시 점점 더 치열해지고 있다. 이들의 노력 덕분에 기존 자본주의 원칙 · 현실과 충돌하더라도 기후위기에 당장 효과적으로 대응해야 한다는 각성이 조금씩이나마 늘고 있다. 집권세력은 이를 의식하지 않을 수 없으며, 지난 4월 22일 화상회의 장면이 나올 수 있었던 것도 이런 까닭에서이다.

그러고 보면 문재인 정부-더불어민주당만 비판할 일이 아니다. 한국의 리버럴이 특별히 아둔하고 무능한 리버럴이기도 하겠지만, 한국 사회의 기후위기 대응을 정체시키는 더 중요한 요인으로는 자본주의 너머를 내다보며 즉각적인 생태 전환을 다그치는 사회-정치세력의 부재를 꼽아야 하지 않을까. 미국의 '그린뉴딜' 운동이나 유럽의 녹색당-급진좌파 같은 세력의 공백 말이다. 마땅히 이 공백을 채워야 할 정당과 사회운동이 그 역할을 못하는 탓이다. 오해의 소지가 있지만, 어쩌면 더 큰 책임은 (애초에 기대를 걸 만한 대상이 아닌 리버럴 집권자들이 아니라) '좌파'에게 있을지도 모른다.

언제부터인가 "이념의 시대는 끝났다"는 말이 상식이 됐다. 현실사회주의권 붕괴 이후 워낙에 그런 주장이 맹렬히 전개되기도 했지만, 21세기를 살아가는 시민 대다수가 이에 동의하기도 했다.

이념이란 인간사회가 늘 가던 길에서 벗어나 새 길을 만들어 가야 할 절박한 이유가 있을 때 의미가 있는 법이다. 이정표를 찾을 수 없거나 기존의 이정표가 더는 도움을 못 줄 때만 밤하늘의 별은 우리의 인도자가 된다. 지난 세기의 프롤레타리아나 식민지 민중에게는 그런 별이 정말로 필요했었나 보다. 그렇기에 그토록 치열하게 이념의 시대를 살아야 했던 것이 아닐까.

그러나 그들의 후손인 우리는 그렇지 않았다. 길은 하나뿐이었다. 지구자본주의가 그 운명을 극한까지 펼쳐내는 것 외에 다른 길이란 없었다. 물론 그 길 위에서 결실을 새롭게 나누거나 규칙을 조금 고치자는 제안이나 이견은 있었다. 보다 인간적인 리버럴이나 가장 온건한 버전의 사회민주주의가 이에 해당했다. 하지만 그런 이유에서 이들은 '이념'이라 불리기에는 어색한 흐름들이었다.

그런데 작금의 현실은 어떤가? 지구가 갑자기 지구자본주의의 운명의 그 '극한'이 바로 지금이라고 선언하고 있다! 다들 유일하다고 철석같이 믿었던 길이 발밑에서 무너지고 있는 것이다. 인류는 갑자기 다시 밤하늘의 별을 올려다봐야 할 처지가 돼버렸다.

시장에서 살아남기 위해 몸과 마음을 갈고 닦았건만, 시장 아닌 다른 방식의 교류와 선택, 공동행동에 익숙해져야만 생존을 도모할 수 있게 됐다. 역사상 유례없이 부유층과 상위 중산층에게 부와 권한이 쌓여왔는데, 그 부를 사회 전체에 하루빨리 재분배하도록 대중이 아래로부터 결정권(이제껏 유명무실하던)을 행사해야만 사회가 붕괴하지 않을 수 있게 됐다. 2008년 금융위기에도 불구하고 더욱 막대한 자금이 자산시장에서 넘실대는데, 사회의 자원과 에너지를 미지의 영역에 대거 투입해야 문명의 붕괴를 막을 수 있게 됐다.

너무도 급박하고도 급진적인 전환의 요청이다. 그렇기에 인류에게는 다시 이념이 필요하게 됐다. 지구자본주의의 궤적과는 다른 길을 가리키는 단서와 노력, 이야기들의 보따리가 필요하게 된 것이다. 그 이념은 자본주의에 속박되지 않으면서 이를 자유롭게 넘어서는 이성과 정서, 상상력을 북돋워 기후위기에 대응할 인간과 사회의 잠재력을 최대한 현실로 끌어내는 역할을 해야 한다. 그런 점에서 이 이념을 간명히 부를 보편적 명칭으로 '생태 사회주의' 말고 다른 무엇을 떠올리기 힘들다.

지금 우리 사회에서는 보수 세력과 리버럴 세력뿐만 아니라 진보좌파도 위기라고 한다. 촛불항쟁의 위임자라며 감히 '진보'라 자처하던 리버럴 정부가 실패한 상황에서 좌파조차 좀처럼 대안을 내놓지 못하고 있다는 진단의 목소리가 들려온다.

그러나 대안의 방향은 분명하다. 단지 한국의 좌파가 이 분명한 방향으로 고개를 돌리려 하지 않을 뿐이다. 그 방향이란 탈자본주의의 이상과 원칙을 다시 실천 무대에 올림으로써 전 지구적 생태 위기와 거대한 불평등을 동시에 극복하려는 노력, 즉 생태 사회주의일 것이다.

2021. 4. 28.

4부

사회 전환의 출발지점

사회권력 육성 없이 재벌권력 개혁 없다

촛불시민의 응원을 받으며 거칠 게 없던 특검이 처음으로 주춤하는 모습을 보였다. 박근혜-최순실 게이트 주범 중 한 사람으로 삼성 재벌 3세 이재용의 구속영장을 청구했지만 기각되고 말았다. 구속영장이야 재청구할 수도 있고, 불구속 수사를 할 수도 있다. 하지만 서슬 퍼런 특검조차 삼성이라는 벽 앞에서는 일단 발걸음을 멈출 수밖에 없음을 확인한 것은 의미심장하다. 과연 '삼성 공화국'은 빈말이 아니었다.

그런데 이 대목에서 한 번쯤 이런 의심을 던져볼 만하다. 과연 이재용을 구속한다고 해서 재벌 개혁의 일대 성과라고 할 수 있을까? 물론 이재용은 죗값을 톡톡히 받아야 한다. 이재용도 죄를 지으면 형사 처벌을 받는 한 명의 시민일 뿐임을 확인하는 것은 대단히 중요한 일이다. 이는 어느덧 세습귀족국가로 변질 중인 민주공화국을 되살리는 결정타가 될 수 있을 것이다. 이재용 구속은 촛불항쟁이 반드시 실현해야 할 장면 중 하나다. 다만 의문이 드는 것은 재벌 총수가 형사 처벌을 받는다고 하여 촛불항쟁의 핵심 과제라 이야기되는 재벌 개혁이 성취됐다고 할 수 있겠냐는 점이다. 현대-기아자동차의 정몽구도 구속됐었다. SK의 최태원도 구속됐다가 박근혜 덕분에 풀려나왔다. 한화의 김승연도 감옥살이를 한 바 있다. 그러나 그들의 권력에 어떤 변화가 있었던가? 저들은 저마다의 기업집단 안에서 여전히 제왕이다.

수갑을 채우고 수의를 입히는 것만으로는 부족하다. 전두환, 노태우는 그렇게 해서 역사의 대로에서 쓸어버릴 수 있었지만, '선출되지 않은 권력' 가운데 흔들리지 않는 핵심인 재벌은 그것만으로는 어림도 없다. 하지만 도대체 어떤 처방이 더 필요할까?

사실 오래 전부터 여러 제도적 처방들은 제출됐다. 순환출자 금지, 집단소송제, 금산분리, 하청업체 보호 등. 하나같이 간단하지 않은 내용이지만, 하도 오랫동안 들어서 결코 낯설지 않은 용어들이다. 현재 야권 대선 주자들은 이들 정책 중 이러저런 내용을 선별해 공약으로 내세우고 있다. 더 나아가서는 아예 '3대 세습 금지'를 약속하기도 한다.

이 정책들을 보면, 한가지 공통점이 있다. 하나같이 재벌권력을 어떻게든 축소하려는 조치라는 점이다. 소극적으로는 재벌의 힘을 '규제'하려 하고, 보다 적극적으로는 '해체'하려 한다. 재벌이 기업사회와 국민경제를 농단하는 독재자라는 점에서 이런 대응은 당연하게 느껴진다. 제왕으로 군림하려는 자들이 있다면, 일단 권좌에서 몰아내고 봐야 하지 않겠는가.

하지만 이 대목에서 또 다른 의문이 든다. 과연 기존 권력을 줄이거나 잘게 쪼갠다고 해서 문제가 다 해결될 수 있을까? 어쩌면 총수 1인의 형사 처벌만큼이나 한계가 자명한 임시변통은 아닐까?

그건 권력의 속성 때문이다. 자연이 진공을 싫어한다지만, 이 말은 오히려 사회에 더 잘 들어맞는다. 기성 권력을 해체하면 권력 없는 세상이 열린다는 것은 순진한 몽상이다. 옛 권력이 사라지면 반드시 새 권력이 그 빈 곳을 채운다. 달리 말하면, 새 권력이 등장해야만 옛 권력은 온전히 대체될 수 있다. 그런 권력이 준비돼 있지 못하다면 옛 권력은 아무리 위기에 빠지고 부패했더라도 좀처럼 퇴장할 기미를 보이지 않는 법이다. 혹은 외양만 바꾼 채 쉽게 목숨을 이어간다.

재벌권력도 마찬가지다. 그간 진보개혁파가 주장해온 개혁 정책들이 그대로 관철된다면, 어떤 일이 벌어질까? 재벌 일가는 자신들이 보유한 지분만큼만 투표권을 지니는 대주주 중 일부로 돌아갈 것이다. 지금처럼 거대 기업집단을 밀실 지령으로 움직일 수는 없게 될 것이다. 제일 잘 나가는 핵심 기업의 지배 주주로 남으려고 스스로 관심과 권한을 좁히거나 서유럽 대자본 가문처럼 경영에서 손을 떼고 금융 투자자로 만족하게 될 것이다. 이것만으로도 대단한 성취임에는 분명하다.

하지만 그렇다고 독재 자체가 사라지는 것은 아니다. 이재용이 구속돼도 삼성 일가(이씨-홍씨 집안)는 건재한 것처럼, 재벌이 경영 일선에서 물러나더라도 말 그대로 경제가 '민주화'되는 것은 아니다. 누군가 권력의 빈곳을 채워야 하기 때문이다. 만약 그 '누구'가 재벌과 마찬가지로 여전히 자본 소유자라면, 재벌 개혁에도 불구하고 기업 내 독재는 결코 사라지지 않을 것이다. 단지 왕좌의 주인만 바뀔 뿐.

지금으로서 가장 가능성이 높은 시나리오는 구 재벌과 초국적 금융자본 사이의 새로운 타협이다. 이미 대기업 소유구조는 이런 타협을 강요하는 쪽으로 바뀌었다. 해외 금융세력이 재벌 일가보다 더 덩치가 큰 대주주로 자리 잡았다. 이들은 자기들이 보기에 주주자본주의 규칙을 어기며 전횡을 일삼는 재벌을 규율하길 바란다. 자신들의 이익을 극대화하는 새로운 타협을 성사시키고 기업지배구조에 이를 반영시키길 원한다.

단지 기존 재벌권력을 '규제'하거나 '해체'하기만 하는 재벌개혁은 이런 타협의 더없는 기회가 될 것이다. 금융 투자자로 물러선 구 재벌과 해외 투자자들은 이제 크고 작은 이권 다툼을 끝내고 안정적인 동맹을 맺을 것이다. 그것은 단기간의 이윤 극대화를 추구하는 동맹일 것이다. 이 동맹은 산업 논리보다는 금융 논리에 따른 기업 운영에 뜻을 함께할 것이다. 전문경영인 체제가 들어서겠지만, 이런 대주주 연합의 합의를 충실히 집행하는 대리인이 될 것이다. 한마디로 신자유주의의 강화다.

기존 권력이 허물어져 비게 된 공간은 다른 권력이 채운다. 그리고 이 권력은 새 권력을 키우려는 특별한 노력이 없다면 기존 권력과 크게 다르지 않거나 오히려 더 못한 권력일 가능성이 높다. 이것이 전통적인 재벌 개혁 정책들, 지금도 재벌 개혁의 주된 처방으로 이야기되는 정책들이 놓치고 있는 점이다.

이런 이유 때문에 진보 지식인 중에도 재벌 개혁에 반대하는 이색적인 목소리가 있다. 자칫 더 나쁜 자본주의가 될 수 있으니 섣불리 손대지 말자는 것이다. 그러나 이는 지나치게 일면적인 우려이고, 촛불항쟁 정신을 충분히 따라잡지 못하는 주장이다. 대한민국을 막후에서 조종하는 세력들의 수장 격인 재벌을 민주공화국의 규율 아래 두는 일을 더 이상 미룰 수는 없다.

박근혜-최순실 게이트에 직접 연루된 재벌들의 처벌을 시작으로 묵혀뒀던 재벌 개혁 조치들에 착수해야 한다. 다만 이와 함께 반드시 재벌에 맞설 대항권력, 재벌을 대체할 대안권력을 세워야 한다. 그리하여 재벌 개혁이 단지 지배연합의 두목 자리 교체에 그치지 않게 만들어야 한다.

재벌 문제를 고심하는 이들이 대안 중 하나로 노동자 경영참여를 빼놓지 않는 이유가 여기에 있다. 노동자는 기업 안의 시민이다. 따라서 기업 내부의 대항 권력이라면 자연스럽게 노동자부터 떠올리게 된다. 산업별 노동조합을 강화하든, 독일식 노사공동결정제도를 도입하든 노동자의 경영 개입으로 재벌 권력을 뿌리부터 견제하고 대체할 수 있다.

하지만 안타깝게도 지금까지 이런 대안은 항상 수줍은 어조로 제시됐다. 재벌 개혁론자들 스스로 지금 한국 사회에서는 노동을 대안으로 내세우기에 석연치 않은 점이 많다고 느끼기 때문이다. 대기업 노동자들이 기업 안에서 강력한 야당 구실을 할 수 있을지 좀처럼 확신이 서지 않는다는 것이다. 게다가 삼성은 아직 노동세력 자체가 미약하고, 현대-기아자동차 노동자들은 여론으로부터 고립돼 있다.

실은 재벌 개혁만의 문제는 아니다. 한국 사회 전체의 변화가 마냥 지연되는 이유이기도 하다. 기존 사회경제체제의 한계와 모순은 오래 전부터 너무도 분명했다. 그런데도 이 체제가 완강히 지속되는 것은 이를 바꿔나갈 사회세력이 보이지 않기 때문이다. 고전 이론과 서구의 경험이 그런 세력의 후보로 지목하는 노동계급은 지금 이 땅에서는 이해관계를 달리 하는 여러 분파로 갈가리 찢겨 있다. 게다가 자본주의의 변화로 대기업 노동자가 '사회'를 온전히 다 대변할 수 있을 것 같지도 않다. 모순은 분명하나 모순의 타래를 끊을 첫 번째 주자가 눈에 들어오지 않는 것이다. 재벌 문제는 한국 사회가 직면한 이러한 궁지의 축도縮圖라는 게 나의 진단이다.

하지만 어렵더라도 개혁은 시작되고 봐야 한다. 난마처럼 얽힌 현 상황에서는 개혁이 일단 시작돼야 개혁 주체도 성장할 수 있다. 즉, 개혁 추진 과정에서 개혁 주체의 성장을 꾀해야 한다. 대안 주체들이 스스로 성장할 기반의 구축이 개혁 정책의 주요 내용 중 하나가 돼야 한다. 재벌 개혁 정책 안에 재벌 권력을 깎고 쪼개는 조치뿐만 아니라 재벌 권력에 맞서고 이를 대체할 사회 권력을 키우는 전략도 녹아 있어야 한다.

가령 노동자 경영 참여를 현대 자본주의 상황에 맞게 사회적 기업지배구조 방안으로 발전시킬 수 있을 것이다. 현행 사외이사제도를 대기업 지배구조에 다양한 사회 주체들이 참여하는 통로로 바꾸는 것이다. 상법 제 542조의 8에 따라 상장회사는 이사 총수의 1/4 이상이 사외이사여야 한다. 그 중 자산 규모 2조 이상(대통령령)인 기업은 과반수가 사외이사여야 한다. 이 제도 역시 빗발치는 재벌 개혁 요구로 도입됐다. 그러나 현실에서 사외이사제도는 전직 정치인 · 공직자나 대학 교수가 불로소득을 챙기는 수단일 뿐이다. 이들은 이사회에서 재벌의 거수기 노릇이나 한다.

이 '사외'이사제도를 '사회'이사제도로 바꾸면 어떨까. 주요 기업 이사회의 과반수를 노동자, 소비자, 연관업체(하청기업 등), 지역사회, 중앙정부를 각각 대표하는 사회이사로 채우는 것이다. 그래서 재벌의 빈 자리를 주주가 독점하는 게 아니라 노동자를 비롯한 다양한 이해관계자들이 나눠 갖게 하는 것이다. 이들 이해관계자는 구 재벌과 해외 투자자들의 새로운 동맹에 맞서고 이를 제압할 사회 동맹을 구축하게 될 것이다. 그리고 바로 이 사회 동맹을 통해 이해관계자들의 합의와 협력으로 움직이는 새로운 대기업 모델이 진화할 것이다.

전례는 없다. 다른 나라에서도 공기업이 아닌 민간기업에서 이런 사회적 기업지배구조를 실현한 사례는 보기 드물다. 그러나 전례가 없기로는 한국의 재벌 문제도 마찬가지 아닌가. 더욱이 독일의 노사공동결정제도도 다른 나라의 전례가 있어서 처음 시작된 게 아니다. 유례없는 문제는 유례없는 해결책을 요구하는 법이다.

노동세력이나 다른 시민사회세력이 미성숙한 상황에서 이렇게 대항·대안 권력이 성장하려면 공공의 역할이 중요하다. 사회 집단들이 일상의 훈련을 통해 역량을 쌓아가도록 공공이 바람막이가 돼줘야 한다. 단, 이때의 '공공'은 개발독재 시대부터 재벌과 운명을 함께 한 관료기구일 수 없다. 이 전통적 공공은 관치官治에 가장 어울리게 진화했기 때문이다. 20세기 좌파의 공식이었던 '국유화'가 재벌 문제의 대안으로 매력 있게 다가오지 않는 이유도 바로 여기에 있다. 옛 공공이 바뀌지 않고서는 국유화란 박정희 시대의 두 산물 중 하나인 재벌에서 다른 하나인 관료기구로 주인이 바뀌는 것일 뿐이다. 이미 실례도 있다. 산업은행이 대주주인 대우조선해양은 일상 경영이든 구조조정이든 어느 하나 재벌 대기업과 다른 구석이 없다.

재벌권력을 대체할 사회권력을 육성하려면 '새로 재구성된' 공공이 필요하다. 새 공공이란 광장의 목소리에 따라 움직이는 공공이다. 예컨대 이런 구상을 해볼 수 있다. 정부 안에 국유 부문을 관리할 새로운 기구를 설립한다. 이 기구는 기존 경제부처로부터 독립해 시민사회 내 다양한 집단의 대표자로 구성되며, 국회의 엄격한 통제를 받는다. 이 기구는 산업은행 지분, 국민연금 지분을 통합 관리하면서 이에 따른 경영 개입을 지휘한다. 사회이사 중 중앙정부 대표자는 바로 이 기구에서 파견된다.

이런 기구가 설치된다면, 국민연금이 청와대와 삼성 재벌의 밀실 거래에 동원되는 일 따위는 더 이상 일어날 수 없다. 국가 소유 지분을 바탕으로 이 기구가 기업의 경영에 개입할 경우에는 이 기구에 참여하는 시민사회 대표들의 토론에 따라 개입 방향을 결정하며, 중대한 사안의 경우는 국회 심의까지 거친다. 필요하면 국회 말고 경제시민의회를 따로 구성하여 토론을 확대할 수도 있을 것이다. 이 모든 과정이 사회적 대기업에 대한 사회적 토론이 될 것이다.

이런 기구가 새 공공의 대표 주자가 될 것이다. 새 공공은 이제 관치가 아니라 민치民治의 통로가 될 것이다. 이런 새 공공의 뒷받침 아래 각 대기업 현장에서 재벌 체제 '이후'를 책임질 이해

관계자 동맹이 구축돼갈 것이다.

물론 이것과는 또 다른 여러 방안을 생각해볼 수 있다. 위에서 제시한 구상은 단지 한가지 사례일 뿐이다. 중요한 것은 '재벌권력 해체'와 '사회권력 육성'이 동전의 양쪽 면임을 이해하는 일이다. 이런 깨달음이 상식이 돼버린 세상이야말로 '이재용들'에게는 형무소보다 더 끔찍한 악몽일 것이다.

2017. 1. 24.

'자본주의'와 '산업'은 다르다

대우조선해양 하청노동자들의 파업이 노사 합의로 일단 끝났다. 공권력 투입 같은 비극으로 치닫지 않은 것은 천만다행이지만, 노사 합의 내용은 애초에 노동자들이 바랐던 수준에는 크게 못 미친다. 그래서 극우 언론은 "회사에 막대한 손실을 끼쳐놓고 얻은 게 고작 그거냐"며 조롱하기도 한다. 정말 잔혹하고 몰지각한 언사가 아닐 수 없다. 이런 불한당들의 논평과는 달리, 이번 대우조선 하청노동자 파업은 한국 사회에 참으로 소중한 각성의 기회를 열었다. 파업에 나선 노동자들은 지금 우리에게 꼭 필요한 물음들을 던졌다.

정규직보다 인원수가 훨씬 더 많은 하청노동자들의 저임금으로 유지되는 산업이 과연 더 버틸 수 있을까? 이런 상황에서는 조선업의 토대인 숙련 노동자층이 종국에는 해체될 수밖에 없지 않을까? 수십 년간 지속돼온 한국 조선업의 다단계 하청 구조를 이제는 끝내야 하지 않을까?

신자유주의라 불린 하나의 시대가 저무는 시점에 우리가 반드시 대면하고 답해야 할 물음들이다. 그리고 이 물음들은 다음과 같은 물음들로 이어진다. 오늘날 우리에게 '산업'은 무엇인가? '자본주의'와 '산업'은 같은 것인가, 다른 것인가? 만약 다르다면, '자본주의' 아닌 '산업'의 논리는 어떻게 '자본주의'에서 놓여날 수 있으며, 우리 사회에서 그 '산업'의 논리를 대변하고 옹호하는 이들은 누구일까?

'자본주의'와 '산업'을 굳이 떼어놓으려 하다니, 말이 안 된다 생각하는 이들이 많을 것이다. 그 정도로 우리의 머릿속에서 둘은 하나로 겹쳐져 있다. 산업자본주의의 시작을 애써 '자본주의 혁명'이라 부르는 학자도 있기는 하지만, 대개는 '산업혁명'이라 한다. 이게 상식이다. '산업', 즉 근대 공업을 시작한 것이 자본주의이니 둘은 같은 사물이자 현상이라는 것이다. 오늘날도 산업의 투자와 운영은 주로 자본가들의 몫이므로, 이 상식에 의문을 다는 이들은 그리 많지 않다.

그러나 엄밀히 말해 '자본주의'와 '산업'은 같은 것이 아니다. 둘은 분명히 서로 다르다. 자본주의의 목적은 이윤 획득과 자본 축적이지 산업 발전과 유지가 아니다. 산업 투자와 운영은 이윤을 얻고 자본을 불리기 위한 수단일 뿐이다. 자본가들은 이윤 경쟁에서 승리함으로써 더 많은 경제권력을 차지하기 위해 산업에 투자하고 기업을 운영하는 것이지 그 역은 아닌 것이다.

반면, 산업에는 자본가들의 유일하며 절대적인 목표, 즉 자본 축적이라는 목표와는 다른 다양한 기능들이 있다. 사실 오늘날 모든 산업은 사회의 필요들을 충족하는 활동이다. 필요한 재화와 서비스를 공급하고, 소득과 안정, 보람을 얻을 일자리를 제공하며, 궁극적으로 사회가 지탱하기 위해 없어서는 안 될 봉사를 수행한다. 특히 현대의 산업은 생산과 서비스에 기계를 투입하여 이런 기능을 전례 없이 거대하고 효율적으로 수행한다.

물론 우리가 살고 있는 이 세계에서는 이런 기능들 역시 자본가들의 지휘 아래 이뤄진다. 그러나, 다시 강조하지만, 자본가들은 오로지 이윤 획득과 자본 축적에 기여할 경우에 한해 이런 임무를 떠안을 뿐이다. 달리 말하면, 이윤을 얻는 데 도움이 안 된다면, 이런 기능들 가운데 무엇이든 쉽게 내버릴 수 있다. 그뿐만이 아니다. 이들은 이윤 확보를 위해 이런 기능들 가운데 상당 부분에 대해 '태업'을 벌이기까지 한다. 독점기업의 일방적인 가격 인상이나 대량 해고가 바로 그런 사보타주의 양상들이다.

이런 점에서 자본주의의 본성은 산업보다는 금융 쪽에 더 가깝다. 돈을 불리는 것이 유일 절대 목표이며, 사회의 다른 모든 활동을 이 한가지 목표에 복속시키려 하는 것이다. 돈을 불리는 효과적 방법 가운데 하나가 생산, 서비스와 새로운 기계를 결합하는 것이기에 자본주의는 늘 산업혁명을 이끌며 산업과 운명을 함께하는 것처럼 보인다. 하지만 그렇다고 자본주의가 산업의 영원한 수호자인 것은 아니다. 아니, 재무제표에 적히는 화폐 수익을 위해서라면 자본주의는 오히려 주저 없이 산업을 희생시킬 준비가 되어 있다. 더욱이, 오늘날 금융은 산업을 압도한다. 이 점에서 신자유주의는 자본주의에 가장 충실한 자본주의일 따름이다.

이번 파업 와중에도 우리는 이러한 시각을 대변하는 글들을 온라인에서 숱하게 볼 수 있었다. 가령 올해 1분기에 대우조선 매출액이 13% 가량 늘었으나 영업손실이 줄기는커녕 120%나 증가했다는 사실을 들며 과연 이런 기업이 유지되어야 할 이유가 있냐고 묻는 글들이 떠돌았다. 그 중에는 경영진의 무능을 비판하려는 취지에서 쓰인 것도 있었지만, 이런 단기 실적에 주목하는 글들은 하나같이 다른 산업과는 구별되는 조선업만의 특성에는 쉽게 눈을 감았다. 철저히 재무제표의 숫자로만 판단하는 금융인의 입장에서 이 거대한 산업과 대우조선의 운명에 훈수를 두었다.

회계장부 속 검은 글자만 신성시하는 태도는 이미 많은 비판을 받아왔다. 기업 회계장부에는 이윤을 남기는 과정에서 혹사당한 노동자의 사연이나 엄청난 양의 온실기체와 폐기물이 방출된 이야기 따위는 실리지 않는다. 자본주의의 거대한 모순과 재앙이 이 구조적 누락으로 거의 다 설명될 수 있을 지경이다.

하지만 장부에서 생략되는 것은 이런 이야기들만이 아니다. 기업 재무제표에는 자본주의와 산업이 함께하며 남긴 상처와 부

작용뿐만 아니라 그 거창한 위업조차 누락돼 있다. 거기에는 한때 금융 투자자들의 박수갈채를 받으며 진수되던 거대한 배들의 이야기도 빠져 있다. 이런 배들은 비록 대기 중에 탄소를 뿜어내고 바다에 석유를 흘리기는 했을지언정 이른바 빅테크 기업이 세상에 내놓는 것들보다는 훨씬 더 인간사회의 필요에 부응한 걸작이었다. 대우조선의 재무제표에는 이런 이야기들은 눈 씻고 찾아봐도 없고, 아직도 많은 이들이 그 표 바깥의 더 큰 진실에 무감각하다.

가장 가관인 것은 현재 대우조선해양 최대 주주인 한국산업은행이다. 이름이 무려 '산업'은행이다. 또한 공공기관이다. 그러나 지금 이 기관은 공공성을 추구하기는커녕 산업의 논리에 따라 움직이지도 않는다. 어쩌다 떠맡게 된 대우조선을 현대 재벌에게 매각하는 데에만 골몰했을 뿐(결국 실패했지만) 한국 조선산업과 그 역량을 살려나가는 방향에서 이 기업을 운영하려고 고민하거나 노력한 흔적을 찾아볼 수 없다. 그러니까 말이 '산업'은행이지, 부도기업을 인수한 민간은행들과 마찬가지로 철저히 금융의 시각에 갇혀 있을 따름이다.

어찌 일개 공공기관 탓이기만 할까. 몇 달 전까지 여당이었던 거대 야당[더불어민주당] 정책위원회 의장은 이번 파업이 다단계 하청, 저임금 구조 등의 오래된 여러 문제에서 비롯됐다고 '정확하게' 지적했다. 그러나 이 당이 집권당이던 지난 5년 동안 정부-여당은 이러한 문제들을 해결하려고 어떤 노력을 했었던가?

정부가 대우조선을 현대 재벌에게 떠넘기려다 실패했다는 소식 말고 다른 이야기를 나는 들어본 적이 없다.

지금이라도 정치권이 대우조선 문제 그리고 그 배경인 한국 조선업 전반의 모순을 해결하길 바란다면, 산업은행과는 역사와 구조, 성격이 전혀 다른 사회적 기구를 신설해야 한다. 경제위기와 기후위기, 미-중 대립이 한꺼번에 덮치는 상황에서 국내 주요 산업을 살리고 새로운 방향으로 발전시킴을 목적으로 하는 기구를 만들어야 한다. 산업은행 말고 이 기구가 대우조선 같은 기업의 공적 지분을 소유하면서, 철저히 산업 회생 논리에 따라 기업이 경영되게 만들어야 한다. 그러려면 반드시 정부, 재계, 노동자, 소비자/이용자, 지역사회 대표들이 이 기구에 고르게 참여해야 한다.

역사상 유사한 사례가 있다. 신자유주의 시대가 막 시작되려 하던 1970년대에 영국 노동당은 거대 자본이 국내 제조업에서 철수하려는 움직임에 맞서기 위해 국민기업위원회(National Enterprise Board, NEB)를 설립하는 방안을 내놓았다. 이에 따르면, 국민기업위원회는 국내 주요 산업의 핵심 기업 지분을 소유하며 이를 바탕으로 산업 정책을 구사하는 기구로서, 정부, 재계, 노동계 대표들이 그 구성원이다. 비록 국민기업위원회 설립 계획 자체는 제대로 실현될 기회를 얻지 못했지만, 이는 어쩌면 신자유주의 태동기보다 그 쇠퇴기인 지금 더 절실히 필요한 대안일지 모른다.

그러나 이런 대안이 지지를 받고 실제 추진되려면, 반드시 먼저 짚어야 할 것이 있다. 지금 한국 사회에서 누가 산업의 논리를 대변하며 옹호하느냐는 물음이 그것이다. 바로 이런 주체가 있어야만, 한국판 국민기업위원회를 주창하더라도 설득력이 있고 이것이 설립되더라도 애초에 기대했던 기능을 수행할 수 있다.

누가 그런 주체일까? 파업에 나선 조선업 하청노동자들은 지금 분명 이런 주체다. 그들은 다단계 하청과 그로 인한 저임금, 불안정 고용, 산업 재해 위험에 시달리는 탓에 이런 문제의 해결을 외치는 것만으로도 조선산업의 대안적 발전을 대변하는 입장에 선다. 그들의 임금인상 요구가 다른 대기업 사업장의 통상적인 임금협상과 구별되는 이유가 여기에 있다.

이런 대우조선 하청노동자들의 주장과 행동이 조선업 구조개혁의 계기로 이어지고 확대되려면, 이 하청노동자들이 속한 노동조합, 즉 전국금속노동조합의 역할이 중요하다. 이 대목에서 주목해야 할 것은 금속노조가 '산업'노동조합을 지향한다는 점이다. 산업노동조합이란 단순히 기존 기업노동조합과는 다른 조직형태를 뜻하지만은 않는다. 산업노동조합은 (기업이나 직종을 넘어) 산업의 시야에서 노동자의 공동 이익과 연대 의식, 대안을 만들어가는 조직이다. 오늘날 우리 사회에서 그래도 '자본주의'와 구별되는 '산업'의 논리를 분명히 하고 이를 대변할 만한 조직이 있다면, 그건 바로 산업노동조합이다.

금속노조는 이미 작년에 기후위기에 따른 산업 전환이 모든 노동자에게 정의로운 과정이 되도록 노동자 참여를 보장하는 노사정 협상과 공동결정법 제정을 주창한 바 있다. 우리 시대에 산업노동조합이 해야 할 임무를 뚜렷이 자각하고 있음을 보여준 시도였다. 그 임무란 '지구' 안에 자리한 '(인간)사회'의 시각에서 ('자본주의'와 구별되고 때로 대립, 충돌하기까지 하는) '산업'의 역할과 논리를 대변하는 것이다. 이제 대우조선 하청노동자 투쟁이 열어놓은 새로운 지평에서 이런 각성과 노력이 조선업 구조개혁의 진지한 흐름으로도 나타나길 소망해본다.

2022. 7. 26.

노동이 주도하는 플랫폼 산업을 상상하자

올해[2020년] 11월 13일은 전태일 열사 50주기다. 여러 곳에서 전태일을 기리는 행사가 열리는가 하면, 출판물도 여럿 나왔다. 그 중에는 전태일의 결단을 현대판 영웅담 비슷하게 바라보는 시각을 넘어 역사의 흐름 속에서 포착하려는 시도들도 있는 듯하다. 그러자면 물론 당시의 노동운동부터 다시 바라봐야 하겠지만, 또 하나 빠뜨릴 수 없는 것이 그 시대 정치권의 반응과 동향이다.

전태일의 죽음이 있고 나서 약 반 년 뒤인 1971년 4월, 대통령 선거가 있었다. 이 선거에서 민주공화당의 박정희와 신민당의 김대중이 맞붙었고, 이때 김대중 후보를 어렵게 이긴 박정희는 곧바로 유신 독재를 향해 나아가게 된다. 이 선거에서 주목할 만한 것은 김대중 후보의 발언이다. 1970년 9월에 이미 신민당의 '40대 기수' 대선 후보로 뽑힌 김대중은 1971년 신년 기자회견에서 "전태일 정신을 계승하겠다"는 포부를 밝힌다. 전태일 사건은 대선을 앞둔 당시 한국 정치의 뜨거운 분위기와 아주 긴밀히 연결돼 있었던 것이다.

이 대목에서 궁금한 것은 "전태일 정신 계승"을 밝힌 김대중 후보 진영은 과연 어떤 공약으로 이를 구현하려 했는가 하는 점이다. 전태일의 죽음이 던져준 충격이 생생했을 그 당시 한국 사회에서 변화를 내세운 세력이 제시한 대안은 무엇이었던가?

김대중 후보 진영의 대안을 보여주는 자료로 지금 내 손에 있는 것은 편자가 대중경제연구소로 돼 있고 범우사가 출간한 《김대중 씨의 대중경제 100문 100답》(이하 《100문 100답》)이다. 대선 한 달 전인 1971년 3월에 나온 이 300쪽짜리 문고본은 선거공약집은 아니지만 일반적인 공약집보다 높은 수준에서 김대중 후보의 경제 비전을 설명한다.

사실 이 책의 저자를 놓고는 여러 이야기가 있다. "대중경제연구소 편"이라 된 것으로 봐서 김대중 후보가 홀로 직접 쓴 책이 아님은 틀림없다. 한창 선거운동으로 바쁠 때이니 애초에 불가능한 일이다. 그렇다면 누가 주 저자일까? 이와 관련하여 '민족경제론'을 주창한 좌파 경제학자 박현채 선생이 실제 저자였다는 증언이 있다. 그러나 반론도 있다. 김대중 후보와 여러 정책 보좌진의 집단 저작으로 봐야지 박현채만의 작품이라 볼 수는 없다는 것이다.

어쨌든 분명한 것은 《100문 100답》이 김대중 자신의 오랜 고민과 당대 남한 좌파 경제학 역량이 만나 이뤄낸 결실이라는 점이다. 이희호 여사도 "남편이 (…) 김병태, 정윤형, 박현채, 최호진 같은 경제학자들과 일대일 토론을 거쳐 대중경제론을 다듬었다"고 회고한 바 있다(「'대선 후보 김대중' 소식에 박정희는 줄담배만…」, 〈한겨레〉 2015년 8월 2일).

그렇다면 《100문 100답》은 전태일 사건을 낳은 당대 노동 현장에 대해 어떤 처방을 내놓고 있을까? 당연히 근로기준법 이야기가 없을 수 없다. 이 법이 노동 조건을 규제하는 가장 중요한 장치인 데다 전태일의 마지막 외침이 "근로기준법을 준수하라!" 아니었던가. 《100문 100답》은 이렇게 말한다.

> 자본 공세의 초점이 되고 있는 근로기준법은 고수되어야 한다. 노동 조건의 개선을 위한 최저한의 요구인 노동기준법은 우리나라에 있어서 우리들이 목표로서 추구해야 할 강령적인 성격을 띠고 있다. 따라서 이의 시행을 위한 노력은 계속될 것이고, 최저한의 요구로부터 새로운 요구가 점차 추가되도록 할 것이다. (《100문 100답》, 266)

"자본 공세의 초점"이라니, 과연 당시 여론 지형을 알 만하다. 전태일 사건에도 아랑곳없이 자본 진영은 기왕의 근로기준법마저 후퇴시키려 하고 있었던 것이다. 십중팔구 그들은 봉제 사업장 등의 열악한 지불 능력을 이유로 들며 "근로기준법을 준수하라!"는 외침을 계속 틀어막으려 했을 것이다. 오늘날 수많은 하청 작업장에서 비정규직 노동자의 생명과 권리가 무시되는 것과 다르지 않은 모습이고, 전태일 열사가 극단적 선택을 감행하지 않을 수 없었던 이유이기도 하다.

여기까지만 보면 《100문 100답》의 노동 공약이 지극히 수세적인 것처럼 생각될 수 있다. 하지만 결코 그렇지만은 않다. 놀랍게도 《100문 100답》이 제시하는 가장 중요한 대안은 노동조합의 경영 참여다. 근로기준법조차 제대로 지켜지지 않는 상황에서 노동자 경영 참여라니, 너무 앞서간 이야기처럼 들릴 수도 있을 것이다. 유신 독재를 앞둔 1970년대 벽두의 한국 사회와는 어긋나도 한참 어긋난 주장이 아닌가.

그러나 《100문 100답》이 제시하는 대중경제론의 틀 안에서는 그렇지 않다. 대중경제론은 자본주의의 발전으로 이제 독점자본과 국가만이 아니라 대중이 사회 발전의 뚜렷한 한 주역으로 성장했다는 대중사회론을 전제한다. 이런 대중사회론에 따르면, 노동은 절대로 자본 축적의 희생양이 되어서는 안 될 뿐만 아니라 그런 피해에 대한 보호만을 요구하는 수동적 주체에 머물러서도 안 된다. 국가, 자본과 어깨를 나란히 하는 한 세력으로서 대우받고 성장해야 한다. 대중사회 상황에서는 자본과 노동 간의 세력 균형이 확보되어야만 민주주의가 존립할 수 있다.

> 계층간의 배분의 조정 문제는 최종적으로는 이익집단의 자유스

> 러운 활동을 보장하는 대중민주주의적 과정에서 노동조합의 자유로운 활동에 의해 밑받침된 근로대중과 자본가 그룹 간의 힘의 균형관계에 의해 해결되어질 것이나, 우리는 이를 사전적으로 자본에 대한 약간의 제약과 근로자의 기업 경영에의 참여에서 제도적으로 밑받침할 것이다. (위의 책, 62)

노동조합의 경영 참가라는 대안은 이런 입장에서 비롯된 당연한 귀결이다. 《100문 100답》은 이렇게 못 박는다.

> 노동조합의 경영 참여는 종업원 지주제도의 도입, 노조가 선출하는 직장위원에 의한 직접적 경영 참여, 이윤에 대한 참여에서 보장될 것이지만, 자본과 노동 간의 힘의 균형 관계에 비추어 국가가 이에 개입하여 실질적인 근로자의 경영 참여를 보장토록 할 것이다. 이를 위해 우리는 가칭 공정위원회를 두어 일체의 기업에게 동 위원회에게로 영업보고서의 제출을 의무 지우는 동시에 이 위원회의 권고가 기업에 규제력을 갖도록 할 것이다. (위의 책, 268)

신자유주의 지구화-금융화가 시작되기 직전인 1970년대 벽두에 세계 곳곳에서는 전후의 제도적 족쇄를 깨고 점점 더 사회를 압도하는 힘을 과시하는 대자본에 맞서 여러 대안이 등장했다. 영국 노동당에서는 주요 대기업의 국유화와 산업민주주의를 결합하려는 구상이 힘을 얻었고, 스웨덴 노동운동에서는 노동자들을 각 기업의 최대 소유주이자 주요 결정권자로 만드는 임노동자기금 구상이 대두했다.

《100문 100답》의 지향은 바로 이러한 시대정신의 한국판이었다. 사실 이를 알아야 비로소 대선 직후 박정희가 부랴부랴 유신 독재를 밀어붙인 이유를 제대로 이해할 수 있다. 좌파-노동 진영의 대안들에 맞서 신자유주의 지구화-금융화가 전개돼야 했던 것처럼, 유신 시대는 《100문 100답》이 가리키는 출구를 봉쇄하기 위한 저들 나름의 결단이었던 것이다.

50년 전에 당시의 야당이 내놓은 경제 대안을 굳이 소개하는 이유는 그 역사적 후계자인 정당과는 별 상관이 없다. 이제 와서 더불어민주당에게 1970년의 김대중 후보로부터 배우라고 이야기해봐야 아무 의미도 없을 것이다. 실은 김대중 자신이 1980년대 미국 망명과 1996-97년 외환위기를 겪으며 애초의 대중경제론을 폐기했다. 지금의 더불어민주당은 신자유주의를 대거 수용한 후에 김대중이 제시한 경제 기조를 충실히 잇고 있을 따름이다. 《100문 100답》은 저들의 정통 계보 안에서는 이제 자리가 없다.

이 이야기를 꺼낸 것은 실은 오늘날의 '전태일'들 혹은 '평화시장 노동자'들 때문이다. 전태일 사건이 있고 반세기라는 까마

득한 시간이 흘렀는데도 노동 현장의 비인간적 현실은 여전하다. 아니, 몰라보게 화려해진 작업장 밖 풍경과 대비되며 더욱 황량하고 살벌해졌을 따름이다. 본래도 산업 재해, 특히 비정규직 노동자의 산업 재해가 심각한 나라였는데, 최근에는 플랫폼 산업의 확산 그리고 코로나19 사태로 인해 배달 노동자들의 죽음이 잇따르고 있다.

이런 상황에서 진보정치세력과 노동운동이 내놓아야 할 대안은 무엇일까? 물론 노동 조건에 대한 더욱 강력한 규제나 중대재해기업처벌법 같은 입법은 중요하다. 하지만 이것들은 그야말로 최소한의 조치일 뿐이다. 어쩌면 우리에게 부족한 것은 50년 전 보수야당의 젊은 후보에게는 결코 부족하지 않았던 그 정신이 아닐까. 지금의 이 현실을 딛고 나아가야 할 미래 사회에 대한 정확한 방향 설정에 기초한 과감한 대안 말이다.

반세기 전 야당 후보의 대안이 노동조합의 경영 참가였다면, 지금은 무엇일까? 아마 크게 다르지 않을 것이다. 우리는 코로나19 사태를 겪으며 배달 노동이 사회를 떠받치는 필수 노동임을 절감했다. 그리고 '제4차 산업혁명'론의 온갖 수사와는 무관하게 유통업을 움직이는 것은 이른바 플랫폼들이 아니라 과로하면 죽을 수 있는 인간들, 배달 노동자들임을 확인했다. 이렇게 노동이 중심이 되는 산업이라면, 소유와 경영에서도 노동이 적어도 그만큼은 주인이 되어야 한다. 이런 상태에 도달해야만 플랫폼 산업들은 비로소 인간 세상의 일부로 인정받을 수 있을 것이다.

정의당 부설 정의정책연구소 이동한 연구위원은 최근 발표한 보고서(「필수 노동자 지원과 해당 산업의 대안적 지배구조로의 전환」, 〈정의와 대안〉 2020년 10월호)에서 이와 관련해 흥미로운 대안을 내놓는다. 이동한은 "특수고용 노동자에 대한 전국민고용보험 적용"과 "노동조합 강화" 등과 동시에 "정부의 역할을 매개로 노동자의 소유지분을 확대하는 방안"을 제안한다. 가령 택배 노동자들이 플랫폼, 물류센터 시설, 화물차 등을 집단적으로 보유하게 하는 방식으로 현존 택배 기업들을 노동자 협동조합이나 노동자 소유 기업으로 전환할 수 있다는 것이다.

황당한 이야기가 아니다. 적어도 1970년에 노동자 경영 참여가 논의되던 상황보다는 훨씬 더 현실적이다. 정부가 의지만 있다면, 택배 노동자들의 지역별 협동조합이 연합체를 이루고 이 연합체가 플랫폼, 물류센터 등을 공동 관리하도록 얼마든지 기반을 마련해줄 수 있다. 혹은 플랫폼, 물류센터 등을 공공이 투자해 구축하고 관리하며 택배 노동자들의 지역별 협동조합이 이와 연계를 맺는 방식을 실험할 수도 있다. '제4차 산업혁명' 시대와 어울리는 기업 형태는 분명히 작금의 노동 수탈 실험들이 아니라 이런 대안적 실험들을 통해 모습을 드러낼 것이다.

말하자면 노동자의 생명까지 위협하는 부조리한 현실은, 50년 전에 그랬던 것처럼 지금도, 노동을 자본과 대등한 주체로 성장시키는 가장 야심찬 대안을 통해서만 제대로 극복될 수 있다. 노동이 주도하는 플랫폼 산업은 충분히 가능하며, 어쩌면 '유일한' 인간적, 민주적 대안일 것이다.

그러니 노동자 경영 참가, 노동자 자주 경영과 생산자 협동조합, 이해관계자 공동 경영과 사회적 소유 기업 등 그간 먼지더미에 처박아놨던 말들을 다시 끄집어내자. 그럴 때가 됐다. 이것이야말로 우리 시대 진보정치세력과 노동운동의 긴급한 과제다. 전태일의 죽음 이후 누군가는 곧바로 대중경제론이라는 대안을 내놓았던 것처럼. 이것이야말로 전태일 열사의 50주기를 추념하는 가장 적절한 방식일 것이다.

2020. 11. 11.

농지개혁법 70주년에 제2의 토지개혁을 생각한다

올해는 3.1운동 100주년이다. 대한민국 헌법 전문이 이 나라의 출발점이라 밝히고 있는 대사건의 100주년이니 떠들썩하게 기념할 만도 하다. 그런데 기념할 만한 역사적 사건이 하나 더 있다. 2019년은 대한민국 역사상 규모와 영향이 가장 컸던 사회 개혁이 국회에서 법률로 처음 채택된 지 70년이 되는 해이기도 하다. 바로 농지개혁법이다. 1949년 4월 27일 제헌국회는 본회의를 통해 농지개혁법을 통과시켰다. 농사를 짓지 않는 자가 보유한 농지나 총면적이 3정보(9,000평)가 넘는 농지를 국가가 유상 매수해 땅 없는 농민에게 유상 분배한다는 것이 이 법의 골자였다. 이로써 일제 강점기에 농민의 숙원이던, 아니 수천 년 동안 농민의 염원이었던 '경자유전耕者有田'이 드디어 현실로 다가오게 됐다.

농지 개혁이 대한민국 역사에 어떤 의미를 갖는지에 관해서

는 이미 많은 연구와 논의가 있다. 이들 연구는 하나같이 한국이 산업화에 성공할 수 있었던 핵심 이유를 농지 개혁의 단행에서 찾는다. 대토지 소유를 해체하고 자작농을 육성한 덕분에 산업자본주의 발전을 가로막는 낡은 요소는 사라지고 새로운 경제 주역이 급성장했다. 지주 대신 자본가가 부상했고 자기 땅을 일구게 된 농가에서는 높은 교육 수준을 갖춘 미래의 노동자들이 배출됐다.

이게 산업화 성공에 얼마나 중요한 요인인지는 동아시아와 라틴아메리카 국가들의 비교에서 여실히 드러난다. 동아시아에서 후발 산업화에 기적적으로 성공한 국가들(일본, 남한, 대만)은 모두 제2차 세계대전 직후 농지 개혁을 실시했다. 반면 최근까지도 토지 소유 모순을 해결하지 못한 라틴아메리카 국가들은 동아시아 국가들만큼 산업화에 성공하지 못했다. 대지주 계급을 해체한 나라와 그렇지 못한 나라의 운명은 이렇게 엇갈리고 말았다.

이토록 중요한 역사적 계기이지만, 농지개혁법의 탄생은 결코 순탄하지 않았다. 농지개혁법이 해체 대상으로 삼은 지주 계급은 당시 한국 사회의 주류 지배 집단이었다. 물론 농지 개혁이 실시되더라도 지주들이 지배 집단에서 탈락하는 것은 아니었다. 지주들은 농지에 대한 보상으로 정부가 발행하는 증권을 통해 산업자본가 대열에 합류할 수 있었기 때문이다. 그러나 오래 되고 익숙한, 불로소득을 쉽게 확보하는 삶에서 벗어나 새로운 삶을 찾기란 그들로서는 달갑지 않은 일이었다. 지주들은 당연히 반발했다.

더구나 남한의 지주 계급에게는 자신들의 이해를 충실히 대변하는 강력한 정당까지 있었다. 바로 한국민주당이었다. 한국민주당은 미군정 시기에 과도입법의원에서 농지 개혁 관련 법안이 처음 논의될 때부터 개혁의 진전을 가로막기 위해 갖은 수를 다 썼다. 일본인 지주들이 버리고 간 이른바 귀속농지에 한해 분배 방안을 논의하는데도 그랬다. 그러니 제헌국회에서 농지 전체의 개혁을 논의했을 때는 오죽했겠는가.

그 희생양이 된 것이 초대 농림부장관 조봉암이었다. 현대사에 관심 있는 이들은 농지 개혁의 최대 공적자로 흔히 조봉암을 떠올린다. 틀린 이야기는 아니다. 일제 강점기에 사회주의 노선에 따라 항일투쟁을 벌인 조봉암은 농림부장관에 임명되자 농지개혁법안을 마련하는 데 온 힘을 기울였다. 이 점에서 조봉암은 분명 중요한 공로자였다. 그러나 조봉암은 농지 개혁을 직접 지휘하지는 못했다. 심지어는 농지개혁법안 가결조차 장관직을 사임한 후에 일어난 일이었다. 한국민주당과 그 후신 민주국민당의 정치 공작 때문이었다. 사사건건 농림부장관의 발목을 잡던 한국민주당 세력은 1949년 1월 감찰위원회(지금의 감사원 격)의 농림부장관 감사 결과(공금 유용 혐의 등)를 정치 쟁점으로 만들었다. 졸지에 조봉암은 비리 혐의자가 됐고, 국회 차원의 조사위원회까지 꾸려졌다. 결국 1949년 2월 22일, 조봉암은 취임 6개월 만에 농림부장관에서 물러났다. 하지만 사임 이유가 된 비리 혐의는 나중에 재판에서 무죄로 판결난다. 공작의 냄새가 짙은 한 바탕 소동이었던 셈이다.

법안 입안자만 고통받은 게 아니었다. 법안 자체도 운명이 기구했다. 농지개혁법이 국회를 통과한 것은 1949년 4월이었지만, 농지 개혁은 곧바로 시행되지 못했다. 국회 심의가 충실히 이뤄지지 못해 농지개혁법에 부족하거나 모순된 내용이 많았기 때문이었다. 정부는 이를 이유로 거부권을 행사했고, 국회는 농지개혁법 개정안 심의에 착수했다.

이 과정에서 민주국민당 의원들은 지주에게 해당 농지의 연간 평균 작물 생산량의 150%를 지가로 보상한다는 규정을 200% 이상으로 개정하려 했다. 지주 계급의 마지막 난동이었다. 반면, 전 농림부장관 조봉암을 비롯한 제헌국회 내 개혁파 의원들의 입장은 150% 보상도 너무 많다는 것이었다. 그들이 꿋꿋이 막아낸 덕분에 난동은 이내 진압됐다. 그리고 이런 우여곡절 끝에 농지개혁법 개정안은 1950년 2월 2일 통과된다. 농지 개혁 작업이 실제 시작된 것은 한국전쟁 4개월 전인 이때부터였다.

누가 영화로 만들어도 좋을 만한 한 편의 드라마가 아닌가. 이 드라마가 우리에게 말해주는 가장 중요한 메시지는 당대 사회 구조의 핵심을 건드리는 높은 수준의 개혁도 결코 실현 불가능하지 않다는 것이다. 그만큼 기득권 세력의 엄청난 반발이 있겠지만, 그럼에도 이런 장애물을 돌파하며 사회 개혁을 성사시키는 것은 충분히 가능하다. 개혁을 바라는 다수 대중의 열망이 있고 이를 온전히 받아 안는 정치세력이나 흐름이 있기만 하다면.

민주공화국 대한민국은 바로 이 점을 입증하며 첫 걸음을 뗀 나라다. 결코 쉽지 않은 토지 개혁을 성사시키며 기틀을 다진 나라이고, 이와 함께 산업화와 민주주의의 성공 가능성을 스스로 연 나라다. 농지개혁법 통과 70주년에 우리는 이 사실을 새삼 확인해야 할 것이다.

그로부터 70년 세월이 흐른 지금, 대한민국은 마치 정부 수립 직후처럼 토지 소유 모순으로 신음하고 있다. 70년 전에는 대지주의 농지 독점이 문제였다면, 현재는 택지와 주택, 건물이 소수의 손아귀에 몰려 있는 게 문제다. 부동산을 독차지하며 투기를 일삼는 소수 기득권층이 다수 서민에게서 불로소득을 갈취하며 주거권을 침해하고 있다.

다들 이게 한국 사회의 가장 큰 병폐라고 지적하지만, 해결될 기미는 좀처럼 보이지 않는다. 최근 아파트값 상승이 주춤하기는 하지만, 이것만으로는 상황이 나아지는 중이라 하기 힘들다. 워낙에 소득에 비해 부동산 가격이 천정부지로 치솟았기 때문이다. 많은 이들은 오히려 '부동산 불패 신화'의 변주인 '부동산 백약 무효론'에 빠져드는 형편이다.

그러나 이제는 낙담과 무기력에서 벗어나야 한다. 대한민국은 태어나자마자 토지 개혁을 성공시켰고 그 덕에 여기까지 왔다. 이 나라가 지금 이렇게 존재하는 사실 자체가 '부동산 백약 무효론'에 대한 가장 강력한 반증 사례다.

지금 필요한 것은 다만 제2의 토지 개혁, 즉 주거권 보장을 위한 대개혁이다. 첫 번째 토지 개혁이었던 농지 개혁을 성공시킨 전례가 이미 있다면, 민주주의의 저력이 훨씬 더 강해진 이 시대에 두 번째 토지 개혁으로서 주택 소유 모순을 해결하는 것은 결코 불가능한 일도 아니고 허황된 약속도 아닐 것이다.

심지어 구체적인 방안은 이미 거의 다 나와 있다. 아마도 가장 근본적인 방안은 다주택 소유를 제한하는 정책일 것이다. 농지 개혁의 기본 원칙을 주택 소유에도 적용하는 것이다. 예컨대 실거주용 외에 집을 여럿 소유한 이들에게 주택을 처분할 기간을 주고 그 기간 이후에는 높은 부담금을 물릴 수 있다.

그러나 다른 방안도 고민할 수 있다. 소유를 제한하지는 않더라도(혹은 소유 제한 정책과 병행하여) 지금보다 더 강력한 부동산 보유세를 통해 '제2의 토지 개혁'의 효과를 낼 수도 있다. 토지+자유연구소가 주창하는 국토보유세안이 그런 방안이 될 수 있을 것이다.

토지+자유연구소는 오래 전부터 현행 종합부동산세를 국토보유세라는 새로운 부동산 보유세로 대체해야 한다고 주장했다. 종합부동산세와는 달리, 건물을 제외한 모든 토지에 보유세를 부과하자는 것이다. 토지+자유연구소가 제시한 국토보유세안에 따르면, 전국의 모든 토지를 용도 구별 없이 인별 합산해 과세하며,

과세 표준은 공시지가다. 다만 지방세인 현행 재산세는 그대로 유지하고, 재산세 납부액 중 토지분은 환급한다.

2018년에 실시한 추계에 따르면, 국토보유세 신설에 따른 세수 순증분은 개인 소유 토지에서 16조 3,383억 원, 법인 소유 토지에서 3조 3,136억 원, 총 19조 6,520억 원이다. 여기에 종합부동산세 폐지에 따른 세수 감소 등을 적용하면, 세수 순증분은 약 15.5조 원으로 추산된다. 토지+자유연구소는 이 세수 증가분을 모든 국민에게 1/n씩 토지배당(=기본소득)으로 지급하자고 제안한다. 토지배당 추정액은 1인당 연간 약 30만원이다(남기업·전강수·강남훈·이진수, 「부동산과 불평등 그리고 국토보유세」, 〈사회경제평론〉 54호, 2017).

나는 이 제안에서 한 부분만 수정하고 싶다. 국토보유세 도입에 따른 세수 증가분을 토지배당으로 지급하자는 내용이 그것이다. 토지배당 제안에는 나름대로 정당성이 있다. 하지만 1인당 연간 지급액이 30만원 수준이라 과연 얼마나 정책 효과가 있을지 의문이 간다. 더 중요하게 고려해야 할 사항은 무주택자들의 주거 불안 해소야말로 시급한 과제라는 점이며, 이를 해결하기 전까지는 토지배당론은 좀 태평한 이야기로 들릴 수도 있다.

그렇다면 보유세 강화를 통한 세수 증가분을 주거 불안을 줄이는 데 우선 활용하는 방안이 더 바람직할 것이다. 가령 주거권 보장을 위한 대규모 공공 사업의 재원으로 사용하는 방안을 생각해볼 수 있다. 이를 '제2의 토지 개혁 기금'이라 부를 수 있을 것이다.

주거권 신장에는 흔히 두 가지 처방이 있다. 하나는 무주택자가 주택을 소유하게 하는 것이고, 다른 하나는 공공임대주택을 늘려 무주택자가 굳이 주택을 매입하지 않아도 주거 불안을 해소할 수 있도록 하는 것이다. 두 방안 모두 추진해야 하지만, 저축이 적은 저소득층이나 젊은 세대에게 상대적으로 더 시급하거나 유리한 방안은 후자다. 바로 이러한 공공주택 확대에 '제2의 토지 개혁 기금'을 투입할 수 있을 것이다.

그런데 이제껏 한국 사회에서 공공주택을 늘리는 주된 방식은 공공임대용 공동주택 단지를 신축하는 것이었다. 그러다 보니 건설 부지가 부족해(특히 수도권) 공공주택 물량을 확대하기 쉽지 않았다. 이런 한계를 극복하려면 기존 주택 매입을 통한 공공주택 확대 방식을 보다 활성화해야 한다.

특히 대표적인 서민 주거 형태인 다가구주택을 매입해 리모델링한 뒤에 임대하는 형태의 공공주택이 늘어나야 한다. 이는 대안적인 주거 환경 정비 방식으로 발전할 수도 있고, 젊은 세대를 중심으로 한 다양한 사회적 주택 흐름과 결합할 수도 있다(주거협동조합에 대한 토지 임대, 공공-거주자 공동지분제 등).

이렇게 다양한 형태의 공공주택을 늘리는 데 '제2의 토지 개혁 기금'을 투입한다고 생각해보자. 어떤 변화가 일어날까? 주택 문제가 특히 심각한 지역에서 주거 취약층의 주거권이 지금보다 획기적으로 신장될 것이다. 또한 매년 15조 원이 넘는 공적 자금

이 공공주택 확대에 투입됨으로써 부동산 소유 · 거래 구조 전반이 크게 변화할 수밖에 없을 것이다.

장기적으로는, 부동산 소유 · 거래 구조가 주거권 보장에 유리하게 바뀌고 난 뒤에는 국토보유세 세수의 용처를 국토보유세 원안 제안자들의 구상처럼 바꿀 수도 있을 것이다. 토지배당으로 전 국민에게 지급할 수도 있고, 임대주택(공공이든 민간이든) 세입자에게 주거수당으로 지급할 수도 있을 것이다.

그러나 지금 우리에게 부족한 것은 정책 제안이 아니라 정치적 의지다. 그런 점에서 70년 전 제헌의회의 개혁파 의원들을 다시 돌아볼 필요가 있다.

사실 이들은 변변한 정당조차 없는 무소속 국회의원들이었다. 마음으로는 여운형이나 김규식, 김구의 노선을 따랐지만, 원내에 버티고 있는 정당다운 정당이라고는 지주들의 당, 한국민주당-민주국민당뿐이었다. 국회가 열리는 중에도 나라의 다른 한쪽에서는 무장 충돌과 학살이 벌어졌다. 그러다 결국은 개혁파 국회의원들조차 상당수가 이른바 '프락치' 혐의로 감옥에 갇혀야 했다. 그러나 이들은 시대가 요구하는 과제를 피하지 않았다. 민중의 염원에 자신의 운명을 걸 줄 알았던 것이다. 그렇기에 그 험난하던 시절에 토지 개혁이 단행될 수 있었다.

지금은 어떨까? 제2의 토지 개혁을 바라는 대중의 열망이 그때만 못한가? 아니면 민주주의 훈련을 70년이나 더 거치고 난 지금의 한국 정치가 그때보다 오히려 자질이 떨어지는가? 두 물음의 답이 모두 '아니요'라면, 더 이상 망설이지 말아야 한다. 2019년 우리에게는 '제2의 토지 개혁'이 필요하다.

2019. 3. 12.

부동산 문제 해결,
부분적 개혁으로는 안 된다

2020년 7월 29일, 주택 임대차 3법이 국회에서 전격 통과됐다. 법안에 담긴 전월세 상한제나 임차인의 계약갱신청구권은 오랫동안 진보정당 공약집이나 시민단체 요구 목록 속에서 잠자고 있던 내용이다. 그런 개혁안이 법률로 실현됐으니 뜻깊은 역사적 순간이 아닐 수 없다. 마땅히 반기고 기뻐해야 할 일이다.

그러나 분위기가 꼭 그렇지만은 않다. 환호하는 목소리는 의외로 약한 반면, 반대의 아우성은 생각보다 거세다. 이런 개혁이 추진될 때면 늘 그랬던 것처럼 극우 언론이 악선전을 거듭한 데다 임대인들의 불만이 있을 수밖에 없기에 그러려니 할 수도 있을 것이다. 하지만 반드시 이런 요인들 탓만은 아닌 듯하다. 주택 임대차 3법의 혜택을 입을 이들 사이에서도 과연 이 조치만으로 집 걱정 없는 세상이 열릴 수 있을지 미심쩍어하는 분위기가 역력하다.

이것은 지나친 패배주의나 쓸데없는 기우만은 아니다. 현 정부 아래에서 이미 유사한 사례가 있었기 때문이다. 이 정부가 출범하자마자 추진한 최저임금 인상이 그것이다.

최저임금 인상 역시 저임금 노동자, 불안정 고용층의 숙원이었고, 노동운동과 진보세력이 양극화 해결 방안의 하나로 적극 주창한 정책이었다. 문재인 정부는 이러한 최저임금 인상 요구를 '소득 주도 성장'이라는 거창한 구호 아래 집권 후 첫 개혁 과제로 추진했다. 하지만 결과는 어떠했던가? 최저임금 인상 자체는 소득 격차 완화에 일정하게 기여했다는 조사 결과가 속속 나왔다. 그러나 저임금-불안정 노동자들의 박수 소리보다 더 크게 울린 것은 이들 노동자를 고용하는 자영업자들의 성난 목소리였다. 물론 이때도 자영업자들의 불만을 부추긴 극우 언론의 선동이 있었다. 게다가 최저임금 인상과 자영업 불황의 상관관계는 여전히 연구 과제다. 그러나 최저임금이 인상된 바로 그때 마침 자영업 불황이 심해진 것만은 엄연한 사실이다.

이런 상황에 대해 정부-여당이 내놓은 답은 최저임금 인상의 중단, 더 나아가 사실상의 무효화였다. 집권 원년과 달리 최저임금 인상 폭이 계속 낮아져 2021년엔 아예 역대 최저 인상률을 기록하기까지 했다. 이제 이 정부에서 최저임금 '인상'은 말도 꺼낼 수 없는 금기가 됐다. 최저임금이 대폭 오르기는커녕 최저임금제도만 잔뜩 상처를 입은 꼴이다.

그러나 문제는 결코 최저임금 인상에 있지 않았다. 최저임금 인상'만' 추진된 게 문제였다.

소득 양극화는 그저 저임금-불안정 노동자와 그들의 사용자 사이에서 발생하는 문제만은 아니다. 저임금-불안정 노동자의 사용자 역시 포함하는 광범한 저소득 부문이 존재한다. 그리고 이 부문 전체가 대기업과 부동산 불로소득층에게 수탈당한다.

따라서 소득 양극화를 완화하기 위해 개혁을 추진하려 했다면, 저임금-불안정 노동자들을 위한 최저임금 인상뿐만 아니라 저소득 부문 내의 다른 집단을 위한 정책적 조치를 병행해야 했다. 가령 공격적으로 적자 재정(확장 재정)을 운용하면서 밑바닥 경기를 살려야 했다. 또한 대기업과 부동산 부유층이 저소득 부문을 손쉬운 수탈 대상으로 삼지 못하도록 강력히 규제해야 했다.

그러나 이런 조치들은 끝내 없었다. 오히려 집권 초반기에 문재인 정부는 정부 지출보다 더 많은 세수를 거둬들이는 흑자 재정 기조를 유지해 경기를 위축시키는 결과를 낳았다. 안 그래도 불안했던 자영업 경기를 더 악화한 꼴이었다. 그러면서 정부-여당은 오직 최저임금 인상 하나만 덩그마니 개혁 성과라 내세웠던 것이다.

이 대목에서 우리가 확인해야 할 교훈이 있다. 그것은 '부분적' 개혁의 한계와 모순이다. '부분적' 개혁? 개혁이 '부분적'이지 않은 경우도 있던가? 모든 개혁이란 현실을 '부분적'으로 개선하려는 시도가 아닌가? '부분적'이 아닌 변화란 혁명밖에는 없지 않던가?

아니다. 소득 양극화 같은 현대 자본주의의 심각한 문제에 대해서는 부분적 개혁과는 다른 처방이 필요하다. 소득 양극화를 뜯어보면, 거기에는 여러 사회 집단들이 있고, 이들이 서로 맺는 관계들이 있으며, 이런 관계들을 뒷받침하는 제도들이 있고, 이런 관계들에서 비롯된 관성과 문화가 있다. 이런 요소들이 복잡하게 얽히며 서로를 지탱해주고 재생산을 거듭한다. 말하자면 어떤 '구조'가 존재하며 작동한다.

따라서 소득 양극화를 해결하고 싶다면, 이러한 구조를 염두에 두고 이를 이루는 여러 요소에 대응하는 다양한 정책들을 동시에 추진해야 한다. 한두 요소를 손보는 개별 정책이 아니라 소득 양극화 구조의 여러 요소들을 함께 공략하는 정책 '보따리'가 필요하다는 말이다. 그래야 소득 양극화 구조 전체가 변형되기 시작할 수 있다. 이런 관점에서 추진되는 개혁을 우리는 '부분적' 개혁과 대비해 '구조적' 개혁이라 부를 수 있을 것이다.

최저임금 인상이 실패한 이유가 여기에 있다. 소득 양극화를 해결하고 싶었다면, 정부는 부분적 개혁이 아닌 구조적 개혁을 추진했어야 했다. 최저임금만 인상할 게 아니라 소득 양극화를 둘러싼 여러 사회 관계와 관성, 제도 전반을 공략했어야 했다. 최저임금 인상이라는 '부분적' 개혁만 추진한 결과는 결코 '부분적' 성공이 아니었다. 개혁은 그저 실패한 채 중단됐을 뿐이고 상황은 어쩌면 이전보다 더 나빠졌다.

한국 사회의 자산 격차에는 소득 격차 이상으로 복잡하고 단단한 '구조'가 존재하며 작동한다. 그렇기에 '부분적' 개혁으로는 절대 이 문제를 해결할 수 없다. 이 문제야말로 '구조적' 개혁을 요구한다. 부동산 문제를 구성하는 주요 요소들을 빠짐없이 한꺼번에 공략해야만 한다. 그러지 않으면 어떤 특정한 부분적 정책도 애초에 기대했던 현실 개선 효과를 낼 수 없다.

최근 20여 년간 우리는 역사적 경험을 통해 이미 이를 확인했다. 너무나 강렬한 경험이어서 굳이 이론적 논증을 더할 필요도 없을 정도다. 한국 사회의 부동산・주거 문제를 해결하려면, 최소한 다음 네 가지 굵직한 조치가 동시에 추진돼야 한다.

첫째, 수도권 집중을 완화해야 한다. 수도권의 대규모 아파트 단지들을 둘러싼 온갖 병리적 현상의 토대에는 수도권 인구의 지속적인 증가가 있다. 또한 온 국토가 서울 강남을 정점으로 한 지역 간 위계의 피라미드로 편제된 탓에 이 피라미드가 계급-계층 간 추격전의 또 다른 무대가 된다. 이러한 근본 구조가 지속되는 한, 어떤 국가 정책도 애초 기대와는 다른 왜곡된 결과를 낳을 수밖에 없다.

둘째, 자산세를 강화해 부동산 불로소득을 환수해야 한다.

부동산 부유층은 수십 년째 불로소득을 누리며 한국 사회의 핵심 지배 집단으로 군림하고 있다. 그리고 중산층은 이런 부유층의 성공 신화에 근접하려고 모방 경쟁을 벌인다. 이제는 이러한 부동산 불패 행진을 일단 중지시켜야 하며, 그 간명한 처방이 바로 조세 개혁을 통해 불로소득의 사회적 한계를 명확히 규정하는 것이다.

셋째, 임차인 등 주거 약자의 주거권을 보장해야 한다. 주거 문제에서 가장 시급한 사안은 언제나, 강남 집값 상승이 아니라 부동산 소유 피라미드의 밑부분에 있는 이들의 주거 불안이다. 이번에 통과된 주택 임대차 3법을 비롯해 이런 주거 불안을 해소할 여러 조치가 필요하다.

넷째, 공공·사회주택을 늘려 부동산 소유 구조를 바꿔야 한다. 현재 한국 사회처럼 공적 소유나 다양한 사회적 소유 형태의 주택이 차지하는 비중이 적다면 주택은 좀처럼 상품의 성격에서 벗어나기 어렵다. 주택이 상품의 성격을 강하게 띠는 사회에서 부동산 투기 시장이 열리는 것은 어쩌면 필연이다. '투기' 시장을 막고 싶다면, '시장' 자체를 줄여야 한다.

이 중 어느 한 정책이라도 빠지면 나머지 정책도 제대로 작동할 수 없다. 수도권 집중을 완화하겠다는 신호가 없으면 다른 어떤 정책도 부동산 문제의 진원지인 수도권에서는 기대 효과를 낼 수 없다. 물론 수도권 집중을 단기간에 손쉽게 해결할 방안은 없다. '혁명이 일어나도' 그런 방안은 있을 수 없다. 하지만 앞으로 수도권 집중이 결코 더 심해지지는 않을 것이라는 신호는 충분히 줄 수 있다. 개헌을 통한 수도 이전 결정도 한 방안이고, 권역별 거점 도시 육성도 또 다른 방안이 될 수 있다.

다른 세 정책들도 마찬가지다. 임차인 권리를 대폭 신장하는 조치가 없다면 자산세 강화는 주택 소유주가 과세 부담을 임차인에게 전가하는 엉뚱한 결과로 이어질 수 있다. 공공·사회주택을 지속적으로 대량 공급하지 않는다면 임차인 권리 보장책이 오히려 임대 주택 공급 총량만 줄이는 역효과를 낳을 수 있다. 또한 부동산 가격 상승에 대항 요소로 작동하는 자산세 제도가 없다면 토지와 주택의 가격이 너무 높아져서 공공·사회주택을 대량 보급하기가 불가능해질 것이다.

이렇게 네 가지 정책은 서로를 뒷받침하며 상승 작용을 일으킨다. 이 네 정책이 함께 추진되기만 한다면 그리고 오직 그럴 때에만, 한국 사회의 자산 격차 '구조'는 결정적인 균열을 일으키며 요동치기 시작할 것이다. 또한 이 네 정책이 결합해 상호 작용을 일으키게 된다면 새로운 사회 관계, 제도, 관성, 문화가 파생되면서 전에 없던 어떤 '구조'가 태동하고 진화해나갈 것이다.

특히 중요한 것은 이 네 정책이 동시에 힘 있게 추진될 때만 현재 한국 사회에서 부동산·주거 정책이 수행해야 할 가장 중요한 과제를 완수할 수 있다는 점이다. 지금 부동산·주거 정책이 맡아야 할 가장 중대한 임무는 '땅'과 '땀'의 대립에서 늘 '땅'이 승리하던 한 시대가 끝났다고 선포하는 일이다. 대중이 이 메시지를 수용하고 어쩔 수 없는 현실로 받아들이는 순간, 실제로 그 시대는 끝나게 된다. 그러나 노태우 정부가 한때 추진한 '토지 공개념' 이후 이러한 과제를 실행하려 한 부동산·주거 정책은 전무했다.

불행히도 현 정부 정책 역시 마찬가지다. 주택 임대차 3법을 통과시켰다고 하지만 종합부동산세를 현실에 맞게 올리려는 움직임은 없다. 재개발이나 신도시 개발에 공공주택 신축을 끼워 넣는 수준을 넘어서 민간 소유 주택들을 적극 매입해 공공주택을 공격적으로 확대하려는 전략 역시 보이지 않는다.

단지, 여론이 안 좋아지자 갑자기 '행정수도' 이전 카드를 꺼냈을 뿐이다. 비어 있던 중요한 한 고리를 꺼낸 것은 반가운 일이지만 다분히 즉흥적인 대응으로 보인다. 이게 단순한 임기응변이 아니라면, 수도권 집중 완화 계획 자체를 더 구체화하고 몇몇 조치를 당장 추진해야 할 뿐만 아니라 부동산·주거 정책의 또 다른 비어 있는 고리들 역시 채워 넣어야 한다.

하지만 그럴 조짐은 없다. 적어도 아직까지는 그렇다. 주택 임대차 3법에서 최저임금 인상의 어두운 기억을 떠올리지 않을 수 없는 이유다.

얼핏 듣기에는 '부분적' 개혁이 '구조적' 개혁보다 더 현실적

인 것 같다. 한가지 정책도 관철하기 쉽지 않은데 어찌 정책 '보따리'를 동시에 추진할 수 있겠는가. 그렇게 여러 조치를 병행할수록 이해관계가 충돌하는 집단이 더 많이 생기고 대립 전선은 더 넓고 복잡해지지 않겠는가. 물론 그렇다. 그래서 '구조적' 개혁은 어렵다.

그러나 '부분적' 개혁은 처음부터 불가능하다. '구조적' 개혁은 어렵더라도 작동할 수 있지만, '부분적' 개혁은 역효과만 낳을 뿐이다. 그만큼 우리 시대 자본주의가 복잡해지고 단단해졌기 때문이다. 지배 질서는 더욱더 다양한 사회 관계들을 서로 엮으며 존립하고 이들 관계가 서로 의존하는 정도도 강해진다. 그래서 개혁과 혁명이라는 두 개념이 처음 나뉘던 무렵에 '개혁'에 씌워진 소박하고 단조로운 이미지는 이제 더는 유효하지 않다.

한국 사회의 부동산 · 주거 문제에서 이 진실은 더욱 도드라진다. 그리고 이 진실에 한사코 등을 돌리려는 이들이 현 집권 세력, 리버럴 세력이다. 이들에 맞서 우리가 촉구해야 할 것은 이제부터라도 부동산 · 주거 정책의 남은 고리들을 빨리 채워 넣으라는 것이다. 부동산 문제에서도 최저임금 인상의 실책이 반복되게 놔둘 수는 없다.

주택 임대차 3법 통과에 박수만 치고 있지 못할 또 다른 이유가 여기에 있다. 그것은 정말 시작의 시작에 불과하기 때문이다.

2020. 8. 4.

인류의 전향을 촉구하는 《돌봄 선언》

전 세계적으로 코로나19 백신 접종이 진행되고 있다. 이렇게 가면 해가 바뀔 무렵에는 대유행 국면에서 벗어날 수 있을까? 그렇다는 낙관적 전망도 있지만 몇 년은 더 '비상한 일상'을 살아야 한다는 비관론도 있다. 하지만 이 국면이 마냥 계속되지는 않을 것이다. 코로나 바이러스 유행이 종식되든 감기처럼 공존하게 되든, 이번 비상 국면에도 어쨌든 끝은 있을 것이다.

그렇다면 이번 팬데믹을 겪고 난 뒤에 우리가 이 경험에서 건져내야 할 가장 중요한 교훈은 무엇일까? 가장 생생히 기억하며 이후의 삶 속에서 끊임없이 반추해야 할 깨달음은 무엇일까?

이 물음에 대해 명쾌하면서도 깊이 있는 답을 내놓는 책이 있다. 영국의 페미니스트 이론-실천집단인 '더 케어 컬렉티브'가 작년 말에 발표한 《돌봄 선언》(정소영 옮김, 니케북스, 2021)이다. 《돌봄 선언》이 제시하는 답은 제목 그대로 '돌봄'이다.

맞는 말인 것 같다. 학교에 다니는 자녀가 있는 집이라면 다들 실감했을 것이다. 당장 어린이집, 유치원, 중고등학교가 문을 닫자 부모들은 일 하랴, 자녀 돌보랴 평소보다 훨씬 더 고된 시간을 보내야 했다. 바이러스 확산 진원지 가운데 하나로 지목된 요양병원은 또 어떤가. 그간 노인 돌봄을 떠맡던 기관들에 어떤 심각한 문제가 있는지 여실히 드러났다.

《돌봄 선언》이 나온 영국이나 우리나 마찬가지였다. 코로나19 팬데믹 와중에 모든 인간사회는 두 가지를 동시에 절감했다. 하나는 서로에 대한 돌봄이 인간사회의 생명을 유지하는 심장과도 같다는 사실이었다. 바이러스의 위협 앞에 우리는 타인과 '거리두기'를 해야 하기도 했지만, 위기의 순간에 의지할 수 있는 것은 오직 타인의 도움뿐이었다. 감염을 무릅쓰고 방역에 참여한 이들이 없었다면 우리는 이 정도로 생명과 건강을 지키지도 못했을 것이다. 또한 그간 돌봄과는 전혀 상관없다 여겼던 음식 배달이나 택배 같은 노동 역시 넓은 의미의 돌봄 활동임이 드러났다.

또 다른 교훈은 이렇게 소중한 돌봄이 바이러스가 창궐하기 시작한 그 순간까지 줄곧 약화되고 파괴돼왔다는 사실이었다. 신자유주의 시기 동안 국가의 복지 기능은 축소를 거듭했고 그 중 핵심은 사회적 돌봄 활동이었다. 예컨대 1차 대유행 앞에 속절없이 무너진 서유럽 국가들을 보자. 보수 언론들은 영국, 이탈리아 같은 나라들의 국영의료체계가 문제라고 떠들었지만, 진짜 문제는 이들 나라의 국영의료체계 예산이 삭감되고 상당 부분이 사유화[민영화]돼 감염병에 제대로 대처하지 못했다는 것이다. 돌봄이 위축된 만큼 바이러스는 승리를 구가했다.

서유럽에 비해 그나마 잘 대처했다는 한국도 상황이 그리 다르지 않다. 지금도 많은 의료인들이 바이러스에 맞서는 최전선에서 하루하루를 어렵게 버티고 있다. 더불어민주당은 선거 때마다 돌봄 예산을 늘리겠다고 했지만, 팬데믹 와중에 문재인 정부가 내세운 것은 국가의 돌봄 기능 강화가 아니라 난데없는 원격 의료 강화였다. 우리 시대는 아직도《돌봄 선언》의 다음과 같은 진단에서 깨어나지 못한 것이다.

> 돌봄의 위기는 지난 40년 동안 특히 심각해졌는데, 이는 많은 나라가 수익 창출을 삶의 핵심 원리로 보편화하는 신자유주의적 자본주의 원칙을 받아들이면서다. 이는 곧 금융자본의 이익과 흐름을 조직적으로 우선시하는 반면 복지국가와 민주적 절차와 제도들을 무자비하게 파괴하는 것을 의미했다. 우리가 보아왔듯이 이런 종류의 시장 논리는 현재 팬데믹 통제 역량을 현저히 줄어들게 한 긴축정책으로 이어졌다. (《돌봄 선언》 13-14)

그렇기에 돌봄은 그 익숙한 어감과는 달리 누구나 쉽게 동의할 수 있는 '좋은 말'만은 아니다. 누구의 귀에든 거슬리지 않으니 선거 때마다 그저 사탕발림 공약을 반복하면 되는 만만한 문제가 아니라는 것이다. 오히려 돌봄은 우리가 사는 세상의 지향과

정면으로 충돌한다. 앞에서 살펴봤듯이 대유행 이전의 신자유주의와 충돌할 뿐만 아니라 그 다음 세상을 둘러싼 논의에서도 그렇다.

가령 한국식 '공정'론을 살펴보자. 요즘 젊은 세대의 뜨거운 지지를 받고 있다고 하는 '공정' 담론은 경쟁하는 인간을 전제한다. 그러면서 경쟁 과정에서 나타나는 반칙을 비판한다. 반칙을 비판한다는 점에서 이는 한국 사회가 아직 해결하지 못한 문제들에 대한 정당한 공격이다. 그러나 경쟁이라는 무대만을 바라보며 삶의 다른 모든 측면을 그 무대의 그림자로만 만들어버린다는 점에서 이 공격은 편협할 따름이다.

인간에게는 경쟁이 아닌 다른 무대들도 있다. 아니, 그 다른 무대들이 한 인간의 삶에는 훨씬 더 중요하고 근본적이다. '돌봄' 담론은 그런 무대들에 빛을 비추며 우리의 관심과 전향을 촉구한다. 그 무대들에서 인간은 서로 경쟁하는 존재가 아니라 서로 의존하는 존재다. 타인은 이겨야 할 대상이 아니다. 비교에나 동원해야 할 대상이 아니다. 돌봄의 시각에서 보면, 우리 각자는 오직 타인이 있기에 존립한다. 남이 나를 돌보기에 내가 있고, 그렇기에 나 역시 수많은 돌봄의 요청에 부응하며 평생을 보낸다.

여기에서 참으로 중요한 것은 '상호의존성'이 또한 '상호취약성'을 뜻한다는 점이다(위의 책, 30쪽). 우리는 각자의 잘남 때문이 아니라 못남 때문에 서로를 돌본다. '공정'론에서 주된 관심이 각자의 잘남을 어떻게 인정받느냐 하는 문제인 것과는 딴판이다.

《돌봄 선언》은 영어의 care가 "보살핌, 관심, 걱정, 슬픔, 애통, 곤경"을 의미하는 고대 영어 caru에서 왔다는 사실로 이를 일깨운다(57쪽).

그래서 돌봄은 아름답지만은 않다. "생명체의 요구와 취약함을 전적으로 돌본다는 것, 그래서 생명의 연약함과 직면하는 것"은 "어렵고 지치는 일이 될" 수밖에 없기 때문이다(57쪽). 그래도 우리는 이 어려운 일을 해야 한다. 인간사회 전체가 생존의 근본 요구로 이를 떠안아야 한다.

아이나 노인을 돌볼 일이 없는 인생의 아주 짧은 기간 동안이라면, 혹은 그런 고된 일일랑 모조리 화폐를 통해 남에게 떠넘길 수 있는 소수의 사람이라면, 이런 진실에 눈감기가 어렵지 않을 것이다. 그러나 우리 대다수의 삶이란 결국 남을 돌보고 내가 돌봄받는 시간을 보내다 가는 일일 뿐이다. 그러니 '돌봄', 이 두 글자의 무거움에서 도망칠 길은 없다.

그런데 바로 이러한 점 때문에 돌봄은 우리에게 근본적 선택을 다그친다. 《돌봄 선언》이 코로나19 이후 사회의 방향으로 주창하는 것은 '보편적 돌봄'이다. '보편적 돌봄'이란 "모든 돌봄이 우리의 가정에서뿐 아니라 친족에서부터 공동체, 국가, 지구 전체를 포함한 모든 영역에서 우선시되는 것을 의미"(41쪽)한다. 이는 사회주의 페미니스트 낸시 프레이저Nancy Fraser가 《전진하는 페미니즘: 여성주의 상상력, 반란과 반전의 역사》(임옥희 옮김, 돌베개, 2017)에서 가족임금과 복지국가의 궤적을 살핀 후 내놓은 대안이기도 하다.

보편적 돌봄을 추구하는 사회라…좋다. 보수파든 리버럴이든 받아들일 수 있는 지향인 것 같다. 그러나 이런 사회는 사실 자본주의와 양립할 수 없다. 우리는 자본주의의 지속과 돌봄사회로 나아가는 전환, 둘 중 하나를 선택해야 한다. '탈성장 자본주의'가 모순어법인 것처럼 '보편적 돌봄 자본주의'란 말장난일 뿐이다.

왜 그러한가? 단적으로, 돌봄이란 인간 생명의 가장 애처롭고 연약하며 고된 측면들과 관계하는 일이기 때문이다. 반대로 자본주의란 마치 삶의 그런 측면들이 세상에 없는 양, 아니면 화폐와 시장으로 쉽게 해결할 수 있는 일인 양 치부하며 존속하는 체제다.

인간이 돌봄 활동에 인생의 80~90%를 보낸다는 사실을 인정하고서 동시에 그 인간들을 기계 앞에 세워놓고 마음껏 일을 시킬 수는 없다. 가족 누군가에게 돌봄을 떠넘기게 만들고 나서 노동자 가족의 나머지 성원들을 공장에 '일손'으로 불러 모아야만 한다. 그렇게 기계 앞에 대령한 이들이 마모되고 손상된 뒤에 그들을 누가 어떻게 돌볼지는 불문에 붙이고 말이다.

또한 노동자들에게 지급되는 임금 안에 그들 자신과 그 가족에게 필요한 돌봄을 해결할 수단이 전부 담겨 있다고 전제하지 않고는 그들이 생산한 상품과 서비스에 가격을 붙여 시장에 내놓을 수 없다. 상품과 서비스의 사연들을 깔끔하게 대변하는 '가격' 체계 안에는 돌봄을 둘러싼 온갖 구질구질한 이야기들이 섞여들어선 안 된다. 그것은 임금의 테두리 안에서 이미 해결된 사안이라 치부돼야 한다. 그러지 않으면 노동자의 생산물은 '가격'의 공화국에서 경쟁력을 갖춘 시민이 될 수 없다.

설령 이런 현실을 뚫고 돌봄이 정치 의제로 부상하더라도, 이는 다시 시장의 회로 안에 흡수되어 해결돼야지 다른 길이 있다 믿어선 안 된다. 자신을 '중산층'이라 믿는 자들은 시장에서 화폐로 해결하게 하라. 그럴 수 없는 자들은 국가의 낡은 수용시설을 택하든가, 아니면 홈리스의 삶을 택하게 하라. 여기에도 '선택'이란 말을 적용할 수 있다면 말이다.

보편적 돌봄을 추구하려면 이런 식으로 운영되던 경제사회 체제가 전혀 다른 방향으로 선회하도록 만들어야 한다. 즉, 돌봄 사회는 자본주의의 '메타노이아', 고개 돌림, 전향을 요구한다. 노동자가 작업장을 통제하기에 산업재해 사망 제로가 상식인 사회를 요구한다. 만인이 돌봄 활동에 동참하기에 재산과 성별, 연령 등에 상관없이 동등하게 돌봄의 부담을 지는 사회를 요구한다. 기후급변에 돌입한 지구를 돌보기 위해 인간의 생활양식을 바꿔가는 사회를 요구한다.

어려운 요청이다. 하지만 《돌봄 선언》은 '불가능한' 도전만은 아니라고 역설한다. 제대로 출발하기만 하면 된다. 《돌봄 선언》은 그 출발점들을 구체적으로 제시한다. 시장에 잘못 흡수된 돌봄 활동을 회수하고 소득-일자리 보장과 보편적 노동시간 단축을 통해 시장 바깥의 삶의 가능성을 늘려야 한다. 20세기 복지국가의 한계를 넘어 21세기 돌봄국가를 발전시켜야 한다. 상호부조와 공공 공간, 커먼스와 공동체 생활을 키우고 이들을 서로 연결해 국가나 기업과는 또 다른 돌봄 주체를 육성해야 한다.

그러고 보면, '돌봄'이야말로 우리 시대에 대두한 다양한 해방의 문제의식과 열망들의 중대한 교차점이다. 사회주의적 비판과 이상의 부흥, 페미니즘의 대중적 확산, 기후위기가 다그치는 생태적 각성이 모두 여기에서 만난다. 《돌봄 선언》은 이를 이렇게 정리한다.

> 돌봄 선언은 '보편적 돌봄'이라는 퀴어-페미니즘-반인종차별주의-생태 사회주의의 정치적 비전을 제안한다. 보편적 돌봄은 직접적인 돌봄 노동뿐만 아니라 타인들과 지구의 번영에 대해 관여하고 염려하며 공동으로 책임을 진다는 것을 의미한다. 진정으로 집단적이고 공동체적인 삶의 형식을 되찾는 것과 자본주의 시장의 대안을 수용하고 돌봄 인프라의 시장화를 원상 회복시키는 것을 의미한다. 또한 우리의 복지국가를 중앙정부와 지역 차원 모두에서 회복하고 근본적으로 심화시키는 것을 의미한다. 그리고 마지막으로 초국가적 차원에서 그린뉴딜을 창조하는 것, 돌보는 국제기관들과 좀 더 느슨한 국경, 일상적 세계시민주의를 구축하는 것을 의미한다. (177-178, 번역

은 인용자가 일부 수정)

사실 그 전부터 조짐을 보이기는 했지만, 코로나19 팬데믹 국면에서 동화와 백일몽, 광고 영상 같은 인류의 상징 세계의 주인공으로 떠오른 것은 두 초거대 재벌, 일론 머스크와 제프 베조스다. 이 둘은 모두 더럽혀지고 쓸모없게 된 지구를 벗어나 새로운 거주 행성을 찾아 떠나는 여행의 개척자를 자처한다. 지구를 망치고 나면 이곳을 떠나 광활한 우주 공간에서 더 나은 삶을 열 수 있다는 야망의 상징이다. 그런 삶을 향해 떠날 자들이 얼마나 소수일지, 아니 아예 그런 여행이 과연 가능할지 모르겠지만 말이다.

달리 말하면, 이 둘은 정확히 돌봄의 반대를 표상한다. 또한 자본주의 역사의 정점이기도 하다. 이들은 지금이라도 지저분하고 힘들고 고뇌 어린 돌봄 쪽으로 시선을 돌려야 한다고 생각하지 못한다. 자본주의가 지속되려면, 가던 길을 계속 가는 것 외에 다른 선택이 있을 수 없기 때문이다.

그러나 우리는 그 길을 따를 수 없다. 화성행 우주선에 탑승할 수 없는 우리가 진정으로 선택해야 할 것은 오직 인간의 의미를 다시 묻고 그로부터 요청받는 삶을 살아내는 것, 돌봄사회의 길이다.

2021. 6. 10.

바람직한 기본소득 제도의 전제 조건 두 가지

최근 진보적 정책 대안 중 가장 뜨거운 관심을 모으는 것은 단연 시민기본소득(이하 기본소득)이다. 불과 몇 년 전까지만 해도 몇몇 학자들이 외국에는 이런 논의도 있다고 소개하는 수준이었지만, 이제는 신문 1면에 나와도 어색하지 않을 만큼 낯익은 주제가 됐다. 정작 기본소득을 앞장서서 주장한 노동당, 녹색당은 소수정당으로 남아있는데, 기본소득 자체는 새누리당이나 더불어민주당 정치인들 입에서도 튀어나오는 형편이다.

한마디로 기본소득이 유행이다. 하지만 우리만 그런 게 아니다. 2008년 금융위기 이후 기술 혁신에 가속도가 붙으면서 인공 지능과 결합한 전면적 자동화로 인간 노동이 생산 활동으로부터 대거 퇴출될지 모른다는 우려가 대두했다. 일자리의 대량 소멸과는 무관하게 시장 사회가 존립하려면 기본소득 도입이 불가피하다는 주장이 자본 진영에서마저 분분하다. 다른 한편으로 영국 노동당 일각의 기본소득 검토나 스위스 기본소득 국민투표에서 확인할 수 있듯, 진보 진영에서도 21세기에 사회국가를 재건

할 중요한 수단으로 기본소득에 주목하는 중이다.

이런 전 세계적인 흐름에 발맞춰 한국에서도 기본소득에 대한 관심과 논의가 뜨거워지는 것은 분명 바람직한 일이다. 하지만 우려 또한 커지는 게 사실이다. 기본소득을 둘러싸고 자칫 기괴한 정치 지형이 등장할 조짐마저 보이기 때문이다.

애초 기본소득 논의의 발원지인 진보세력 안에서는 여전히 이 구상에 대한 찬반 양론이 뜨겁다. 물론 이것은 건강한 현상이다. 기본소득이 미래 사회의 주요 제도 중 하나로 제기됐다면, 이렇게 치열하고 오랜 토론을 거쳐 합의를 만들어가는 게 마땅하고 옳을 것이다.

하지만 기성 정당의 정치인들은 이런 진지한 토론을 기다려 주지 않는다. 그들은 선거에서 표만 된다면 기본소득이 아니라 그보다 더한 것이라도 입 밖에 꺼낼 준비가 돼 있다. 이미 현 대통령[박근혜]이 '복지국가론'과 '경제 민주화론'으로 성공적인 선례를 남긴 바 있다. 선거에서 경쟁자들보다 먼저 말하고 집권한 뒤에 수첩에서 지워버리면 끝 아니던가. 지금 보수 정치인들 입에 오르내리는 기본소득은 이런 맥락에서 한 치도 벗어나지 않는다고 단언하겠다.

문제는 이런 진지함의 차이가 선거에서는 제대로 드러나지 않는다는 점이다. 가령 진보정당 후보는 기본소득을 둘러싼 이러저런 주장들을 마치 학자처럼 장황하게 소개하는데, 보수 후보는 실제 정책 내용의 빈곤이나 모순과는 상관없이 화끈하게 기본소득을 도입하자고 주장하는 광경을 떠올려보자. 최근 돌아가는 형편을 보면 충분히 예상할 수 있는 구도다. 이때 많은 유권자들에게 과연 누가 복지 확대의 주인공으로 보일까? 새누리당 후보가 '복지국가'의 대변자인 양 굴던 희비극은 앞으로도 끊이지 않고 계속될 수 있다.

그렇다고 정치적 필요 때문에 모두가 기본소득 찬성론자로 마음에도 없는 전향을 해야 한다는 것은 아니다. 진정 평등과 해방의 열정으로 기본소득을 찬성하거나 비판한다면, 논쟁은 계속돼야 한다.

그러나 현실 정치의 전개 양상과 속도를 고려해 논쟁 지형과 태도를 새롭게 정비할 필요는 있다. 기본소득이 핵무기나 사드처럼 이 땅에 절대 있어서는 안 될 게 아니라면, 이에 대한 비판 근거로 제시된 것들을 이제는 기본소득이 실시될 때 반드시 전제돼야 할 조건들 혹은 기본소득이 제구실을 하기 위해 결합돼야 할 일련의 다른 제도들로 재정식화하여 검토하는 게 바람직하다. 반대로 기본소득 찬성론 역시 이런 전반적 대안 안에 적절히 배치된 한국형 기본소득 구상으로 성숙돼야 할 것이다.

기본소득론에 쏟아지는 좌파 쪽의 비판 중에는 기본소득이 자본주의 시장만 확대하는 결과를 낳을 것이라는 주장이 있다.

정부가 시민들에게 현금을 지급하면 시민들은 이 돈으로 시장에서 더 많은 상품과 서비스를 구매할 테고 그러면 결국 자본의 배만 불릴 것이라는 게 주요 논지다.

이 비판은 자칫 당혹스러운 근본주의로 나아갈 위험이 있다. '시장'을 그야말로 '모든' 시장으로 이해할 경우 이런 위험을 피할 수 없다. 대중의 화폐 소득이 증가하면 이전에 비해 이런저런 시장들이 활성화될 수밖에 없다. 이것 자체를 나쁘다고 하거나 비판거리로 삼을 수 있을까? 그렇다면 임금 인상은 어떨까? 임금 상승이야말로 소비 시장 확대의 주 연료가 아닌가? 자본주의 시장을 말려죽이기 위해 노동조합의 임금 투쟁에 반대해야 한다는 말인가?

이것은 물론 희화화된 반비판이다. 이런 쓸데없는 말싸움에 빠지지 않으려면, 한가지 개념만 분명히 확인하면 된다. 다름 아니라 '시장'이다. 이를 시장 '일반'이 아니라 '특수한' 시장들로 이해한다면, 이 비판은 섣부른 극단적 논리가 아니라 기본소득 도입의 필수 전제 조건에 대한 중대한 지적이 된다.

어떤 특수한 시장들인가? 인간다운 삶을 영위하는 데 반드시 필요하면서 동시에 각 가계에 상당히 큰 비중의 지출을 요구하는 재화·서비스의 시장들이다. 생존을 위해서는 누구나 참여하지 않을 수 없지만 서민 가정으로서는 소득의 막대한 부분을 쏟아부어야 하는 시장들. 자본 입장에서는 이런 시장이야말로 세상이 끝날 때까지 쉼 없이 엄청난 이윤을 뽑아낼 수 있는 황금밭이다. 실제로 이런 시장들이 신자유주의 금융화의 중심 무대가 됐다.

가장 먼저 떠오르는 것은 물론 주택 시장이다. 이 점은 요즘 자본주의 중심부 국가들이 다 마찬가지다. 한국보다 공공주택 비중이 높은 나라들에서도 현재 주택 시장이 팽창에 팽창을 거듭하는 중이다. 주택 가격이 거품 상태일 뿐만 아니라 임대료도 천정부지로 치솟고 있다.

의료 시장과 교육 시장도 생각해볼 수 있다. 한국에는 꽤 괜찮은 건강보험제도가 있지만 의료 공급자는 대부분 민간 병원들이다. 의료 민영화를 더 밀어붙이지 않더라도 이미 재벌 병원과 민간 의료보험 회사들이 공공 의료보험 제도를 포위하고 있다.

교육 영역에서는 대학교가 문제다. 다른 나라들은 이제 와서 대학 등록금을 도입하거나 인상해서 문제인데, 한국은 예전부터 이것이 중산층을 비롯한 대다수 가계의 무거운 굴레였다. 게다가 대학 서열화-입시 경쟁 때문에 엄청난 규모의 사교육 시장이 존재하는 데다 웬만한 가계는 다 이 시장에 참여한다.

이런 시장들이 그대로 존속하고 이들과 연동된 경직된 가계 지출 구조가 유지되는 상황에서 기본소득이 도입된다면 어떤 일이 벌어질까? 저소득층은 모르겠지만 중산층에 지급된 현금 급여는 틀림없이 주택, 의료, 교육 등의 시장을 더욱 과열시키는 연료가 될 것이다. 처음에는 가처분 소득이 늘어난 듯 보여도 이보다 더 빠른 속도로 집값과 임대료가 오르고 의료, 교육, 보육 지출이 늘어날 것이다(물론 현 구조에서는 기본소득 도입뿐만 아니라 중산층 가계의 임금 소득이 전반적으로 상승할 경우에도 같은 결과가 나타날 것이다).

그렇기에 한국 사회에서 기본소득 도입은 반드시 주택, 의료, 교육 등의 탈상품화, 탈시장화와 함께 이뤄져야 한다. 공공주택을 늘리고 임대료 상승을 억제해 주택 시장을 안정시켜야 한다. 공공 중심 의료 체계를 갖춰서 의료비 지출을 통제해야 한다. 대학 교육의 공공성을 확대하면서 동시에 대학 서열화-입시 경쟁과 연동된 한국 교육 특유의 문제들과 대결해야 한다. 즉, 주택, 의료, 교육 등의 진보적 구조개혁에 착수해야 한다.

이것이 기본소득의 첫 번째 전제 조건이다. 전제 조건이라고 해서 꼭 단계론을 상정하는 것은 아니다. 주택, 교육 문제를 해결하기 전에는 기본소득은 꿈도 꾸지 말자는 이야기가 아니라는 말이다. 하지만 굳이 시간의 선후를 따지자면, 보편적 기본소득 도입보다는 이들 영역의 탈상품화, 탈시장화가 먼저다.

기본소득론 비판 중에는 이 제도가 애초 제안자들의 의도와는 정반대로 자본과 국가에 시민들을 더욱 종속시킬 것이라는 우려도 있다. 점점 더 많은 이들이 자동화로 생산 활동에서 배제되고 기본소득이라는 사실상의 생계 보조금으로 연명하게 된다는

것이다. 그렇게 되면, 파업이나 단체협상으로 자본 독재에 개입할 여지는 사라지는 대신 당장 보조금이 없으면 생존이 불가능한 2등 시민이 넘쳐나게 된다. 국가에 생계비를 의존하는 2등 시민들은 정권에 맞서기도 힘들어진다.

사회과학 고전에 관심 있는 이들 가운데에는 이 대목에서 칼 폴라니의《거대한 전환》(홍기빈 옮김, 길, 2009)을 떠올릴 이도 있을 것이다. 이 책의 중요한 분석 대상 중 하나는 18세기 말~19세기 초 영국의 스피넘랜드Speenhamland 법이다. 이는 생계비에 못 미치는 낮은 임금을 받는 노동자들에게 표준 생계비와 임금의 차액만큼 공적으로 부조해주던 제도다. 보편적 기본소득은 아니다. 하지만 현금 급여형 복지의 한 원형이라고는 할 수 있다.

스피넘랜드 법에 대한 폴라니의 입장은 복잡하다. 폴라니는 이 제도가 인간 노동을 상품화하는 노동시장의 등장을 막으려던 최후의 안간힘이었다고 본다. 하지만 그렇다고 폴라니가 이 제도를 긍정적으로 기술하느냐면 그렇지도 않다. 스피넘랜드 법 덕분에 악덕 자본가들은 더욱더 낮은 임금으로 노동자를 부려먹을 수 있었다. 자부심 넘치던 장인들은 부자의 적선에 의존하는 빈민 무리로 전락했다. 노동의 상품화를 막으려던 제도였지만 역설적으로 노동의 위상을 추락시켜 노동시장이 등장할 길을 열어준 것이다.

이것은 스피넘랜드 법 같은 복지 제도의 피할 수 없는 숙명일까? 폴라니는 그렇게 생각하지 않았다. 문제는 스피넘랜드 법 자체보다는 그것이 또 다른 조치와 결합된 데 있었다. 스피넘랜드 법 실시와 동시에 당시 영국 지배계급은 노동조합을 금지했다. 그들은 중세 장인의 전통을 잇는 생산 현장의 결사체들을 파괴해버렸다. 이 조치와 스피넘랜드 법이 한 쌍을 이룬 덕분에 생계 기반만이 아니라 지적 · 도덕적 전통마저 상실한 노동 빈민이 양산된 것이다.

폴라니는 《거대한 전환》의 제7장 '1795년, 스피넘랜드'의 부록에서 스피넘랜드 법 제정 시기의 영국과 '붉은 빈'을 비교하면서 이 논지를 분명히 한다. 제2차 세계대전 전에 오스트리아 사회민주노동당은 빈 시정부를 통해 선구적인 복지 정책들을 펼쳤다. 그래서 '붉은 빈'이라는 별칭이 생겼다. '붉은 빈'의 정책들은 어찌 보면 20세기판 스피넘랜드 법이었다. 하지만 빈에서는 대중의 지적 · 도덕적 수준이 추락하기는커녕 "서양 역사에서 가장 대단한 문화적 승리의 장관"(《거대한 전환》 275쪽)이 출현했다.

어떻게 이런 차이가 나타났을까? 폴라니는 빈의 산업노동계급이 "고도로 발달된 조직을 갖추고 있었기" 때문이라고 답한다(276쪽). 빈의 노동자들은 노동조합과 협동조합, 문화클럽, 사회민주당 지역조직 등으로 촘촘히 조직돼 있었다. 100년 전 영국에서는 스피넘랜드 법과 노동조합 억압이 결합된 반면, 빈에서는 공공 복지 제도와 함께 노동 대중의 다양한 결사체들이 발전했다. 덕분에 대중은 보조금에 의존하는 빈민으로 전락하기는커녕 도리어 복지 제도로부터 힘을 얻어 "어떤 산업사회의 인민 대중들도 다다르지 못했던 높은 수준”(276쪽)에 도달했다.

이로부터 우리는 기본소득의 또 다른 필수 전제 조건을 확인하게 된다. 그것은 다양한 자발적 결사체들(associations, 다르게 옮기면, '연합')로 지탱되는 민주주의다. 자본주의 역사상 이런 결사체의 대표적인 형태는 노동조합이지만, 이에 더해 협동조합, 시민단체, 대중정당 등도 있다. 미래에는 또 그에 맞는 새로운 형태의 결사체들이 등장할 것이다. 바로 이런 결사체들과 이들 사이의 네트워크가 사회 내 권력을 분점하고 있어야 한다. 자본, 국가의 기성 권력에 맞서는 대항력을 형성해야 한다.

이럴 경우에만 기본소득은 민주주의 혁명을 부단히 더욱 진전시키려는 대중의 든든한 버팀목이 될 수 있다. 노동조합이 생산 활동에 대한 개입력을 지닐 경우에만 기본소득은 노동시간 단축-자유시간 확대의 지렛대가 될 것이다. 강력한 시민사회가 존재할 경우에만 기본소득 때문에 시민들이 정권의 눈치를 보는 일을 생각할 수 없게 될 것이다.

한국 사회에서는 당장 노동조합 권리 보장이 시급하다. 초기업단위 노동조합의 자유로운 활동, 산업별 단체협상, 파업권 등이 보장돼야 한다. 이 과제는 기본소득 논의와 결코 동떨어진 게 아니다. 기본소득이 이를 대체할 수 있는 것도 아니다. 아니, 이런 권리가 먼저 확립되지 않는다면, 기본소득도 결코 해결책이 되지는 못할 것이다.

해외의 기본소득 논의에서는 위와 같은 내용이 크게 부각되지 않는다. 기본소득 구상의 발상지인 서유럽과 한국의 역사적 차이 때문이다. 서유럽과 한국 모두 신자유주의의 공세를 겪으며 커다란 상처를 입었지만, 서유럽과 한국 사이에는 여전히 역사적 시차가 있다. 서유럽 여러 나라의 복지 제도가 손상됐다고 해도 골격은 남아 있고 노동조합운동이 후퇴했다고 해도 한국보다는 강력하다. 그래서 기본소득을 논하면서 위의 두 전제 조건을 우리만큼 강조할 필요가 없다.

그러나 2016년 우리의 상황은 다르다. 주택, 의료, 교육 등의 탈상품화, 탈시장화와 노동조합 등 결사체들의 발전이 기본소득 도입과 동시에 이뤄져야 한다. 시야가 다음 선거를 넘지 못하는 정치인들이 도깨비방망이처럼 기본소득을 들고나오더라도 진보세력이 이 장단에 놀아날 수는 없다. 기본소득을 신앙하는지 아닌지, 누가 더 '센' 기본소득을 주장하는지가 아니라 '기본소득 있는(혹은 당분간 없을 수도 있는) 사회국가의 혼합경제' 청사진으로 승부해야 한다.

그 종합 처방은 준비되고 있는가? 어떠한 단편적 선동도 포획하여 소화해낼 수 있는 그런 종합 처방을 마련하고 있는가? 이 물음에 자신 있게 답하기 위해서도 진보세력의 기본소득 찬반 토론은 시급히 한 단계 더 성숙해져야만 한다.

2016. 7. 26.

나는 왜 기본소득에서 일자리 보장으로 '전향'했는가

요즘 기본소득이니 안심소득이니 논쟁이 한창이다. 논쟁 주역도 일부 학자나 논객이 아니고 무려 주요 대선 주자들이다. 이쯤 되면 내년 대선에서 누가 당선되든 기본소득이 차기 정부 정책에 어떻게든 영향을 끼칠 게 분명해 보인다.

격세지감을 느낀다. 나는 한국 사회에서 기본소득이 처음 소개되고 논의되기 시작할 때부터 이를 지지하는 입장이었다. 대략 2008년 금융위기 무렵부터는 기본소득이 미래 대안의 필수 요소라고 이야기하고 다녔다. 이 때문에 비판도 꽤 받았다.

그러나 기본소득이 막상 '잘 나가는' 쟁점이 된 지금, 나는 기본소득보다는 다른 정책 대안이 지금 한국 사회에 더 절실히 필요하다고 믿는다. 그것은 흔히 '일자리 보장제'('고용보장제'라 옮길 수도 있다)라 불리는 구상이다. 말하자면 기본소득에서 일자리 보장으로 '전향'한 것이다.

일자리 보장제 역시 최근 활발히 소개되고 있다. 현대통화이론(MMT)을 주창하는 학자들의 저작들(L. 랜덜 레이, 《균형재정론은 틀렸다: 화폐의 비밀과 현대화폐이론》, 홍기빈 옮김, 책담, 2017; 스테파니 켈튼, 《적자의 본질: 재정 적자를 이해하는 새로운 패러다임》, 이가영 옮김, 비즈니스맵, 2021; 전용복, 《나라가 빚을 져야 국민이 산다: 포스트 코로나 사회를 위한 경제학》, 진인진, 2020)에서 이 구상에 대한 상세한 설명을 접할 수 있는데, 정당 가운데에는 정의당이 이를 주장하기 시작했다.

이 글에서 일자리 보장제를 상세히 소개할 수는 없지만, 논의를 위해 몇 가지 핵심 내용만 풀어보면 이렇다. 이 구상의 가장 밑바탕에 깔린 내용은 '완전 고용'을 정부가 당장 반드시 실현해야 할 의무로 규정한다는 것이다. 물론 과거에도 완전 고용은 비록 립 서비스 수준일지라도 주요 정책 목표 가운데 하나로 거론되곤 했다. 그러나 일자리 보장제가 목표로 삼는 완전 고용은 이런 기존 관행과는 차원을 달리 한다.

첫째, 과거에는 '완전 고용'을 말하더라도 이것이 실업이 전혀 없는 상황을 뜻하지는 않았다. '자연실업률' 등의 이름으로 실업의 일정한 존재를 당연시했고 그에 근접하기만 하면 '완전 고용'이라 불렀다. 그러나 일자리 보장제에서는 그렇지 않다. 일자리 보장제에서 완전 고용이란 실제로 비자발적 실업이 0인 상황을 뜻한다. 즉, 자기 뜻에 반한 실업자가 한 사람도 없어야 한다.

둘째, 일자리 보장제에서는 완전 고용이 정부 경제사회정책의 여러 목표 가운데 하나 정도가 아니라 다른 목표들을 규정하는 최고 목표가 된다. 그 위상은 마치 한국은행이 모든 결정의 중심에 놓는 '물가 안정'과 비슷하다 할 수 있다. 일자리 보장제가 실시될 경우 경제사회정책을 집행하는 모든 국가기구(중앙정부든 지방정부든)가 완전 고용을 책임지는 활동에 집중해야 한다.

셋째, 20세기 복지국가에서도 일자리 보장제와 유사한 메커니즘이 작동한 바 있지만, 일자리 보장제는 그 수준조차 넘어설 것을 요구한다. 최전성기에 복지국가들은 불황이 닥치면 주로 사회 서비스 분야를 중심으로 공공부문 일자리를 늘려 완전 고용을 추구했다. 일자리 보장제가 완전 고용을 달성하겠다는 방식도 이와 비슷하다. 그러나 20세기 복지국가에서 이것이 정부-여당의 성향과 의지에 따라 임의로 추진되었다면, 일자리 보장제는 이를 경제사회정책 담당 국가기구의 의무로 못 박자는 것이다.

이런 원칙에 따른 일자리 보장제의 작동 방식은 복잡할 게 없다. 일하길 원하지만 민간 고용시장에서 일자리를 찾지 못한 모든 사람을 국가가 '고용'한다. 과거 복지국가처럼 공공부문 일자리를 만들어 구직자를 채용하는 게 아니라 일단 무조건 국가가 고용한 뒤에 알맞은 일자리를 마련한다. 이때 일자리 보장 프로그램을 통해 국가에 고용된 이들이 받는 급여는 자동으로 현행 법정 최저임금과 같은 역할을 하게 된다. 구직자들이 이 급여 수준에 미치지 못하는 민간 일자리를 놓고 경쟁을 벌일 리 없기 때문이다.

일자리 보장제의 주창자들은 이 구상에 따라 만들어질 새로운 공공 일자리가 대개 광의의 돌봄 활동에서 나오리라 전망한다. 20세기에도 주로 사회 서비스 영역에서 복지국가의 공공부문 일자리가 창출됐지만, 우리 시대에도 지역사회의 돌봄 요구를 더 촘촘하게 충족시키는 노력 속에서 다수의 새로운 일자리가 만들어질 것이다. 또한 인간뿐만 아니라 지구를 돌보는 활동, 즉 기후위기 대응 과정에서도 수많은 새 일자리가 창출될 것이다. 게다가 눈을 돌려 보면, 관료적 행정과 민간 시장을 통해 해결되지 못하거나 사각 지대로 남은 삶의 문제들, 영역들, 가능성들은 부지기수로 많다.

따라서 일자리 보장제의 직접 목표는 완전 고용이지만, 그 효과는 이를 훌쩍 넘어선다. 20세기 중반에 완전 고용에 근접하려던 노력이 복지국가를 더욱 강화한 것처럼, 일자리 보장제는 더 강력한 복지국가인 21세기 '돌봄 국가'를 발전시킨다. 산업 구조 변화나 생태 전환에 따라 발생할 대량 실업을 해결할 뿐만 아니라 돌봄 사회로 나아가는 출발점이 되어주는 것이다. 기본소득이 해결하겠다는 문제의 상당 부분은 일자리 보장을 통해서도 해결될 수 있고, 어쩌면 더 효과적으로 해결될지 모른다.

물론 일자리 보장제도 인간이 고안한 모든 정책의 숙명을 피

할 수는 없다. 즉, 특유의 결점이 있을 수밖에 없다. 기본소득제에도 단점이 있듯이 일자리 보장제에도 그런 대목이 있다. 일자리 보장제의 경우 그것은 관료기구의 한계와 무능에 대한 '정당한' 불신이다. 한마디로, 국가가 급하게 마련하는 일자리가 얼마나 그럴듯한 일자리이겠냐는 의심이다. 외환위기 때 실시된 공공근로 프로그램을 떠올려보면, 불신이 더욱 깊어지지 않을 수 없다.

일자리 보장제 주창자들도 이를 잘 알고 있다. 그래서 이를 보완하는 여러 제안을 내놓는다. 이들 제안을 꿰뚫는 공통점은 재정은 국가가 책임지되 일자리의 기획은 관료기구에 맡겨놔선 안 된다는 것이다. 큰 방향이야 광의의 돌봄 활동이겠지만 구체적으로 어떤 일을 할지는 이런 활동과 관련 있는 다양한 시민 집단이 함께 참여해 기획하고 결정해야 한다. 가령, 재생에너지 발전 설비를 건설하고 관리하는 일자리라면 지방정부뿐만 아니라 지역의 주민 대표와 에너지 협동조합, 노동조합 등이 기획에 함께해야 한다.

더 나아갈 수도 있다. 아예 시민 집단이 먼저 일자리를 기획한 뒤에 사회적 심의 기구의 승인 절차를 거쳐 일자리 보장 프로그램의 일부로 인정받을 수도 있다. 이 경우에 일자리 보장제는 또 다른 정책 대안인 참여소득과 매우 유사해진다. 참여소득이란, 무조건적 기본소득과 달리, 사회적 의의를 인정받은 활동의 수행을 전제로 현금 수당을 지급하는 제도다. 생기 넘치는 시민

사회가 주도권을 발휘하는 일자리 보장제란 어쩌면 참여소득의 다른 이름일 수 있다.

바로 이 대목이다. 내가 기본소득에서 일자리 보장으로 '전향'을 감행한 이유가 여기에 있다. 특유의 결점을 극복한 일자리 보장제, 참여소득과 흡사해진 일자리 보장제는 사회를 활성화하며 또한 이러한 사회가 전제되어야만 작동할 수 있다. 국가, 시장과는 구별되는 (시민)사회를 강력한 실체로 발전시키며, 역으로 이와 함께 해야만 제도 자체가 원활히 지속될 수 있다.

사실 이 '사회'야말로 지금 우리에게 절절히 필요하면서도 가장 참담하게 결핍된 요소다. 기후위기에 대처하는 생태 전환은 국가기구만의 노력으로는 절대 불가능하다. 대기업과 기존 금융기관은 상황을 개선하기보다는 악화하는 데 더 뛰어난 능력을 보인다. 시민 모두가 다양한 자발적 결사체를 통해 거들고 나서야만 전환이 시작될 수 있다. 조직이라는 무기를 갖춘 시민들의 지혜와 열기가 만드는 자기장, 그것에 가장 어울리는 이름이 '(시민)사회'다.

그러나 우리의 현실에서는 이러한 사회가 눈에 잘 띄지 않는다. 본래 자본주의 자체가 '자본주의의 무덤 파는 이'(《공산당 선언》에서 자본주의를 전복할 자본주의 내부의 주체, 즉 노동계급을 지칭한 표현)를 먼저 무덤에 보내려는 경향이 있지만, 신자유주의적 자본주의는 이 점에서 유별나게 탁월했다. 사회 안에서 가장 잘 조직된 집단인 노동조합을 부수거나 우습게 만들었을 뿐만 아니라, 시장 경쟁이 요구하는 능력을 갖추느라 시민들이 자신의 더 바람직한 능력을 발전시키지 못하게 가로막았다. 그러다 돌연 신자유주의의 전성기가 끝나고 전 지구적 생태 위기까지 닥치면서, 이제는 문명 전체가 저 '무덤 파는 이들'의 부재 탓에 시체더미가 되어가고 있다.

일자리 보장제는 이런 상황을 반전시키는 출발점이 될 수 있다. 앞에 소개한 것과 같은 형태의 일자리 보장제는 그 제도적 얼개 안에 사회의 각성과 활성화, 성숙의 요청을 담고 있다. 당장에 지역사회 안의 수많은 동료 시민의 삶이 걸린 대안을 제출하길 요구함으로써, 사회가 가장 빠른 속도로 잠에서 깨어나길 다그친다. 이 점에서 나는 대담한 생태 전환 노력과 함께하는 일자리 보장제야말로 문명 붕괴로 향해가는 우리의 운명을 되돌릴 가장 강력한 반격의 시작이라 믿는다.

지금 곧바로 일자리 보장제가 실시되지 못하더라도 반격의 첫 발걸음은 뗄 수 있다. 중앙정부나 지방정부가 움직이지 않는 상황에서 우선 지역의 뜻있는 노동조합과 주민 결사체들이 앞장설 수 있다. 지역에 필요하고 또한 지역에서 만들어낼 수 있는 일자리들을 조사 · 기획하며 널리 알릴 수 있다. 이것 자체가 지역 시민사회의 역량으로 축적될 것이고, 이런 역량은 일자리 보장제가 실제로 시행될 때 곧바로 이를 지탱하는 사회적 토대가 될 것이다. 대중이 주도하는 사회 변혁은 알지 못할 미래가 아니라 지금 여기에서 시작될 수 있다. 아니, 그래야 한다.

이것이 '전향'의 이유이지만, 실은 나는 전향하지 않았다. 기본소득제를 버리고 일자리 보장제를 택한 게 아니기 때문이다. 나는 여전히 기본소득이 실현된 사회를 바란다. 그러나 '제대로' 실현되어야 한다. 1년에 몇 십 만원 수준의 이른바 '기본소득'이 아니라, 임금 제도를 허물어뜨리는 파괴력을 지닌 '진짜' 기본소득이어야 한다.

아마도 기후위기와 산업 구조 격변을 거치며 퇴보와 붕괴의 운명을 피한 사회는 높은 수준의 기본소득과 노동시간의 대폭 단축· 공유가 함께 실현된 사회일 것이다. 하지만 이런 '잠정적 유토피아'에 도달하기 위해서도 그 시작은 현재와 같은 기본소득 논란일 수 없다. 다음 선거만을 내다보는 정치인들이 주도하는 이런 논란은 제대로 된 기본소득으로 나아가는 가장 먼 우회로를 열 뿐이다. 그 길을 피할 출발점은, 역설적으로, 일자리 보장제와 이를 추진하는 정치-사회운동이다.

2021. 6. 22.

5부

생태 전환 기후위기와

날씨 이야기를 합시다
—기후변화 트릴레마

1968년 세계혁명운동의 여진이 아직 생생하던 1973년, 서독 학생운동을 대표하던 조직 '사회주의독일학생연합(SDS)'은 인상적인 포스터를 제작했다. 온통 붉은 색인 이 포스터에는 가운데 배치된 마르크스, 엥겔스, 레닌 초상 말고는 단지 두 문장이 쓰여 있을 뿐이었다. "모두 날씨 이야기를 한다. 하지만 우리는 아니다."

날씨 말고도 할 이야기가 많다니, 참으로 재기 넘치는 문구다. 그러나 이제는 그렇지도 않다. 기상 관측 이후 처음이라는 40도 안팎 더위가 한 달 넘게 한반도를 달구고 있고, 한반도뿐만 아니라 북반구 전체가 말 그대로 부글부글 끓어오르는 중이다. 기후변화가 과학자들의 예상보다 더 빨리, 더 심각하게 전개되고 있음을 온 인류가 몸으로 느끼고 있다.

그러니 지금은 무엇보다도 '날씨' 이야기를 해야 할 때다. 우리 시대에는 날씨조차 역사적이다. 아니, 날씨야말로 역사이고 사회이며 정치인 시대. 불과 한 세대 전에 서독 극좌파는 날씨 말고 혁명을 이야기하고 싶었겠지만, 이제는 날씨보다 더 절박하게 혁명을 부르는 이야깃거리도 없다.

지구는 오랫동안 기후변화를 거듭했고, 현생 인류만 하더라도 몇 차례 심각한 기후변화를 이겨내며 지금껏 생존해왔다. 그러나 한 세대 만에 기후가 온대에서 아열대로 급변하는 작금의 양상은 분명 인류의 개입이라는 요소 없이 설명할 수 없다. 지난 200여 년간 산업자본주의가 인간 노동력뿐만 아니라 화석연료를 게걸스레 삼키며 방출한 이산화탄소가 기후급변의 원인임은 지구상의 주요 기관 중 오직 미국 트럼프 행정부만 부인하고 있는 과학적 사실이다.

기후변화론이 국제사회에서 공론화된 것은 사실 이미 오래전의 일이다. 브라질 리우데자네이루에 전 세계 거의 모든 나라 대표단이 모여 최초로 지구 온난화 방지 협약을 맺은 게 벌써 26년 전이다. 그런데도 탄소 배출량을 줄여야 한다는 논의는 아직 탁상공론 수준을 벗어나지 못하고 있다. 아니, 미국 트럼프 행정부의 파리 기후협약 탈퇴로 논의조차 후퇴하는 형편이다.

미국 같은 강대국 지배층만 탓할 일이 아니다. 자본주의 중심부가 포진한 북반구 전체가 40도를 넘나드는 더위에 신음하는 지금도 기후변화 억제 노력은 여전히 각 나라 보통 시민들의 관심사 중 앞 순위는 아니다. 아마도 한국 사회가 대표적일 것이다. 선진자본주의 국가 가운데에서도 특히 한국에서는 기후변화 대응이 정치 현안으로 부상하지 못하고 있다. 그저 전기요금 누진제만 뜨거운 쟁점이 될 뿐이다.

왜 그럴까? 무엇보다 우리 시대의 경제 체제와 정치 체제 그리고 기후변화 대응 사이의 어긋남에 주목하지 않을 수 없다. 먼저 우리의 경제 체제란 물론 자본주의다. 이윤 획득과 자본 축적이 경제 활동의 중심을 이루고 다시 그런 경제가 사회를 지배하는 체제, 그래서 처음 태어날 때부터 값싼 화석연료의 대량 사용에 중독된 체제. 한편 우리의 정치 체제란 적어도 형식적으로는 민주주의다. 비록 만족하는 이는 거의 없지만 모든 시민이 주권자로 상정되고 대의제를 통해 이를 구현하려 하는 체제라는 사실을 부정할 길은 없다.

경제 체제와 정치 체제의 내용이 이렇다면, 기후변화 대응의 내용은 어떻게 정리할 수 있을까? 지구 평균 기온을 산업화 이전 수준으로 되돌리자는 것도 기후변화 대응이고, 전기요금을 내려 가정용 에어컨 사용 비용을 줄이자는 것도 기후변화 대응이다. 하지만 이 둘은 누가 봐도 수준 차이가 너무 크다. 아마도 이 두 극단 가운데 어디쯤을 기준으로 잡아야 하지 않을까. 기후변화를 되돌리거나 중단시키지는 못하더라도 인간사회 전체가 이를 견뎌낼 수 있게끔 조절하는 정도가 그런 기준점이 될 수 있을 것이다.

그런데 아무래도 이 자본주의와 민주주의, 기후변화 대응 사이에는 사회과학에 간혹 등장하는 트릴레마가 있는 것 같다. 흔히 말하는 딜레마는 두 가지 선택지를 동시에 선택할 수 없는 상태를 뜻한다. 즉, 양자택일해야만 하는 상황이다. 트릴레마란 두 가지가 아니라 세 가지 선택지를 동시에 선택할 수 없는 상태다. 셋 중 둘을 동시에 선택할 수는 있어도 셋을 다 택할 수는 없다. 즉, 오직 삼자택이만이 가능하다.

우선 한국을 비롯한 자본주의 중심부 대부분은 지금 어떠한가? 자본주의와 민주주의는 존재하되 기후변화 대응은 좀처럼 진지하게 추진되지 못한다. 지금도 대의민주주의는 틀림없이 작동한다. 형식적이든 어쨌든, 권력과 주요 정책의 향배를 결정하는 것은 시민들이다. 지난 두 세기의 탄소 배출 관성을 유지하라고 강요하는 독재자 따위는 없다. 그런데도 기후변화 가속화를 막으려는 전 사회적 결단은 찾아보기 힘들다.

민주주의 자체의 한계 탓일까? 그보다는 자본주의와 결합된 민주주의라는 지점에서 이유를 찾아야 할 것이다. 자본주의 체제의 운영자들은 자본 축적이 계속되는 한 기존 에너지 체제나 탄소 배출 구조를 크게 손보려 하지 않는다. 이윤을 당장 손해 보면서까지 현재의 산업 토대를 바꾸려 하지는 않는다. 그래서 엄청난 환경오염을 일으킴에도 셰일 가스와 셰일 오일을 파내 화석 에너지 시대를 연장하려 하고, 화석 에너지와 마찬가지로 중앙집권적 에너지 체제에 어울리는 핵발전에 집착한다.

민주주의와 자본주의가 결합된 체제에서 시민들은 이런 경제 현실의 틀 안에서 판단하고 선택할 수밖에 없다. 현존 에너지 체제나 산업 구조를 어쩔 수 없는 현실이라 전제한 채 더 더워지거나 추워진 날씨를 견뎌낼 방안을 찾으려 한다. 이런 맥락에서는 전기 난방이나 냉방의 비용을 낮춰서 가장 덥거나 추운 시기를 어떻게든 넘기는 게 합리적인 선택이다. 그리고 어쨌든 민주주의라면 이런 시민들의 목소리를 받아들여야 한다. 에너지 사용량이 더 많아지는 결과로 이어지더라도 전기요금 누진제를 일단 완화해야만 한다.

그러나 이런 식으로만 대응하다 보면 기후변화 대응은 결국 실패할 수밖에 없다. 에너지 체제 혁신 없이 대증 요법만 반복할 경우 에너지 사용량이나 탄소 배출량은 줄기는커녕 더 늘어나기 쉽다. 그 결과 기후변화 속도는 더욱 빨라지게 되고, 이를 견뎌내는 데 필요한 당장의 에너지 사용량 역시 더 늘어날 것이다. 악순환인 것이다. 자본주의와 민주주의의 조합은 이렇게 기후변화 대응에 무력하기만 하다.

이런 상황이 끝없이 계속될 수는 없다. 기후변화가 더욱 진전돼 가령 농업 생산이 심각한 위기에 빠지게 된다면, 인간사회도 더 이상 관성에만 머물 수는 없을 것이다. 뒤늦게라도 기후변화에 맞춰 대대적인 사회 재편에 나서지 않을 수 없을 것이다. 뒤늦게 기후변화에 맞서려면, 그간 늘어날 대로 늘어난 기후변화 피해를 처리해야만 한다. 자본주의 경제 체제에서 이 피해는 자본 축적의 지속을 위협하는 비용 상승 요인으로 나타난다. 자본주의 틀 안에서 이에 대한 합리적 대응은 기후변화로 인한 손실을 자본이 부담해야 할 비용 목록에서 삭제하는 것이다. 대신 피해를 입은 개별 시민이 안고 가야 할 문제로 치부하면 된다.

그러나 이런 선택은 정치 체제, 즉 민주주의 쪽에 심각한 긴장을 낳을 수밖에 없다. 기후변화 피해는 계급 피라미드의 밑바닥에 있는 이들에게 집중될 것이다. 일국 자본주의 안에서는 저소득층에게, 지구자본주의 전체에서는 주변부 민중에게 몰릴 것이다. 이런 상태가 마냥 계속되다 보면, 당연히 불만의 목소리가 터져 나올 수밖에 없고 자칫하면 체제 전체가 흔들릴 수 있다. 자본주의와 결합된 민주주의가 이런 위협에 대응하는 통상적인 방식은 불만의 목소리를 체계적으로 배제하는 것이다. 즉, 민주주의가 끌어안는 '시민'의 범주를 좁히는 것이다.

그 불길한 조짐은 이미 전기요금 누진제 논란에서 얼핏 드러났다. 이 논란에서 가시화된 사회적 주체는 그나마 에어컨이라도 있는 시민들이었다. 에어컨조차 갖출 여력이 없는 시민들은 이 논란에서 끝내 '투명인간'으로 남았다. 이들은 기후변화 현실 앞에서 민주주의에 초대받지 못한 시민, 즉 시민 아닌 존재가 되고 말았다.

기후변화가 점차 파국으로 치닫는 상황에서는 이런 민주주의의 자기기만이 결국은 민주주의를 민주주의 아닌 다른 무엇으로 전락시키고 말 위험이 높다. 민주주의가 스스로 비상계엄체제로 전환하는 것이다. 이러한 비상계엄체제는 위기에 맞서 '시민'을 지켜야 한다면서 시민에 미치지 못하는 존재들을 배제하는 것에 그치지 않고 실은 남은 '시민'들의 권리마저 제한할 것이다. 이것은 20세기의 모든 독재 체제에서 예외 없이 확인된 진실이다. 소수인종이나 노동계급, '공산주의 세력'이나 외국인을 적으로 지목하고 탄압하며 시작된 독재 체제는 자기 지지 세력인 부유층이나 중간계급이라고 하여 '자유'를 허용하지는 않는다. 일단 사회의 일부가 배제와 박멸의 대상이 되고 나면 사회 전체가 전체주의적 압제의 포로가 되는 것은 시간 문제다.

즉, 자본주의-기후변화 대응 조합이 성립하는 경우, 민주주의는 희생되어야 한다. 과거에도 위기 상황에서 이런 전례가 있었다. 독일 바이마르 공화국은 대공황의 여파 속에 '민주적 절차를 통해' 나치 체제로 전환했다. 대공황을 앞두고 선택이 이러했다면, 그보다 더 가공할 규모일 기후격변 앞에서는 과연 어떠할까.

자본주의, 민주주의, 기후변화 대응 가운데 우리에게 점점 더 절실해지는 것은 기후변화 대응이고, 끝내 포기할 수 없는 것은 민주주의다. 그러나 위에서 살펴봤듯, 자본주의와 민주주의의 조합은 기후변화 대응에 무력하고, 자본주의 틀 안에서 기후변화에 대응하려 하면 민주주의가 위험에 빠진다. 그렇다면 남은 선택지, 즉 민주주의와 기후변화 대응의 조합을 성사시키려면 어떤 조건이 필요한지는 적어도 논리상으로는 명확하다. 그것은 인간 사회가 자본주의로부터 자유로워져야 한다는 조건이다.

그러나 이것도 말처럼 속 시원한 이야기만은 아니다. 기후변화에 제대로 대응하려면 현존 자본주의도 아니고 20세기식 국가사회주의도 아닌 어떤 체제가 필요하다는 주장은 듣는 이에게 혁명의 의욕보다는 기후변화 대응은 불가능하겠다는 좌절만 불러일으킬 가능성이 높기 때문이다. 불굴의 혁명가가 아닌 한, 대대적 사회 변화와 거대한 기후변화의 속도 경쟁에서 인류가 패배할 결말만 남았다는 비관에 빠지기 쉽지 않을까.

하지만 꼭 그렇게만 해석할 일은 아닐 것이다. 민주주의와 기후변화 대응의 조합을 위해 당장 필요한 것은 자본주의를 넘어선 완성된 '체제'가 아니라 자본주의의 경계를 넘나드는 새로운 '시도'들이기 때문이다. 그런 시도들은 예컨대 재생에너지가 중심을 이루고 낭비를 최소화하는 에너지 체제를 구축하려는 공공(중앙정부, 지방자치단체 등)의 민주적 개입이고, 단순한 시장 행동이나 결정을 넘어서는 생태 전환 계획의 수립과 실행이다. 또는 이윤이 아니라 후세대의 생존이나 사회 재생을 목표로 삼은 기업(공기업이든 협동조합이든) 경영의 실험도 생각해볼 수 있다.

일단 이런 시도들이 시작되고 나면, 민주주의는 기후변화에 대응하는 최적의 정치 체제임을 증명할 것이다. 가짜 뉴스와 반지성적 논거가 창궐하는 것도 민주주의이지만, 실물로 제시되는 대안의 폭이 넓어질수록 최상의 지적·도덕적 결정에 근접해 가는 것도 민주주의이기 때문이다. 기존 경제 체제의 제약에 갇히지 않은 새로운 에너지 사용 시도나 저탄소 경제 실험들이 가시화되면, 민주주의는 결코 전기요금 논란에만 머물지 않을 것이다. 뼈와 살을 갖춘 대안이 시민들의 생각을 바꾸고, 다시 그런 생각의 변화가 더 풍부한 대안을 낳는 선순환이 작동할 것이다.

그래서 나는 아직은 멸망보다는 반전反轉 쪽에 판돈을 걸고 싶다. 21세기 내내 지구 생태계 변화와 인간사회 사이에 피 말리는 경주가 계속되겠지만, 불평등하고 불합리한 경제 체제를 위해 나머지 모두를 희생시키기보다는 인류가 이룬 그나마 나은 것들(민주주의도 여기에 속한다)을 포기하지 않으며 다음 세기를 맞이할 것이라고 전망하고 싶다. 어쨌든 저 험난했던 20세기도 최악의 결과(식민 지배의 지속, 나치의 승리, 핵전쟁 등)는 피한 채로 끝맺지 않았던가.

이 글을 쓰는 지금도 나는 더위에 신음하고 있다. 그러나 가을이 다가오고 있음을 알기에, 더구나 저 푸른 하늘이 그 소식을 가득 품은 듯해 견딜 만하다. 아니, 설레기까지 한다.

기후변화를 마주한 21세기 인류도 마찬가지일 것이다. 우리는 끝내 살아남아 문명의 가을을 맞이해야 한다.

2018. 8. 13.

어쩌면 전쟁을 닮은 그린뉴딜

작년 가을에 시작돼 해를 넘긴 지금까지도 꺼질 줄 모르는 오스트레일리아 산불은 묵시록의 한 장면을 연상시킨다. "첫째 천사가 나팔을 불었습니다. 그러자…땅의 삼분의 일이 타고, 나무의 삼분의 일이 탔으며, 푸른 풀이 모두 타 버렸습니다."(〈요한묵시록〉 8장 7절, 《공동번역 성서》) 그리고 그 나무, 풀과 더불어 그곳에서 살던 동물들도 죽어간다. 또한 겨우 목숨만 구한 인간들 역시 속절없이 떠돈다.

남반구에 여름이 오면, 오스트레일리아에서는 산불이 잦았다고 한다. 날은 더운데 건조해 산불 나기 딱 좋은 날씨라는 것이다. 그러나 이번처럼 대륙 전체를 덮으며 끝없이 불길을 이어간 적은 일찍이 없었다. 전문가들이 여러 원인을 짚지만, 누구도 근본 원인이 기후변화임을 부정하지는 못한다. 화석 자본주의의 온실기체 대량 배출로 시작된 지구 평균 기온 급상승이 묵시록이 전하는 "천사의 나팔 소리"였던 셈이다.

그러나 이것은 단지 "첫째" 굉음일 뿐이다. 묵시록에 따르면,

나팔 소리는 아직 여섯 차례나 남아 있다. 과학자들도 비슷한 분석을 내놓는다. 이번 산불로 최소 4억 톤의 이산화탄소가 배출됐다. 작년 세계 탄소 배출량의 1%에 해당하는 규모이며, 오스트레일리아의 연간 배출량에 맞먹는다. 이렇게 예기치 않게 늘어난 이산화탄소는 기온 상승을 더욱 부추길 것이다. 과학자들이 가장 우려하는 '피드백 효과'다. 이런 일이 빈발한다면, 2050년까지(2018년에 제출된 IPCC 1.5도 특별보고서에 나오는 내용으로, 그 후에 나온 6차 보고서는 이 시점을 2040년으로 명시하고 있다) 기온 상승을 1.5도 이내로 묶는다는 목표는 일찌감치 수포로 돌아갈 것이다.

이것이 우리에게 다가온 2020년대의 첫 번째 얼굴이다. 이것은 '기후위기'라는 말로도 충분히 형용할 수 없는 파국의 형상이다. 이제껏 기후'변화'라고 태평히 지칭되다가 1, 2년 전부터 기후'위기'라 불리기 시작하더니 이제는 기후'재앙'이라 해도 다들 이상하다거나 과장이라 느끼지 않는다. 그렇다. 지금 75억 인류는 대재앙의 시간 속으로 진입하고 있다.

아직도 한국 사회에서는 이런 이야기를 하면 세상 물정 모르는 이상주의자 취급을 당하기 십상이다. 이미 전에 없던 더위와 추위를 겪은 데다 쉴 새 없이 이어지는 가을 태풍에 시달린 나라

인데도 그렇다. 총선을 몇 달 앞둔 한국 정치권에서는 기후위기를 진지하게 다루는 모습을 보기 힘들다. 기후위기 이슈는 여전히 '외신' 면 소재에 머물고 있다. 우리는 지구 대기 바깥에 사는 외계인들이란 말인가?

어쩌면 한국 사회에서 가장 진지하고 연대 의식이 넘치는 이들조차 손사래를 칠지 모른다. 삼성의 노동조합 탄압에 맞서 고공농성을 벌이는 노동자를 응원하는 집회에서, 현 정부가 임명한 공기업 사장의 노동 탄압에 맞서 지금껏 투쟁하는 톨게이트 비정규직 노동자들 사이에서 혹은 날마다 전해오는 빈곤층 가족의 동반 자살 소식에 가슴 아파하는 이들 곁에서 기후위기를 강조하면, 마치 응급처치 현장에서 양생법을 설파하는 것처럼 황당해 보일지 모른다. 더 급한 일들 천지인데, 고담준론이나 읊는다는 핀잔을 듣기 쉽다.

실은 한국만 이런 것도 아니다. 어느 나라든 좌파는 기후변화와 사회 불평등 사이에서 딜레마를 느끼곤 한다. 둘 다 자본주의가 근본 원인이지만, 선거에서 공약을 내거나 정부에서 정책을 논의할 때는 어쨌든 어느 쪽을 먼저 다룰지, 어느 쪽에 더 많은 자원을 투입할지, 선택의 순간에 부딪히곤 한다. 이럴 때마다 선택하는 대상은 확실히 '기후변화' 쪽은 아니다. 좌파정당의 명망가든 노동조합원이나 분노한 시위대든 이 점에서는 크게 다르지 않다.

게다가 작년에는 프랑스에서 노란 조끼 시위까지 있었다.

물론 부유세 인하 같은 다른 요인과 함께 봐야 하기는 하지만, 어쨌든 이 시위의 직접적 원인은 기후변화 대응을 빌미로 한 유류세 인상이었다. 이 조치에 누구보다도 중소도시의 소외된 계층이 격분해 거리로 쏟아져 나왔다. 이는 착취와 수탈, 불평등과 배제가 더욱더 증대하는 사회에서 기후재앙에 대응하기 쉽지 않음을 극명히 보여주는 사례일 것이다.

이런 상황인데도 경제학자 조지프 스티글리츠는 작년 말 한 유럽 매체와 진행한 대담에서 기후위기에 대응하려면 "전시 동원 상태"가 필요하다고 말했다(www.euronews.com. 2019. 11. 18). 전시 총동원 방식으로 경제를 운영해야만 기온 상승 속도를 늦출 정도로 탄소 배출량을 줄일 수 있다는 것이다.

미국 경제학자가 "전시"라 말할 때 염두에 둘 만한 전쟁은 십중팔구 제2차 세계대전이다. 이때 미국은 유럽과 태평양, 두 전선에서 싸우면서 국가 역량을 총동원해 연합군 진영의 병기창 역할을 했다. 역사가들은 이 시기에 미국이 매년 GDP의 1/3을 전쟁 수행에 쏟아부었다고 평가한다. 작년 미국의 명목 GDP는 대략 21조 달러였다. 그 중의 1/3이면 7조 달러, 우리 돈으로 8,100조 원이 넘는다.

이를 그대로 한국 상황에 대입해보자. 한국의 연간 GDP의 1/3이라면, 625조 원 가량이 된다. 현재의 대한민국 재정 규모(2018년 총수입 447조 원)보다 더 큰 액수다. 너무 커서 도무지 가늠이 되지 않는다. 이만큼을 기후위기 대응에 쏟아부어야 한다면, 다른 급한 일들, 그러니까 불평등을 해소하기 위해 필요한 고용 증가나 복지 확대 같은 과제들은 어찌한다는 말인가? 이 모두를 희생한 채 기후 문제에만 매달려야만 한다는 이야기인가?

스티글리츠라면, 누구보다 불평등 위기의 심각성을 강조하는 학자로 알려져 있다. 그런 스티글리츠가 기후위기 대응을 이야기하면서 우리 현실의 다른 중요한 문제를 지나치게 경시하는 것은 아닌가?—이런 의문이 들 만도 하다.

그러나 이 대목에서 우리는 발상을 전환해야 한다. 일종의 "전시 동원 상태"를 통해서만 기후재앙에 맞설 수 있다는 말은 난마처럼 얽힌 21세기의 사회 문제들이 더욱 궁지에 빠져야 한다는 뜻이 아니다. 오히려 반대다. 불평등 위기와 같은 심각한 문제들이 해결될 기회가 열릴 수 있음을 의미한다. 왜 그럴까?

20세기 전반은 공황과 전쟁, 학살로 점철된 어두운 시대이기도 했지만, 냉정히 뜯어보면 인류사에서 전례가 없는 진보의 시대이기도 했다. 다른 무엇보다 인간사회의 불평등 문제가 크게 개선됐다는 점에서 그랬다. 1910년대 말에서 1920년대로 넘어가는 시점에 유럽 여러 나라에서는 보통선거제도가 실현됐다. 모든 시민의 정치적 평등이 보장된 것이다. 다시, 1940년대 말에서 1950년대에 이르는 시기에는 자본주의 중심부에서 복지국가의 토대가 구축됐다. 정치적 평등을 넘어 사회적 평등을 향해 한 발을 내디딘 것이다.

이 두 시기에는 공통점이 있다. 바로 세계 전쟁 직후라는 것이다. 제1차 세계대전이 끝나고 나자 그간 정치 참여에서 배제됐던 노동계급과 여성에게 참정권이 부여됐다. 또한 제2차 세계대전을 거치고 나자 역사상 처음으로 완전 고용과 보편 복지가 민주주의 국가의 의무가 됐다. 세계 전쟁과 이런 대대적인 개혁 사이에는 분명 상관관계가 있었다.

이런 상관관계의 중심에는 총력전이라는 새로운 현실이 있었다. 물론 그전에도 자본주의 아래에서 전쟁은 많이 있었다. 아니, 자본주의 자체가 늘 크고 작은 전쟁과 함께했다. 그러나 이전의 전쟁은 국내 사회 개혁과는 별 상관이 없었다. 오히려 국내 사회 개혁을 방해하는 역할을 했다.

반면, 20세기의 두 차례 세계 전쟁은 양상이 달랐다. 총력전이었기 때문이다. 즉, 참전국이면 어느 나라든 국가 역량을 총동원해야만 했다. 성인 남성을 최대한 징집해야 했고, 전방에서는 높고 낮은 여러 사회계급이 함께 부대끼며 적군과 싸웠다. 남성들이 징집돼 생긴 생산의 구멍은 여성들이 채웠고, 전쟁 수행 필요성 앞에서 여성의 역할을 둘러싼 온갖 낡아빠진 사회 제약, 사회 통념은 삽시간에 힘을 잃었다. 군수 생산이 급한 정부는 그간 탄압만 해온 노동조합에 손을 내밀었고, 당연지사라는 듯 천문학적 국채가 발행되고 계획 경제 체제가 들어섰다.

이런 변화를 다년간 몸소 겪은 대중에게 정치적 평등의 인정이나 복지국가 수립은 너무도 당연한 최소한의 성과였다. 전쟁이 일어나기 전에는 죽을 때까지 실현되는 꼴을 보지 못할 것 같던 엄청난 목표들이었는데, 총력전 형태의 세계 전쟁을 겪고 난 뒤에는 그렇지 않았다. 일상 시기에는 좀처럼 일어날 것 같지 않았던 제도의 변화, 사회적 역관계의 변화, 사람들 마음의 변화가 동시다발적으로 일어났다. 슬픈 진실이지만, 지난 세기의 가장 위대한 진보는 이처럼 두 차례의 총력전을 거치며 실현됐다.

전쟁을 예찬하자는 게 아니다. 불평등의 해소 같은 대대적인 개혁은 결코 '일상' 시기에는 이뤄질 수 없다는 역사의 가르침을 확인하는 것뿐이다. 자본주의 구조가 평화롭게 작동하는 일상 시기에는 개혁은, 그 말에 값할 정도로 대대적이고 실질적인 개혁은 불가능하다. 적어도, 아주 어렵다. 이런 시기에는 오히려 불평등 구조가 확대 재생산되기 쉽다. 이것이 제2차 세계대전 종전 이후 70여 년간 세상의 전반적이고 장기적인 경향이었다.

몫 없는 자들이 사회의 중심에 진입하는 식의 변화는 지극히 비일상적인 시기에 이뤄진다. 큰 변화는 커다란 격동이 이미 시작된 사회에서 시작되는 법이다. 그럴 때만 중간계급은 현상 유지보다 변화 쪽에 함께하길 선택한다. 그럴 때만 지배계급은 기존 지배 방식이 더는 통할 수 없음을 스스로 받아들인다. 그리고 무엇보다 그럴 때만 몫 없는 자들의 도전이 '일상'이 된다.

슬프게도 20세기의 인류는 오직 전쟁, 그것도 세계 전쟁을 통해서만 이런 비일상성의 시간에 진입할 수 있었다. 물론 이는 더는 반복되어선 안 될 비극적인 상황일 뿐만 아니라 이제는 핵무기의 존재 때문에 반복될 가능성도 그리 높지 않다.

그러나 세계 전쟁의 가능성이 닫힌 이 세계에서 지금 우리는 또 다른 형태로 비일상성의 시간에 진입해야 한다는 요청을 마주하고 있다. 스티글리츠 같은 이들이 "전시 동원 상태"에 준하는 대응이 필요하다고 말하는 기후위기가 그것이다. 이번에는 강대국과 강대국이 서로를 죽이려는 전쟁이 아니라 인류 전체가 함께 살기 위해 문명을 혁신하려는, 전에 없던 인류 공동의 시도다. '전쟁'은 이것과 가장 거리가 먼 경험이겠지만, 이제까지 인류의 경험 속에서 이와 비슷한 어떤 상태를 환기시킬 수 있는 말은 역설적으로 '전시 상태'뿐이다.

기후위기에 맞서는 전혀 새로운 '전시 상태'에서 인류 역사상 최대로 심화된 불평등이 어떤 식으로 흔들리고 뒤집힐지에 관해서는 더 많은 분석과 설명이 필요할 것이다. 예외 상황에서 각 나라의 재정 규모와 그 지출 구조가 어떻게 변화해야만 하는지 검토해야 한다. 일자리의 대대적인 변동 속에서 20세기의 완전 고용-보편 복지와 그 형태는 다르면서도 내용은 근접한 상태에 도달하기 위해 시장 주도 자본주의를 어떻게 뜯어고쳐야 하는지 따져봐야 한다. '전시 동원'이 전체주의나 권위주의가 아니라 사회적 민주주의(미국의 뉴딜이나 영국의 보수당-노동당 거국내각을 훨씬 넘어설)와 결합하려면 어떤 노력이 필요한지 머리를 맞대야 할 것이다.

하지만 '전시 상태'라는 말이 환기시키는 비일상성의 가능성이 이런 논의와 실천의 의지와 상상력을 촉발하는 것만큼은 분명하다. 그렇기에 기후위기 대응이 요청되는 상황은 단지 위기일 뿐만 아니라 크나큰 기회이기도 하다. 지구 어느 곳에서나 세습 자본주의라는 말기적 단계에 접어든 이 자본주의 질서를 반전시킬 기회 말이다.

그러나 기후위기는 전쟁과는 엄연히 다르다. 적국의 공격을 못 알아챌 이는 없겠지만, 지구의 신음은 지나쳐 버리기 쉽다. 많은 이들이 오스트레일리아 산불이나 일본의 태풍을 남 일 취급하고, 우리가 겪은 이상 기온조차 시간이 지나면 잊곤 한다. 우리들 사이에, 지구의 신음을 '해석'해주는 목소리가 있어야 하는 이유다. 우리가 이미 비일상적 시간에 진입했음을, 다만 일상의 질긴 관성 때문에 이를 애써 부정하고 있음을 깨닫게 하는 목소리가 필요하다.

지금 미국 대선에서는 버니 샌더스 상원의원이 이런 역할을 하고 있다. 샌더스 상원의원이 외치는 '그린뉴딜'은 단순히 환경 분야 정책이 아니다. 기후위기 대책과 일자리 정책의 결합만도 아니다. 기후위기에 맞서는 가운데 미국 자본주의 자체를 바꾸어야 한다는 외침이다. 그런 샌더스 의원이 미국 대통령에 당선된다면, 적어도 민주당 대통령 후보로 선출되기만이라도 한다면, 2020년대가 스티글리츠가 말하는 "전시 동원 상태", 그러니까 위대한 전환의 시대에 가까워질 가능성은 결정적으로 높아질 것이다.

그러나 바깥에서 이러한 메시아적 계기를 기다리기 전에 해방의 몸짓은 지금 여기에서부터 시작되어야 한다. 다가올 총선에서 이런 목소리가 울려 퍼져야 한다. 이제 생태 전환은 단순한 한 분야의 정책이 아니라 모든 진보적 정책의 대전제이며 세습자본주의 타파의 출발점이라는 목소리가 있어야 한다. 매번 선거 때마다 반복되는 원론이 아니라 2030년까지 10년 동안 시급히 실현해야 할 계획으로서 생태 전환과 한국 사회 양대 불평등(부동산과 교육)의 구조 개혁을 주창하는 목소리가 있어야 한다.

시간이 별로 없다, "다음 번 나팔 소리"가 울리기 전까지. 그렇기에 지금이야말로, 그때다.

2020. 1. 21.

그린뉴딜에 빠진 한 단어,
‘계획’

그린뉴딜은 이제 세계인의 유행어가 됐다. 특히 코로나19 대유행을 겪으며 더욱 대세가 되고 있다. 대유행이 수그러들면 어느 나라든 대대적인 경기 부양에 나서야 할 텐데, 기후위기에 대응하는 대규모 투자가 그 첫째 출구로 주목받고 있다. 심지어는 평소에 기후위기에 관심 없던 경제학자들마저 그린뉴딜밖에 답이 없다는 전망을 쏟아내고 있다.

이런 상황에서 오히려 생태 전환을 선구적으로 외쳐온 이들은 리버럴 세력이 받아들인 그린뉴딜 비전에서 더 나아가야 한다고 주장한다. 주류 정당이나 언론이 정작 그린뉴딜에서 가장 중요한 내용인 탄소 배출 절감 목표를 후퇴시켜 한갓 신산업 육성 정책으로 만들고 있다는 비판이다.

스웨덴 생태 사회주의자 안드레아스 말름Andreas Malm도 그 중 한 사람이다. 2016년에 발표한 저작 《화석 자본*Fossil Capital*》(국내 미출간)에서 말름은 자본주의가 계급투쟁의 논리 때문에 화석 연료를 남용할 수밖에 없었고, 따라서 ‘화석 자본주의’의 극복 없이는 기후위기에 대처할 수 없다고 주장했다.

그런데 최근 말름이 미국의 급진좌파 저널 〈자코뱅〉과 가진 대담 내용이 흥미롭다(「To Halt Climate Change, We Need an Ecological Leninism」, *Jacobin*, 2020. 6. 15). 새 저서 《코로나, 기후, 장기비상사태: 21세기 생태 사회주의론》(우석영 · 장석준 옮김, 마농지, 2021) 출간을 앞둔 대담인데, 여기에서 말름은 2050년까지 탄소 배출 제로를 달성하려면 그린뉴딜 정도가 아니라 '생태적 전시공산주의'라 할 처방이 필요하다고 역설한다.

'전시공산주의'는 1917년 10월 혁명 이후 러시아가 내전에 휩싸이자 볼셰비키 정부가 취한 전시 경제 체제를 일컫는 말이다. 이름에 드러나듯, 이 체제에서는 자본주의 국가가 총력전 와중에 택한 통제 경제보다 훨씬 더 강력하게 국가가 경제 전반을 지휘했다. 그렇다고 말름이 이 역사적 경험을 이상화하는 것은 아니다. 또한 혁명 러시아에서 실제 그랬던 것처럼 국가권력이 비대해질 가능성을 경계하지 않는 것도 아니다. 그러나 말름에 따르면, 이 모든 위험에도 불구하고 기후위기가 문명의 절멸로 이어지지 않도록 막을 방책은 이 정도 특단의 대책뿐이다.

말름이 제시하는 신조어들, 가령 '생태적 전시공산주의'나 '생태적 레닌주의' 등이 지나치게 생경하게 느껴질지 모른다. 그

러나 최근의 그린뉴딜 논의 지형에 말름 같은 이들이 던지는 비판에는 우리가 진지하게 귀를 기울여야 할 구석이 있다. 이들은 리버럴 세력이 받아들인 그린뉴딜이 몇 가지 중요한 한계 지점을 넘어서지 못하고 있으며, 이 때문에 생태 전환이 지체되고 있다고 지적한다. 그런 한계 지점 가운데에서도 말름 같은 비판가들이 정면 조준하는 것은 '계획'이라는 사안이다.

우리 사회만 해도 그렇다. 지난 총선에서 더불어민주당은 '탄소제로사회 그린뉴딜을 위한 약속'이라는 이름으로 그린뉴딜을 약속했다. 2050년까지 탄소 배출 제로 목표를 달성하겠다는 선언이었다. 그러나 어떤 경로를 거쳐 이 목표에 이르겠다는 구체적인 방안은 이 선언에 빠져 있었다. 총선 이후 정부가 내놓은 '한국판 뉴딜' 속의 '그린뉴딜' 항목 역시 마찬가지 모양새다. 문재인 대통령이 처음 제시한 '한국판 뉴딜'은 50만 개 일자리를 창출하겠다는 원대한 목표를 내세웠지만, 그 안에는 '녹색'이라 할 만한 내용은 없었다. 비판이 일자 대통령이 나서서 관계 부처에 그린뉴딜 관련 보고서를 준비시켰고, 그래서 한국판 뉴딜의 최종 내용에는 '그린뉴딜'이 포함됐다. 그러나 애초 출발 자체가 코로나19 위기 대책 마련이어서 그랬는지 경기부양책 목록에 '녹색' 항목 하나를 덧붙인 수준을 벗어나지 못했다.

한계를 따지고 들면, 사실 한두 가지가 아니다. 그린뉴딜을 하겠다면서 석탄 발전소를 더 짓겠다고 고집하는 것도 우습고, 기후위기와 코로나19 사태가 모두 항공업의 쇠퇴를 가리키는 상황에서 제주도에 제2공항을 건설하겠다는 것 역시 황당하다. '녹색'을 이야기한다면 마땅히 전제해야 할 기본 철학이 현 정부에 부재함을 확인할 수 있고, 그런 면에서 이 정부는 '녹색 성장'을 말하던 이명박 정부와 별다른 질적 차이가 없다.

또 하나 지적해야 할 것은 '계획'에 대한 무지와 무시다. 물론 이것은 한국 정부만의 문제는 아니고, 현재 전 세계가 처한 공통 상황이다. 지난 수십 년간 기후위기와 관련해 인류가 뼈아프게 확인한 한가지 진실은 이것이다—탄소 배출 절감을 시장의 사익 추구자들에게 맡겨둬서는 결코 실현될 수 없다는 것. 1990년대부터 여러 차례 전 세계 정상이 모인 거창한 회의들이 열렸지만, 지구 평균 기온은 더 빠른 속도로 상승하기만 했다. 회의 때마다 채택한 고상한 보고서 어디에도 탄소 배출을 줄이려는 시장 '밖' 힘의 '강제' 적용이 명시되지 않았기 때문이다.

현 정부 역시 이와 같은 전 세계적 관성에서 벗어나지 못하고 있다. 그러니 2050년까지 탄소 배출 제로를 달성해야 한다는 '기후변화에 관한 정부간 협의체(IPCC)'의 목표에 맞출 길을 찾아내기 어렵다. 반면, 기후위기 대응을 촉구하는 사회운동들의 결집체인 '기후위기 비상행동'이나 정의당, 녹색당 등은 IPCC 목표를 달성하기 위해 에너지 체제 전환과 친환경 대중교통 구축 등을 위한 대규모 재정 투자가 필요할 뿐만 아니라 탄소예산제를 실시해야 하고 정부 안에 기후에너지부를 신설해야 한다고 주장한다. 이들이 정부-여당과 뚜렷이 구별되는 점은 무엇인가? 탄소 배출 절감을 시장에 맡길 수 없으며 국가와 시민사회가 강력히 개입해야 한다고 역설한다는 점이다. 시장에 대비되는 고전적인 개념으로 정리한다면, '계획'의 강조다.

그린뉴딜이란 다름 아니라 녹색 '계획'이다. 탄소 배출 제로라는, 시장 합리성을 넘어서는 목표를 달성하기 위해 사회가 시장보다 우위에 서서 시장을 통제한다는 것이다. 그린뉴딜에서 이 본령, 즉 '계획'을 빼면, 거기에는 '녹색' 자본에 대한 공적 자금 지원이라는 허울만이 남게 된다. '계획'이라는 문제의식이 억압된 그린뉴딜이란 이명박 정부식 녹색 성장의 영원 회귀일 뿐이다.

그런데 '계획'이라는 말만 들어도 치를 떠는 이들이 많다. 현실사회주의 국가들이 실시한 중앙집권형 계획경제에 대한 부정적인 기억 탓이다. '계획'을 일상용어로 쓰기 꺼리는 경향이 있는 까닭이다. 하지만 사익 추구자들이 아닌 사회가, 시장이 아닌 다른 제도들을 통로로, 경쟁과 이윤 획득이 아닌 협동과 공생을 기준 삼아 경제적 결정을 내리는 일련의 행동에 '계획' 말고 다른 어떤 이름을 붙일 수 있을까. 민주적이라거나 분권적이라는 수식어를 달더라도 '계획'이라는 말로 돌아오는 이유가 여기에 있다.

다만 그렇더라도 분명한 점이 있다. 생태 전환 과정에 적용돼야 할 '계획'은 생래적으로 20세기 현실사회주의 국가들의 중앙집권형 계획경제 경험과는 전혀 다른 내용이어야 한다는 사실이다. 당장 떠오르는 것만도 세 가지 원칙이 있다.

첫째, 과거의 계획은 시장을 대체하려 했지만, 녹색 계획은 시장과 공존하며 융합한다.

20세기 국가사회주의 체제들은 특히 1930년대 소련의 공업화 이후 계획과 시장을 대립시키면서 계획이 시장을 쉽게 대체할 수 있다고 여겼다. 그러나 혁명 러시아의 경제 운영 경험에서도 드러났듯, 계획은 시장을 통해 정확한 정보를 제공받지 못하면 오히려 작동하기 힘들다. 더구나 녹색 계획의 목표는 시장 메커니즘을 폐지하는 것이 아니라 이를 탄소 배출 감소라는 목표 아래 강력히 규율함으로써 그 구성 요소들을 재편하는 것이다. 시장의 대립어이기만 한 계획이 아닌 것이다.

둘째, 과거의 계획은 경제의 외연적 확대를 추구했지만, 녹색 계획은 내포적 재편을 추구한다.

20세기 국가사회주의 체제가 자본주의의 정반대에 있었던 것처럼 여기기 쉽지만, 사실 둘은 의외로 비슷한 지평에 서 있었다. 자본주의가 끊임없는 양적 성장을 통해 내적 모순을 무마한 것처럼, 현실사회주의권의 중앙집권형 계획경제 역시 국민경제의 부단한 양적 성장을 추구했다. 물론 우리에게 익숙한 박정희 정부의 경제개발 5개년 계획도 같은 시대정신에 바탕을 두었다. 그러나 녹색 계획의 목표는 정반대다. 외연적 확대의 반대편에서 경제 활동의 새로운 출구를 열려 한다. 외연적 확대의 반대말은 내포적 재편일 것이다. 이런 방향의 경제적 결정과 행위란 인류사에서 처음 감행하는 시도다.

셋째, 과거의 계획은 국가 관료기구가 주도했지만, 녹색 계획에서는 다양한 시민사회 집단들이 중요한 역할을 맡는다.

계획은 어떤 식으로든 '강한 국가'를 필요로 한다. 강제력 없이 사익 추구자들이 탄소 배출 목표를 따르게 할 수는 없으며, 그러한 강제력은 어쩔 수 없이 국가기구를 거쳐 행사될 것이다. 그러나 20세기의 중앙집권형 계획경제와는 달리 이번에는 '강한 국가'뿐만 아니라 '강한 시민사회'도 이 과정에 함께하지 않을 수 없다. 경제의 외연적 확대는 국가 지령을 중심으로 충분히 실행될 수 있지만, 내포적 재편은 그렇지 않기 때문이다. 시민사회의 여러 집단들이 참여해 정보를 나누고 합의에 도달하지 않으면 안 된다. 재생에너지를 중심으로 지역분산형 에너지 체제를 구축하는 과정에서 이런 아래로부터의 계획의 골격이 명확히 드러날 것이다.

요점은 이것이다. 그린뉴딜은 기존의 경제적 관성에 '녹색'이라는 꼬리표 하나만 더하면 실현될 수 있는 게 아니다. 전에 없던 경제 행위 양식이 탄생하고 확산될 때에만 그린뉴딜은 그 실제 목표를 달성할 수 있다.

새로운 경제 행위 양식은 최근까지 우리를 지배해온 시장지상주의도 아닐뿐더러 과거에 그 대안이라 생각했던 특정한 계획 형태도 아니다. 다양한 사회적 주체들의 민주적 숙의와 합의에 바탕을 둔 비시장적-사회적 결정 과정, 즉 전혀 다른 맥락의 '계획'이어야 한다.

어쩌면 신자유주의의 절정기가 지나고서도 새 세상이 열리지 않고 있는 것도 우리가 감히 이런 새로운 행위 양식을 만드는 길로 나아가지 못하고 있기 때문일 것이다. 더 지체된다면, 이제 기후재앙 속에서 문명의 출구를 여는 일 역시 영영 불가능하게 될 것이다. 그린뉴딜이란 무엇보다도 새로운 경제적 행위 양식을 발명하는 과정이 아니면 안 된다.

2020. 6. 23.

상상력의 빗장을 여는
탈성장론

이제 기후위기를 부정하는 사람은 거의 없다. 2050년까지 기후급변의 주 원인인 탄소 배출을 제로 상태로 만들어야 한다는 목표에 대놓고 반대하는 이도 찾아보기 힘들게 됐다. 지중해의 산불, 동아시아의 폭우, 봄과 가을이 확연히 줄어든 한반도 날씨 등을 보고도 위기를 부인하고 전환을 불온시하기는 힘들다.

그러나 논쟁이 완전히 종결된 것은 아니다. 오히려 더 치열한 제2라운드가 시작됐다. 한편에는 양적 경제성장을 지속하면서도 탈탄소 사회로 전환할 수 있다는 '녹색성장'론이 있다. 물론 그 안에는, 여전히 성장에 더 강조점을 찍으며 위기를 불러온 책임자인 대기업을 전환의 주역으로 내세우는 우파적 버전도 있고 (문재인 정부가 그 전형이다), 이들에 비해서는 전환 쪽에 더 강조점을 찍지만 일자리를 창출하려면 일정한 양적 성장은 불가피하다고 보는 좌파적 버전도 있다. 어쨌든 지금 기후위기 대책의 주류는 이 흐름이다.

이들의 반대편에는 '탈성장'론이 있다. '탈성장'은 프랑스어

decroissance, 영어 degrowth의 번역어다. 탈성장론자들은 양적 경제성장을 지속하면서 탄소 배출을 줄이겠다는 녹색성장 노선의 시도가 시지프스의 노동일 뿐이라고 비판한다. 비록 전력 생산을 재생에너지 중심으로 바꾼다 하더라도 경제가 계속 성장하면 전력 사용량이 늘어나게 마련이고, 그렇다면 그 결과 탄소 배출은 줄기는커녕 오히려 늘어나기 쉽다고 이들은 말한다.

사실 탈성장론의 녹색성장 비판은 너무나 강력하고 탄탄하여 수긍하지 않기 힘들다. 그러나 논의가 "그래서 무엇을 하자는 이야기냐"로 넘어가면, 분위기가 전혀 달라진다. '마이너스 성장'을 연상시키는 '탈성장'이라는 언어부터가 대중의 접근을 원천봉쇄한다.

또한 탈성장론은 GDP 같은 수치에 집착하는 경제성장 논리를 비판하자는 것인데, 이야기가 "탈성장하려면 성장률 제로여야 하느냐 아니면 마이너스 몇% 성장(역성장)이어야 하느냐"로 흐르는 순간 탈성장론 자체가 숫자 물신주의의 일부인 양 희화화되고 만다. 녹색성장론이 모순으로 가득 찬 만큼이나 탈성장론은 의심과 몰이해, 관성과 반발의 장벽 안에 단단히 갇혀 있다.

나 자신 아직은 뭐가 답이라 장담하지 못하겠다. 계속 공부하고 고민하는 처지이기 때문이다. 열정적인 탈성장론자 요르고스 칼리스Giorgos Kallis 등이 쓴《디그로쓰: 지구를 식히고 세계를 치유할 단 하나의 시스템 디자인》(산현재, 2021)을 우리말로 공역한 것도 이런 작업의 일환이다. 이 책을 우리말로 옮기면서 비로소 나는 탈성장론자들이 비판 논리만이 아니라 나름의 구체적 대안을 제시하려고 노력한다는 사실을 알게 됐다. 그러면서 우리 시대에 탈성장이 제창될 수밖에 없는 근거를 더욱 마음을 열고 받아들이게 됐다.

특히나 2000년을 전후해 프랑스에서 탈성장론이 처음 체계적으로 발전할 무렵의 주된 고민이 인상적이었다. 흔히 프랑스 탈성장론의 대표적 사상가로 평가받는 세르주 라투슈Serge Latouche는 여러 저작에서 당시 고민을 반복적으로 언급한다. 그리고 그때마다 빠뜨리지 않는 이름이 있다. 코르넬리우스 카스토리아디스Cornelius Castoriadis. 그리스에서 태어나 프랑스에서 활동한 20세기 사상가. 이미 몇 년 전에 나온, 요르고스 칼리스 등의 또 다른 책《탈성장 개념어 사전》(강이현 옮김, 그물코, 2018)에서도 라투슈는 주로 카스토리아디스의 사상을 돌아보며 탈성장론의 원점을 짚는다.

카스토리아디스는 본래 트로츠키주의자였다. 그러나 전후 프랑스에서 공산당 노선과 현실사회주의 체제를 비판하면서 정통 트로츠키주의(뿐만 아니라 마르크스주의 자체)를 넘어서는 독창적인 사상을 구축하기 시작했다. 우선 카스토리아디스는 탈자본주의 사회의 요체를 노동계급의 자율성에서 찾았다. 생산 현장에서부터 노동자가 자율적으로 결정을 내리고 사회 전체가 이런 아래로부터의 결정들에 따라 돌아가야 한다는 것이었다.

이 기준으로 보면, 현실사회주의는 결코 바람직한 대안이라 할 수 없었다. 아니, 본질적인 면에서 자본주의와 별 차이가 없었다. 여기에서부터 카스토리아디스 사상의 모험이 시작된다. 자본주의와 현실사회주의는 겉보기에 서로 다른 대목도 많지만, 가장 근본적인 점에서 일치했다. 둘은 동일한 사회적 상상에 뿌리를 두고 있었다. 그 상상이란 인간과 자연을 합리적으로 지배하여 끝없는 진보를 이뤄낼 수 있다는, 반드시 그래야 한다는 신화였다.

노동계급의 자율성이 살아 있는 사회라면, 이런 신화가 지배해선 안 된다. 해방된 사회라면, 사람들이 '좋은 삶'이란 무엇인지 스스로 물음을 던지고 그 답을 찾아나가야 한다. 물론 애당초 답이 정해져 있는 문제는 아니다. 좋은 사회란 단지 사회구성원 각자가 스스로 좋은 삶에 관해 물음을 던지고 답을 구할 수 있도록 뒷받침하기에 가장 좋은 제도들을 갖추어가는 사회일 것이다.

그러나 카스토리아디스가 보기에, 자본주의와 현실사회주의는 모두 좋은 삶에 관한 사회적 상상력의 분출을 가로막았다. 사람들이 자신의 상상력을 발휘하도록 북돋기는커녕 하나의 신화로 상상계 전체를 식민화했다. 두 체제 다 진보 신화로 상상계를 획일적으로 지배하려 했다. 진보 신화에 맞춰 좋은 삶을 상상하도록 강요했고, 이 상상계 안에서 얼마나 표준에 가까워졌는지에 따라 삶을 평가하게 했다. 단지 소련과 동유럽은 이를 더욱 세련된 게임으로 만드는 데 실패한 반면, 자본주의는 중국까지 끌어들이며 지금껏 이를 지속하고 있을 뿐이다.

물론 이것은 카스토리아디스 사상의 소개로는 지나치게 간단하고 일면적이다. 카스토리아디스는 우리말로 아직 그 전모가 소개되지 못한 대작 《사회의 상상적 제도*The Imaginary Institution of Society*》(1975)에서 자본주의와 마르크스주의를 동시에 비판하며 장대한 사상 체계를 구축했다. 이 책을 포함한 카스토리아디스의 사상 전반에 관한 본격적인 소개와 음미가 꼭 필요하지만, 미래의 과제로 넘겨야 하겠다.

다만 여기에서 확인해야 할 것은 탈성장론의 출발점이다. 사상이 무르익을수록 카스토리아디스는 상상계를 획일적으로 지배하는 성장 신화와 대결하지 않을 수 없었고, 그리하여 그는 20세기 말의 선구적인 생태주의 사상가 중 한 사람이 된다. 카스토리아디스로부터 깊이 영향 받은 라투슈 같은 이들은 카스토리아디스가 제시한 근본 이정표를 '상상계의 탈식민화' 과제라 불렀는데, 이들이 결국 합의한 더 짧은 표어가 다름 아닌 '탈성장'이다.

탈성장론의 여러 계보 가운데 이 한 가닥을 짚어보는 것만으로도 탈성장론의 인상은 훨씬 더 다채로워진다. 탈성장론은 무엇보다도, 우리가 살아가고자 하는 '좋은 삶'에 관해 우리 스스로 제대로 생각해본 적이 있는지 자문하자는 호소다. 이렇게 자문하면 누구나 마주치는 것은 우리 자신의 생각은 분명 아닌, 그리고 더 이상 의미를 찾기도 힘든 낯선 신앙이다. 도대체 왜 내가 여태껏 이 신앙에 맞춰 살아왔지? 카스토리아디스 자신은 이렇게 말한다.

> 아무도 더 이상 진보를 진짜로 믿지 않는다. 모두가 내년에 조금 더 가지고 싶어 하지만, 행복이 연간 3%의 소비 성장에 달려 있다고 아무도 생각하지 않는다. 성장의 상상계는 분명 여전히 존재한다. 이는 서구에서 유일하게 유효한 상상계이기도 하다. 서구인들은 곧 해상도가 높은 텔레비전을 살 수 있을 것이라는 사실 외에는 아무것도 믿지 않는다. (《탈성장 개념어 사전》 216에서 재인용)

> 과거와 비할 수 없는 규모의 새로운 상상계를 창조하는 데 필요한 것은 생산과 소비의 확장 외의 의미들을 삶의 중심에 놓는 것이다. 즉 추구할 만한 가치가 있다고 여겨지는 삶의 다른 목표들을 중심에 놓는 것이다. 이는 우리가 마주해야 할 매우 어려운 과제이다. 우리는 경제적 가치가 더 이상 중심에 (혹은 유일하게) 있지 않는 사회, 즉 경제를 궁극적 목표가 아닌, 단지 삶의 수단으로 되돌리는 사회, 다시 말해 계속해서 증가하는 소비를 향한 광란의 질주를 포기하는 사회를 바라야 한다. 이는 자연 환경 파괴를 피하기 위해서뿐만 아니라 현대 인간의 정신적이고 도덕적인 빈곤으로부터 탈출하기 위해 더욱 필요하다. (위의 책, 214에서 재인용)

흔히 중국을 자본주의와 국가사회주의의 끔찍한 혼종이라고 하지만, 이 방면에서 대한민국이야말로 성공적인 선구자였음을 잊어선 안 된다. 상상계의 식민화에 관한 한, 한국은 자본주의의 역량에 국가사회주의식 수단까지 더하여 세계사적 극한을 실험한 나라이기 때문이다. 단지 숱한 기업 광고만 진보의 신화를 퍼뜨린 게 아니라, 지금도 40대 이상 시민의 뇌리에 강렬히 남아 있는 "초가집도 없애고 마을길도 넓히고"라는 노래 가사 등을 통해 국가까지 나서서 이 신화를 주입했다.

오늘날 '초가집 없애기'는 '대형 아파트 단지에 내 집 마련'으로 바뀌고 '마을길 넓히기'는 '차로를 꽉 채우는 자가용 승용차 대열'로 바뀌었지만, 이런 주문呪文들이 우리 삶의 등대이자 나침반 역할을 한다는 점만은 변함이 없다. 우리의 상상계는 여전히 강력히 식민화돼 있는 셈이다. 5000만 한국인이 이 획일적 신화를 동시에 추구하는 과정에서 부동산 대란, 공정-능력주의 논란, 입시 경쟁 과열 같은 숱한 병목 현상이, 좌절과 원한, 불안과 분노가 쌓인다. 그래도 우리의 상상은 이 밀실을 벗어나는 법이 없다.

한국 사회의 경로를 가장 급격하게 바꾸겠다고 장담한 세력 역시 예외가 아니었다. 한국에서 좌파가 실패한 것은 개량주의에 빠져 혁명을 저버렸기 때문도 아니고 혁명의 미망에 사로잡혀 현실적 개혁을 등한시했기 때문도 아니다. 문제는 훨씬 더 근본적이었다. 한국의 좌파는 "초가집도 없애고 마을길도 넓히고"와 그 변주의 서사에서 사람들을 깨우지 못했다. 깨우려고 노력해야 한다고 생각하지도 못했다. 단지 저 꿈의 실현 범위를 넓혀 달라고 청원했을 뿐이다. 좌파 역시 '코리안 드림'의 수인囚人이었다.

탈성장의 문제제기가 중요한 이유가 여기에 있다. 탈성장론이 요구하는 과제와 대면하고 나서야 우리는 오늘날 이 땅에서 진정한 변혁운동의 방향과 내용을 깨달을 수 있다. 그것은 한마디로 '사는' 것이다. 이제야, 제대로, 말이다. 우리 시대의 좌파가 탈성장론에서부터 다시 출발해야만 하는 까닭이다.

2021. 10. 20.

비혁명의 시대를 넘어 전환의 시대로

지금 나는 신간 한 권을 마주하고 있다. 광주항쟁에 대한 깊이 있는 연구로 일곡 유인호 학술상을 수상하기도 한 정치학자 김정한의 저서 《비혁명의 시대: 1991년 5월 이후 사회운동과 정치철학》(빨간소금, 2020)이다. 참으로 반가운 책이지만, 막상 손에 들고 읽자니 망설여진다. 실은 반가운 이유도, 읽기 망설이는 이유도 하나다. 부제에 선명히 박혀 있는 '1991년 5월'이라는 문구 때문이다.

1991년 5월의 기억은 한국 민주주의와 사회운동의 역사에 크나큰 상흔으로 남아 있다. 경찰 폭력으로 강경대 열사가 무참히 희생되자 폭발한 전국적 시위는 4년 전 기억(1987년 6월 항쟁)을 떠올리게 만들며 전국을 뜨겁게 달궜다. 그러나 불과 4년 전의 경험과는 달리 그해 5월은 쓰라린 죽음의 기억만을 남긴 채 패배로 끝나 버렸다. 그렇다. 패배였다. 이것 말고는 달리 표현할 말이 없었다.

《비혁명의 시대》의 저자는 이 패배가 이후 한국 민주주의와 사회운동을 둘러싼 논의와 고민에 드리운 짙은 그림자를 추적하려는 것 같다. 그런데 나는 미처 책을 들기도 전에 이와는 다른 방향의 상념에 빠져들었다. 문득 이런 의문이 든 것이다—지금까지 한국 사회에서 좌파를 움직여온 힘은 과거를 향한 향수, 노스탤지어가 아니었을까? 제5공화국과 제6공화국 내내 이 사회를 바꿔보려 노력했던 이들은 실은 미래가 아니라 오히려 이미 패배가 확정된 과거에 매달려 있었던 것은 아니었던가?

1991년 5월의 거리에서 막연하게나마 사람들을 사로잡은 것은 1987년에 미완으로 남은 민주주의 혁명을 완수하겠다는 생각이었다. 군부독재 세력이 심판을 받기는커녕 선거로 집권을 연장한 결과인 노태우 정권은 1987년 6월의 거리에서 희구했던 그 민주주의 혁명의 모습과는 너무도 거리가 멀었다. 따라서 민주주의 혁명은 절대로 끝난 게 아니었다. 단지 긴 소강 국면을 지나고 있을 뿐이었다. 비록 앞에 붙은 수식어는 다르더라도 '민주주의 혁명(DR)'론을 내세우던 거의 모든 운동권이 그리 생각하고 있었다.

그리고 이런 사고의 밑바탕에는 민주주의 혁명이 더 높은 단계의 혁명으로 '성장, 전화'할 것이라는 기대가 있었다. 대중 항쟁에 바탕을 둔 철저한 민주주의 혁명이라면 그럴 수밖에 없다고들 믿었다. 누구는 그러한 다음 단계 혁명이 '민족해방혁명'이라 했고,

누구는 '민중민주혁명'이라 했다. 하지만 어쨌든 제6공화국의 불철저한 민주화에 대한 사회적 불만이 오히려 모종의 탈자본주의 혁명으로 나아가는 디딤돌이라는 전제에서는 서로 차이가 없었다.

1991년 5월의 패배는 이런 운동권 공통 이념을 뿌리째 흔들어놓았다. 대중은 4년 전 거리에서만큼 시위대에 우호적이지 않았다. 더 많은 대중은 1987년 대선에서 정권 교체 실패로 확정된 현실 정치 경로를 한국 사회에서 유일하게 가능한 '민주화' 과정으로 받아들이고 있었다. 그런 상황에서 미완성된 민주주의 혁명의 완수라는 범운동권 비전은 그것이 상정하는 만큼 '전 민중적' 지지를 이끌어내지 못했다. 더불어, 민주주의 혁명의 '성장, 전화'에 바탕을 둔 다음 단계 혁명들의 시나리오 역시 모두 무용지물이 되었다.

다시 말해, 당시 한국의 범좌파는 민주주의 혁명이라는 이미 지나간 기회에 미래를 투영하고 있었던 것이다. 민주주의 혁명은 1987년에 시작된 불철저한 민주화 이행으로 완결되어가고 있었고 한국 사회는 민주주의 혁명의 급진화를 통한 더 높은 수준의 변혁이라는 운동권의 전망을 저만치 추월하고 있었는데도, 범좌파는 민주주의 혁명의 미완성에 집착하며 그 뒤늦은 완성을 꿈꾸고 있었다. 그들을 지배한 것은 어쩌면 회한으로 남은 과거로 돌아가려는 강박이었다. 한 마디로, 노스탤지어적 이념이었다.

생각해보면, 1980년대 중후반을 거치며 범좌파 내에서 갑자기 다수가 된 민족해방(NL)파야말로 이런 노스탤지어적 이념의 극단적 형태였다. 민족해방파는 한국 사회의 거의 모든 문제가 한반도 통일국가 수립 실패에서 비롯됐다 주장하면서 모든 실천을 예외 없이 조국 통일 완수로 수렴시켰다. 강박적으로 해방 직후의 처참한 실패의 순간들로 돌아갔고, 마치 그 실패들을 만회하려는 노력인 양 현재 자신들의 실천을 바라봤다. 하지만 이들의 그 도저한 회한과 향수와는 무관하게 한국 자본주의는 분단 현실을 등에 짊어진 채 이미 저 앞으로 아득히 달려가고 있었다.

그러나 민족해방파만의 문제나 한계는 결코 아니었다. 민족해방파의 정통 노선과는, 거의 정반대라 할 수 있을 정도로 거리가 먼 이념-노선 역시 한국 사회에서는 결국 어떤 노스탤지어적 사고와 실천으로 귀결되고 말았다. 진보정당운동을 지배해온 한국식 사회민주주의 흐름이 그러했다.

1991년 5월의 패배를 겪은 뒤에 좌파 지식인, 운동가들 사이에 확산되기 시작한 것은 넓은 의미의 사회민주주의 흐름이었다. 그럴 수밖에 없었다. 지극히 불만족스러운 형태이지만 한국식 민주화 과정은 이미 돌이킬 수 없는 단계(군부 쿠데타의 사후적 불법화와 양김 씨의 순차적 집권 등)에 이르러 있었고, 민주주의 혁명의 급진화를 통한 탈자본주의 전망은 한국 사회 자체의 경험뿐만 아니라 현실사회주의권 붕괴를 통해서도 처절하게 무너졌다. 남은 길은 하나였다. 개혁의 길, 즉 '사회민주주의'로 통칭될 수 있는 길이 그것이었다.

그런데 사회민주주의가 성공하려면, 아주 까다로운 역사적 조건들이 현실세계에 갖춰져야 한다. 대의민주주의가 일정하게 정착돼야 할 뿐만 아니라 고도로 단결한 정치적 행위자로서 노동계급이 형성돼 있어야 한다는 조건이다. 20세기 초중반에 좌파 정당과 산업별 노동조합을 중심으로 뭉쳐 있던 서유럽 여러 나라 노동자들처럼 말이다.

그렇다면 당시 한국 사회에 이런 노동계급이 성장해 있었던가? 1996~1997년 노동법-안기부법 개악 반대 총파업 와중에는 머지않아 이 물음에 자신 있게 "그렇다"고 답할 수 있으리라는 분위기가 강했다. 그때는 정말 그럴 수 있을 것 같았다. 그러나 불과 몇 달만에 상황이 반전됐다. 외환위기와 함께, 1987년 노동자 대투쟁으로 시작된 한국 노동계급 형성의 대장정은 돌연 중단됐다. 아니, 정반대 방향으로 꺾여 버렸다.

국제통화기금(IMF)은 한국 정부에 구제금융 조건을 강요해, 한국 사회에 이미 그 싹이 존재하던 이중 노동시장을 새로운 시장지상주의 축적 구조를 뒷받침할 토대로 확대했다. 비정규직 일자리를 양산할 법률 근거들이 도입됐고, 기업별 노동조합들은 비정규직의 존재를 전제로 기득권을 유지하는 전략을 실습하기 시작했다. 오늘의 참담한 노동 현실로 이어지게 될 20여 년 여정의 시작이었다. 국회 날치기 입법으로는 열 수 없었던 길이 외환위기를 빌미로 한 초국적 개입을 통해 열린 것이다.

이때 노동 유연화 공세에 가장 격렬히 맞선 것은 노동운동 내 급진좌파였다. 하지만 그들의 저항이 결국 좌절되면서 기회를 영영 놓친 것은 오히려 다른 세력이었다. 바로 범사회민주주의 흐름이었다. 왜냐하면 한국 사회에서 국가복지제도 확장이나 광범한 사회적 영향력을 갖춘 단체협약 등 사회민주주의적 성과를 내는 데 반드시 필요한 기반인 노동계급 형성과 연대가 거의 불가능한 상황이 도래했기 때문이다. 빠르게 신자유주의화한 한국 사회는 20세기에 서유럽에서 열렸던 이런 기회를 저항 세력에게 허용하지 않았다.

그럼에도 그 후 20여 년간 한국의 진보정당-사회운동은 사회민주주의의 가능성에 대해 미련을 버릴 수 없었다. 한국 사회의 역사 전개 경로가 이미 이와는 너무도 거리가 먼 쪽으로 진척되어 버렸는데도 좌파 지식인, 운동가들은 마치 이를 만회할 수 있는 것처럼 '북유럽형 복지국가'의 꿈을 놓지 않았다. 무산된 기회에 대한 또 다른 강박, 또 다른 노스탤지어적 이념이었다.

이것이 1987년 6월부터 지금까지 한국 자본주의와 그 저항 세력이 전개해온 역사의 큰 줄기다. 한국 사회가 선택한 돌진적 근대화의 속도는 자본주의 지배 질서를 구축하고 변모하는 전 지구적 상황에 맞춰 그 질서를 변형하는 데는 더없이 효과적이었지만, 한국 사회 내부에서 이 질서에 맞서며 새로운 질서를 준비할 세력이 성장해 역사적 기회를 부여잡기에는 지나치게 빨랐다. 이런 세력이 되고자 했던 진보정당과 사회운동은 늘 지배 질서 재편의 속도에 추월당하며 의도하지 않게 향수병 환자가 되고 말았다.

새삼스레 이렇게 지난 역사를 회고하는 것은 단지 《비혁명의 시대》가 오랜만에 되불러낸 지난 세기 마지막 10년대의 기억 때문만은 아니다. 이러한 성찰을 통해 지금 진보정당과 사회운동이 마주한 역사적 상황과 과제를 더욱 정확하고 절실하게 이해할 수 있기 때문이다. 현재 우리가 직면한 가장 중대한 역사적 상황과 과제란 무엇일까? 기후변화에 따른 인류 문명의 존립 위기이고, 이에 맞서 문명의 생존력과 회복력을 최대화하려는 생태 전환의 노력이다.

기나긴 장마 뒤에 다시 잇단 태풍을 맞이하는 요즘, 기후위기의 심각성에 관해 이 지면에서 굳이 부연 설명할 필요는 없을 것이다. 이제는 기후변화를 되돌릴 수 있는지 여부와 상관없이 기후급변 속에서 문명을 최대한 유지, 존속시키기 위해서라도 생태 전환에 매진해야만 한다. 하지만 그러자면 장벽은 결국 자본주의다. 자본의 끊임없는 확대 재생산이 전제 조건이 되는 사회질서는 인류 생존의 최대 걸림돌이다. 인류는 역사상 처음으로, 살아남기 위해 반드시 새로운 질서를 사고하고 실행해야만 하는 상황에 처했다.

이것은 서로 다른 역사적 경로를 밟아온 지구 위 모든 이들에게 '동시에' 닥친 도전이다. 물론 돌진적 근대화의 궤적을 따라온 한국 사회도 예외는 아니다. 한국의 좌파도 탈자본주의 방향에서 생태 전환을 추진해야 한다는 새로운 과제와 마주하고 있다. 그리고 이는 참으로 오랜만에 한국의 진보정당-사회운동이 과거에 대한 향수가 아니라 정확히 현재의 급박한 과제를 풀어나가는 노력으로서 자신의 이념-운동을 정초할 기회이기도 하다. 노스탤지어에서 벗어나 진정으로 '현재적'인 과업을 떠안을 기회인 것이다.

향수병은 병일 뿐이다. 그간 한국 좌파 이념 지형을 지배하던 미완의 과제들은 향수병을 통해서는 결코 해결될 수 없다. 역사는 그런 식으로는 풀려나가지 않는다. 지배 질서의 진화에 추월당한 미해결의 문제들은 오직 가장 최근에 닥친 근본 문제를 해결하는 과정을 통해서만 해소될 수 있다. 분단 질서를 넘어선다는 과제도, 20세기 복지국가들이 성취한 사회권을 보장한다는 과제도 생태 전환과 결합됨으로써만 과거의 실패나 공백에 대한 미련이 아니라 21세기의 현재적 과제가 될 수 있다.

돌이켜보면 우리에게 혁명의 시대는 오지 않았고, 개혁의 시대는 그저 '비혁명의 시대'에 머물고 말았다. 하지만 그렇다고 지배 질서의 승리로 역사가 종언을 고한 것은 아니다. 한국 자본주의도 더는 피하거나 건너뛸 수 없는 보다 근본적인 변화의 시대가 열리고 있기 때문이다. 바로, 대전환의 시대다. 이제 우리의 지난날에 대한 모든 진실한 애도와 해원은 이 대전환의 시대를 가장 충만하게 살아감을 통해서만 가능할 것이다.

2020. 9. 2.

생태 전환,
일단 시작하고 보는 게 중요하다

8월 들어 기후위기 관련한 중요한 문서들이 잇따라 나왔다. 5일에는 한국의 탄소중립위원회가 '2050 탄소중립 시나리오'를 발표했다. 반응은 양 극단이었다. 기후운동에 나선 이들은 이 문서가 제목과는 달리 2050년까지 탈탄소를 실현하려는 의지를 담고 있지 않다고 비판했다. 반면, 또 다른 많은 이들은 탈탄소가 아닌 '저탄소'에 목표를 맞춘 이 문서의 시나리오들조차 너무나 큰 폭의 변화를 요구하는 형편이니 도대체 '탄소중립' 자체가 실현 가능한 목표가 맞느냐며 몸서리를 쳤다.

며칠 뒤에는 UN 산하 기구인 '기후변화에 관한 정부간 협의체(IPCC)'가 제6차 보고서를 공개했다. 엄청난 분량이지만, 결론은 냉혹하리만큼 간단하다. 인류에게 정말 시간이 얼마 남지 않았다는 것이다. 보고서는 지구 평균 기온이 산업혁명 이전보다 1.5도 이상 높아지는 예상 시점을 2040년으로 앞당겨 잡았다. 이 보고서를 기준으로 삼는다면, 2050년까지 '저탄소'를 실현하겠다는 한국 탄소중립위원회의 시나리오는 어처구니없는 이야기일 뿐이다. IPCC의 진단에 따르면, 한국 같은 부유한 산업국은 2050년보다 더 빠른 시점에 탈탄소 사회로 전환해야만 한다.

그런데 IPCC 6차 보고서에 대한 반응도 탄소중립위원회 시나리오의 경우와 비슷했다. 기후재난이 급진전되고 있으므로 더욱 과감하고 신속하게 생태 전환에 나서야 한다는 목소리도 물론 있지만, 오히려 더 많은 이들의 심정은 자포자기 쪽에 가까운 듯하다. 상황이 이 지경에 이르렀으니 이제 할 수 있는 일이 없지 않느냐며 회의하거나 자기합리화에 빠지는 사람들이 있는 것이다. 심지어는 기후위기를 진지하게 바라보는 이들 가운데에도, 기후변화가 앞으로 계속 가속화한다면 2050년까지 탄소 제로 상태에 도달한다는 목표를 세워봤자 무슨 의미가 있겠냐는 목소리가 있다. 지구는 벌써 기후과학자들의 예측을 뛰어넘는 재앙의 피드백 작용을 시작했는데, 지금부터 탄소 배출을 줄여나가면 재앙을 피할 수 있다는 식의 생각은 자기최면에 불과하다는 것이다. 이 경우에도 결론은 지금 당장 생태 전환에 나서야 한다는 열띤 외침을 향한 냉소가 된다.

과연 그럴까? 탄소 배출을 줄여 온난화를 일정 수준으로 묶어둔다는 목표가 진즉에 기후변화 현실에 추월됐으므로 탈탄소 노력은 헛된 몸부림에 불과할까? 혹은 2050년까지 탈탄소 사회로 전환한다는 것이 현실에서는 도저히 불가능한 머릿속 목표에 불과하니 그저 손 놓고 멸망을 기다리는 게 우리에게 남은 유일한 선택지일까?

이 물음에 답하기 위해 우선 최악의 미래 상황을 가정해보자. 2050년이 되어도 주요국 중 많은 나라가 탄소 제로 상태에 도달하지 못하고 그래서 지구 전체에 여전히 상당량의 탄소가 배출되는 상황. 이때 지구 온난화와 이에 따른 기후급변은 IPCC 새 보고서가 예측하는 대로 걷잡을 수 없는 지경이 될 것이다.

사실 이것은 최악의 경우가 아닐지도 모른다. 어쩌면 이보다도 더 끔찍한 것은 인류가 2050년쯤 탄소 제로 상태를 얼추 달성했는데도 지구 시스템이 기후과학자들의 예상을 뛰어넘는 혼돈으로 치닫는 상황이다. 이 경우에 인류에게는 '불타오르는 지구'에 적응하는 것 외에 다른 길이 없게 된다.

오해가 없길 바란다. 이러한 경우들을 상상해보자는 것은 결코 2050년 탈탄소 목표가 실현될 수 없다거나 별로 중요하지 않다고 여기기 때문은 아니다. 코로나19 팬데믹이나 기후위기 같은 대혼돈 속에서 우리가 항상 새로운 출발점을 가리키는 안내자로 신뢰할 수 있는 것은 과학뿐이다. 따라서 기후과학자들의 연구에 따른 미래 전망과 탈탄소 목표 설정은 반드시 존중돼야 한다.

그런데도 위의 상황들을 머릿속에 그리는 까닭은 기후변화의 거대한 양상과 2050년 탈탄소 목표의 막중함이 행동을 촉발하기보다는 오히려 그럴 의지를 억누르는 경우가 많기 때문이다.

혹은 당장 어떤 행동에도 나서고 싶지 않은 이들에게 좋은 변명거리가 되고 있기 때문이다.

그러나 위에 제시한 것과 같은 최악의 미래 상황들에서도 탈탄소 사회로 전환하려고 노력해온 사회와 그렇지 않은 사회는 생존과 지속 가능성 측면에서 심대한 차이를 보일 것이다. 탄소 제로 상태의 달성 여부와 상관없이 어느 사회에든 기후재난은 닥치겠지만, 이에 맞서서 생존을 확보하고 문명을 최대한 보전할 가능성은 각 사회가 그간 생태 전환을 위해 얼마나 노력했는지에 따라 전혀 다르게 나타날 것이다.

가령 에너지 전환을 보자. 여기에서 전환의 방향이 무엇인지는 분명하다. 에너지 효율성을 높이고 재생에너지 비중을 늘려야 한다. 그런데 이를 놓고 지금은 재생에너지에 100% 의존하는 전력 시스템이 과연 가능하냐, 100%는 고사하고 이게 중심이 되는 전력 시스템조차 가능하냐가 쟁점이 돼 있다.

하지만 정작 중요한 것은 정확히 예견할 수도 없는 그런 미래 기술 수준이 아니다. 핵심은 사회가 재생에너지 중심의 새로운 전력 시스템을 만들어가는 도중에 있느냐, 아니냐이다. 그리하여 어떤 경우가 닥치든 새로운 방향으로 계속 나아갈 역량을 이미 확보하고 있느냐, 그렇지 못하냐이다.

만약 전자의 경우라면 미래 어느 시점에 재생에너지 비중이 몇 %인지는 오히려 부차적인 문제일 수 있다. 이미 새로운 전력 시스템으로 나아가는 궤도 안에 들어선 사회라면, 이를 가속화할 수도 있고 어떤 예기치 않은 상황에 봉착하더라도 탄력적으로 대응할 수도 있다.

반면, 현실의 어려움을 들며 전환을 계속 미뤄온 사회는 기후재난이 예상치 못한 양상을 띨수록 돌이킬 수 없는 수렁에 빠질 것이다. 전환의 기반도, 경험도 쌓지 못했기에 더욱더 전환에 나서지 못하는 지경이 될 것이다.

농업에 관해서도 비슷한 이야기를 할 수 있다. 현재 충분히 부각되지 못하고 있는, 기후급변이 초래할 가장 심각한 재앙은 식량 위기일 것이다. 전 세계 주요 농업 지대 곳곳의 홍수, 가뭄, 병충해 그리고 무엇보다도 기존 작물의 생존 조건이나 환경 적응을 추월하는 기온 급상승으로 장기적이고 구조적인 식량 위기가 전개될 가능성이 높다. 따라서 생태 전환의 최대 과제 가운데 하나는 농업 회생이어야 한다. 지구 온난화의 변곡점이었던 1990년대에 농업을 포기한 대한민국의 경우는 더더욱 그러하다.

그런데 농업에서도 회생의 목표를 어떻게 잡아야 할지는 실은 아득하기만 하다. 기존 농업의 붕괴가 너무도 심각해 식량 자급률 목표를 세우고 이를 달성하기가 거의 불가능해 보이기 때문이다. 하지만 이 경우에도 중요한 것은 어쩌면 식량 자급률 몇 %를 달성했는지 자체는 아니다. 농업이 지속적으로 회생하는 과정에 있는가, 아닌가가 더 중요하다. 전자의 경우라면 식량 위기가 더 심각해지더라도 이미 쌓인 경험과 자원을 통해 위기에 필사적으로 대응할 수 있을 것이다. 그러나 후자라면, 1990년대 북한의 기아가 남의 일이 아니게 될 것이다.

같은 이야기를 도시를 놓고도 할 수 있다. '15분 도시' 같은 구상을 추진해왔기에 도보나 자전거, 대중교통이 이미 중심 이동 수단이 된 도시와 그렇지 않은 도시, 둘 다 최악의 기후위기가 닥치면 예외 없이 어려움을 겪을 것이다. 그런 상황에서는 어디에도 유토피아는 없다. 그러나 전력난 속에서도 인간의 존엄성, 시민의 품격을 최대한 유지하며 버틸 수 있는 도시와 그렇지 못한 도시는 확연히 구별될 것이다. 어느 쪽이 전자이고 어느 쪽이 후자일지는 굳이 설명을 덧붙이지 않아도 뻔하다.

정리하면, 기후위기에 맞서는 생태 전환에서 중요한 것은 '2050년까지 탈탄소화' 같은 구체적인 목표의 달성만은 아니다. 물론 그것도 중요하지만, 그렇다고 그것이 물신화된 유일한 기준이 되어서는 안 된다. 또 다른 중요한 것, 아니 어쩌면 훨씬 더 중요한 것이 있다. 그것은 이런 구체적 목표를 달성하려고 노력하는 과정에서 사회가 체득하는 역량이다. 탈탄소화 과정에서 사회 구성원들 사이에 쌓이는 경험과 자원, 새로운 행동양식과 문화야말로 기후위기를 견뎌낼 미래 인류의 최대 무기일 것이다.

노동운동의 고전인 마르크스와 엥겔스의 《공산당 선언》에는 다음과 같은 인상적인 문구가 있다. "노동자들의 투쟁의 진정한 성과는 직접적인 결과에 있는 것이 아니다. 노동자들의 단결이 계속 확대되는 데 있다." 여기에서 "노동자들의 투쟁"의 자리에 "탈탄소 노력"을 대입해보자. 그렇다면 이런 문장이 뒤따라 나올 것이다. "탈탄소 노력의 진정한 성과는 직접적인 결과에(만) 있는 것이 아니다. 생태 전환의 역량이 확대되는 데 있다."

이러한 생태 전환의 역량에는 여러 가지 이름을 붙일 수 있다. 최근에 회자되는 말들로는 '회복력' 등이 있다. 하지만 나는 '생태적 이성'이야말로 가장 어울리는 개념이라 생각한다. 자본주의의 경제적 이성을 대체하는 생태적 이성, 이것이 갖추어질 때에만 인간사회는 지구 생태계 위기를 어떤 식으로든 헤쳐나갈 수 있다. 탄소 배출을 줄이는 과정에서 사회가 정작 중요하게 훈련해야 할 것은 바로 이 생태적 이성이다.

그럼에도 여전히 풀리지 않는 문제가 있다. 몇 년까지 탄소 배출량을 몇 % 줄인다는 거대한 계획을 세우고 이에 따라 사회 전체를 바꿔간다는 것, 과연 가능한 일일까? 이런 목표에 따라 모든 사회 구성원의 일상을 바꾸고 그러도록 계속 채근한다는 게 도대체 있을 법한 일인가? 이런 물음에 대한 지극히 상식적인 부정적 답이 향하는 곳이 곧 기후위기 패배주의, 즉 기후급변에 맞서 인간이 할 수 있는 일은 없다는 태도다.

그러나 이런 물음에는 의외로 쉽게 대꾸할 수 있다. 그것은, 우리는 이미 그렇게 살고 있다는 것이다. 사실 우리는 오래 전부터 나날이 거창해지는 어떤 목표에 맞춰 일상을 끊임없이 바꿔가며 살고 있다. 그렇게 살도록 만드는 힘이 너무나 강력한데도 마치 중력처럼 우리가 그것을 느끼지 못할 뿐이다. 그 목표란 흔히 GDP로 표기되는 양적 경제성장이다. 이 목표에 맞춰 지금도 우리는 몸과 마음부터 집과 동네, 나라 전체에 이르는 모든 것을 어지러울 정도로 급속히 바꾸며 살아가고 있다.

우리가 결단해야 할 것은 다만 그 목표의 자리에 '경제성장' 대신 '탄소 배출 감축'을 넣는 일이다. 생각보다는 그다지 어렵거나 낯설지 않은 전향일 뿐이다. 더구나 과거의 그 '성장' 목표에 따라 끊임없이 변신을 강요받던 삶은 우리 중 다수에게 결코 행복하지도 않았고 미련이 남을 만큼 정답거나 바람직하지도 않았다.

자본주의의 경제적 이성에 떠밀리는 게 아니라 우리 스스로 생태적 이성을 새롭게 습득해가는 삶은 보기보다는 인내와 고통이 아닌 기회와 해방 쪽에 더 가까울 수 있다. 더욱이 이제껏 목표를 스스로 정하기보다는 외부에서 정해진 목표에 따라야 하는 삶을 살았던 인류 대다수에게는 더없이 소중한 새로운 삶의 기회일 것이다.

2021. 8. 19.

이미 시작된 붕괴,
계급적 적응이 필요하다

날씨가 무섭다. 대한민국 중부 지방에는 한 세기만의 폭우가 쏟아졌는데, 유럽 여러 나라는 폭염과 가뭄으로 고통받고 있다. 서울의 한강 이남 지역에 난데없는 물길이 생긴 반면, 중부 유럽에서는 내륙 운송을 책임지던 라인강 물길이 끊어져 버렸다. 과잉과 결핍의 양극단이 엄습한다. 마치 인간의 변덕을 심판하듯 이제는 지구가 변덕을 부리고 있다.

그런 와중에 미국에서는 기후위기 대응 법안이 오랜 논란 끝에 '인플레이션 감축법'이라는 예상치 못한 이름으로 상하 양원을 통과했다. 기후위기의 급진전에 맞서 드디어 세계에서 가장 강대한 국가가 움직이기 시작한 것 같다.

그런데 이 나라가 러시아, 중국과 벌이는 각축 탓에 다른 여러 나라의 관심은 오히려 과거 어느 때보다도 기후위기에서 멀어져 있다. 기후위기 대응에서 전 세계 선두주자라 자처하던 유럽연합마저 동쪽의 전쟁 소식에 촉각을 곤두세운 채 기후위기 대응 계획을 크게 후퇴시키고 있다.

지금 인류와 지구의 시계는 어디쯤 와 있을까? 기후위기에 맞서 인류는 한 걸음이라도 전진하고 있을까, 아니면 돌이킬 수 없이 후퇴하고 있을까? 최근의 급박한 상황 전개를 반영한, 기후위기의 중간 결산이 시급히 필요하다.

첫 번째로 확인해야 할 것은 기후재앙 시대가 '이미' 시작됐다는 사실이다. 우리는 이미 기후재앙 시대의 한복판에 있다.

생활인의 감각으로 보더라도 재앙이라고밖에 할 수 없는 이상 기후가 최근 몇 년 새 빈발하고 있다. 굳이 다른 나라 사례를 거론할 필요도 없이 한국만 봐도 엄청나게 더운 여름과 그만큼 엄청나게 추운 겨울, 기나긴 장마와 처음 겪는 가을 태풍 릴레이가 2010년대 후반부터 나타나고 있다. 평온한 사시사철보다는 뭔가 거기에서 엇나간 한 해 날씨가 더 익숙할 정도다.

그럼에도 이제까지의 기후위기 관념은 현재의 일상과 기후재앙 사이에 아직 상당한 시간적 간극이 있는 것처럼 생각하게 만들었다. 기후재앙 시대란 미래에 닥칠 수도 있는 위험한 '시나리오' 중 하나이며, 지금 나타나는 재앙들은 (재앙 자체가 아니라) 그 '전조'라 여기게 만들었다. 이러한 전조들이 인류를 각성시키면 오히려 최악의 시나리오는 충분히 피할 수 있다는 신화가 21세기의 첫 몇십 년간 그나마 기후위기에 가장 민감하다는 이들을 지배했다.

아이러니하게도 기후과학자들이 진지하고 치열하게 고민한 끝에 내놓은 메시지의 형태와 방식이 이런 신화를 부추겼다. 산업화 이전과 대비해 지구 평균 기온이 1.1도까지 치솟았고, 이번 세기 안에 그 상승을 1.5도에서 중단시키지 않으면 재앙이 닥칠 것이며, 그러자면 2050년까지 탄소 순배출이 제로인 상태에 도달해야 한다, 운운. 이 메시지에는 여러 문제가 있지만, 그 중 하나는 우리가 2050년까지 뭔가를 열심히 하면 기후재앙을 피할 수 있다는 생각을 부추긴다는 점이다.

이런 생각 탓에 지금껏 기후위기 대응 담론은 탄소 배출을 더 빨리, 더 크게 줄이는 데에만 집중됐다. 아래에서 다시 말하겠지만, 이런 노력은 분명히 절대적으로 필요하다. 그러나 이것이 기후위기 대응의 전부여서는 안 된다. 기후위기 대책은 각국 정부의 탄소중립 실현 계획이 담고 있는 기술관료적 전망보다는 훨씬 더 사회적으로 민감하고 정치적으로 불온한 내용을 반드시 포함해야 한다.

그건 기후재앙 시대가 이미 시작됐기 때문이다. 2050년까지 뭔가를 잘 하면 최악의 상황을 피할 수 있다는 식의 전망은 경제성장 신화만큼이나 환상적인 또 하나의 신화가 돼버렸다. 지구는 인간들의 이러한 자기위안적 낙관주의를 비웃으며 온실기체 증가의 결과를 인간사회에 고스란히 돌려주고 있다. 해를 거듭할수록 빈발하는 극단적 기상 현상만이 그 증거는 아니다. 이런 날씨가 전 세계 농업에 가하는 긴장과 압박 탓에 지금 불황과 동시에 펼쳐지고 있는 인플레이션 또한 이를 선명히 증명한다.

이제는, 기후위기와 관련하여 이제껏 단단히 굳어져온 상식을 해체해야 한다. 최악의 경우가 도래하기 전까지 인류에게 남은 시간이란 '없다.' 최악의 상황은 이미 우리 눈앞에서 전개되고 있다.

이와 함께 시급히 확인해야 할 또 다른 진실은 기후 문제가 계급 문제라는 것이다. 물론 선각자들은 오래 전부터 이에 관해 지겨울 정도로 이야기해왔다. 그러나 기후재앙 시대의 한복판에서 이 경고는 그저 시대를 앞선 고담준론만이 아니라 지금 당장 우리 목숨을 쥐고 흔드는 현실로 육박한다.

한국 사회는 8월 8일에 인천, 서울, 경기 남부를 덮친 폭우에서 이를 너무도 뼈아프게 절감했다. 연립주택 반지하층에 살던 가족이 성난 물살에 휩쓸려 생명을 잃었다. 희생자들은 상대적 저소득층이고 노동계급이고 여성이고 장애인이고 어린이였다. 누구에게는 일상의 안락과 수익의 교란 요인이었을 뿐인 극단적 기후가 이들에게는 생사를 가르는 위협으로 닥쳤다.

이 사실은 기후 문제가 온 인류가 공통으로 직면한 보편적 위기가 '아님'을 말해준다. 어떤 계급에 속하는지에 따라 위기의 성격과 강도가 전혀 달라진다. 적도 인근 국가의 농민이 체감하는 것과 대개 온대에 자리한 자본주의 중심부 국가의 도시인이 느끼는 것은 천양지차다. 그리고 같은 도시 안에서도 서울 강남의 초고층 건물 같은 곳에 사는 이들과 반지하 셋집 거주자들 사이에는 엄청난 차이가 있다. 지구자본주의라는 거대한 피라미드에서 보다 아래쪽에 자리한 이들일수록 기후위기는 생존의 급박한 위협으로 다가온다.

반면, 기후위기에 기여한 정도는 피라미드의 위쪽에 자리한 이들일수록 커진다. 국가별로 따져서 빈국일수록 탄소 배출량이 적다는 것은 이미 상식이다. 계층별로 봐도 비슷한 양상이 나타난다. 2020년에 옥스팜과 스톡홀름환경연구소가 낸 보고서에 따르면, 1990년부터 2015년까지 상위 10%의 부유층이 전 세계 탄소 배출량의 절반 이상을 배출했다. 상위 1%는 하위 50%보다 2배 이상을 배출했다. 탄소 배출의 직접적 원인은 화석연료 사용이지만, 화석연료를 태우게 만드는 근본적 힘은 소비자본주의이며, 그 주역은 북반구 부유층과 상위 중산층이다.

지금껏 통상적인 기후위기 대응 담론에서는 이런 차이가 쉽게 은폐됐다. 기후위기 대책은 21세기 후반 언젠가를 살 후세대를 위해 현존 인류 모두가 함께 노력해야만 하는 과제가 되어 버렸다. 마치 삼성전자나 현대자동차의 임원과 번화가에서 비싼 외제차를 모는 이들, 반지하에 거주하는 노동자 가정, 폭우와 가뭄에 신음하는 농민이 모두 같은 무게의 짐을 짊어지기나 한 것처럼.

그러나 이런 깔끔한 은폐도 더는 힘을 발휘하기 어려워지고 있다. 우리 시대가 이미 기후재앙 시대임이 분명히 드러날수록 계급에 따라 다가오는 곤란과 위험의 무게가 확연히 다르게 체감되기 때문이다. 만약 어떤 문제가 계급에 따라 약간의 불편이나 불로소득 감소로 다가오기도 하고 생존의 위협으로 다가오기도 한다면, 이 문제의 또 다른 이름은 언제나 계급 문제일 수밖에 없다. 즉, 기후 문제는 계급 문제다.

이것이 2022년 8월 8일 이후 한국 사회에 깊이 새겨져야 할 깨달음이다. 영어 단어에서 모두 c로 시작되는 두 단어, 기후(climate)와 계급(class)은 서로 긴밀히 얽혀 있다. 사실 두 c는 오늘날 또 다른 c(자본주의, capitalism)의 두 얼굴일 뿐이다.

그렇다고 탈탄소화 노력이 의미가 없다는 이야기는 아니다. 최악의 상황이 이미 열리고 말았지만, 최악에는 한계가 없는 법이다. 만약 탈탄소화 노력을 하지 않는다면, 붕괴는 더욱 걷잡을 수 없는 수준에 이를 것이다. 벌써 기후과학자들 사이에서는 지구 평균 기온이 이번 세기 안에 산업화 이전보다 3도 이상 상승하는 상황을 예측하고 그에 대비하는 연구가 필요하다는 의견이 나오고 있다. 문명 붕괴, 인간 멸종 등과 직결될 수밖에 없기에 그

동안 거의 금기시되던 시나리오조차 지금부터는 진지하게 대비하지 않으면 안 된다는 뜻이다. 그만큼 기후재앙은 극적으로 가속화하고 있다.

이런 상황이기에 탈탄소화 노력은 더욱더 치열하고 빠르게 추진돼야만 한다. 2050년 탄소중립 실현 구상이 한갓 신화에 불과하더라도 탈탄소화 요청 자체에는 변함이 있을 수 없다. 만약 탈탄소화가 시도되지 않는다면, 3도 이상 상승 시나리오가 끝내 현실이 될 가능성이 높기 때문이다. 이미 벌어진 최악의 상황에 그나마 한계선을 긋기 위해서도 오히려 2050년보다 더 빠른 시점에 탈탄소 사회를 실현하는, 그야말로 혁명적인 비전과 고투가 필요하다.

그러나 더는 탈탄소화 노력만이 기후위기 대응 담론의 전부인 양 치부해서는 안 된다. 기후재앙 시대가 이미 시작됐다면, 시작되고만 이 재앙에서 생명을 최대한 구하려는 조치가 기후위기 대책의 또 다른 기둥이 되어야 한다. 기후재앙이 더욱 극악한 상황으로 치닫지 못하게 '예방'하려는 노력뿐만 아니라 기정사실이 된 기후재앙에 '적응'하려는 조치들 또한 시급히 필요하다.

실은 '적응'은 지금껏 기후운동에서 기피하거나, 아니면 쓰더라도 매우 조심스럽게 꺼내던 개념이다. 탈탄소화에 소극적이거나 이를 훼방하려는 세력이 "기후위기에 적응하자"는 주장을 퍼뜨리며 에너지 체제 전환 등의 노력에 찬물을 끼얹곤 했기 때문이다. 앞으로도 이런 식의 '적응'론이 기후위기를 극복하는 궁극적 해법인 사회 전환을 가로막고 나설 가능성이 높다.

그러나 이제는 이들과는 다른 차원과 입장에서 '적응'의 노력이 필요하게 됐다. 우리에게 필요한 것은 이를테면 기후재앙에 대한 '계급적 적응'이다. 극단적 기후에 취약한 주거 환경을 탈시장-공공 주거 정책을 통해 해결하고 재난 시에 기민하게 효과적으로 대처할 수 있도록 공공 안전 인력을 대폭 확대하는 식의 적응이 필요하다. 일상적인 위험과 재난을 최대한 막고 안전을 보장하는 활동 역시 돌봄의 일부로 본다면, 이는 기후위기에 맞서는 보편적 돌봄사회를 실현하는 과업이라 하겠다.

보편적 돌봄사회의 재원은 기후재앙의 원인 제공자들에게 그 책임을 물음으로써 확보해야 한다. 사회 전체의 자원 중 상당 부분을 시장의 논리와 지배에서 떼어내 기후재앙에 맞선 돌봄 활동 영역에 우선 투입해야 한다. 코로나19 팬데믹 기간에 그랬듯, 상시적 재난 대응이라는 정언명령이 이윤 동기보다 위에 놓여야 한다.

이런 요구를 하는 것이 노동운동을 비롯한 민중운동들의 가장 긴급하고 긴요한 과제가 되어야 한다. 탈탄소화를 위한 에너지 체제 전환이 그동안 사회운동들에게조차 조금은 먼 미래의 과제로 느껴지는 면이 있었다면, 당장의 기후재앙에 맞선 보편적 돌봄사회의 조속한 실현은 그렇지 않다. 아니, 그럴 수 없다. 이 여름 이후, 우리는 결코 과거와 같을 수 없다.

2022. 8. 16.

기후위기와 파시즘

양차 대전 사이의 유럽 역사를 보면, 누구나 이런 의문이 들지 않을 수 없을 것이다. "파시즘의 유혹과 공격을 물리치기가 그토록 어려웠단 말인가?" 독일과 이탈리아 모두 이미 한 세대 넘게 의회제를 운영하고 있었고, 강력한 좌파정당과 노동조합들이 버티고 있었다. 그런데도 결과만 놓고 보면, 너무도 무력하게 파시즘의 득세와 집권을 받아들였고 너무나 많은 이들이 스스로 민주주의가 아닌 독재를 선택했다.

이런 낯선 역사에 당혹해하다 보면, 쉽게 이런 결론에 이르곤 한다. "100년 전이야 파시즘을 처음 경험하는 것이니 그랬겠지만, 엄청난 희생을 치르고 역사적 학습을 한 지금이야 상황이 전혀 다르지 않겠는가." 실은 2010년대 대서양 양쪽 여러 나라에서 극우 포퓰리즘이 바람을 일으킬 때도 많은 이들의 심정은 기본적으로 이러했다. 국수주의, 배외주의를 내건 극우파의 전진에는 분명 한계가 있을 것이라 믿었고, 적어도 노골적으로 파시즘으로 돌아가지는 못할 것이라 봤다.

2021년 현재, 이 예상은 어느 정도 맞아떨어지는 것 같다. 무엇보다도 2020년 미국 대통령선거에서 도널드 트럼프의 재선을 막은 게 결정적이었다. 트럼프가 볼썽사나운 모습으로 백악관에서 쫓겨나자 미국뿐만 아니라 전 세계에서 극우파의 성장이 멈추었고, 이제 지난 10년간은 세계 민주주의의 역사에서 잠깐의 일탈기였던 것처럼 느껴지기까지 한다. 하지만 과연 그럴까?

만약 한 세기 전에 파시즘의 등장과 성장을 낳은 위기가 지금 동일하게 반복된다면, 위의 낙관적 예상이 맞아떨어질지도 모른다. 그러나 지금의 위기는 자본주의 체제의 모순에서 비롯됐다는 점에서 1920~30년대 위기와 같지만, 그 양상이 너무도 다르다. 20세기 초의 위기는 단지 인간사회 시스템의 위기였지만, 지금은 이에 더해 지구 시스템의 위기로 폭발하는 중이다. 팬데믹 등의 다른 생태 위기들을 동반하며 점점 더 거대한 혼란으로 커가는 기후위기로 말이다.

이 인류 초유의 사태 앞에서는 과거의 어떤 경험도 명쾌한 미래의 지도가 되어주지 못한다. 그 가운데에서 다시 파시즘, 즉 문명의 자기 파괴 위험이 엄습하고 있다.

기후위기를 배경으로 파시즘이 이미 우리 곁에 성큼 다가와 있다고 진단하는 이들이 있다. 화석 자본주의와 기후위기의 관계

에 대해 깊이 있는 저작을 발표해온 스웨덴 학자 안드레아스 말름이 역시 스웨덴에서 활동하는 연구자-운동가 집단 '체트킨 컬렉티브Zetkin Collective'와 함께 낸 《흰 피부, 검은 연료: 화석 파시즘의 위험에 대해*White Skin, Black Fuel: On the Danger of Fossil Fascism*》(Verso, 2021, 국내 미번역)가 이런 충격적인 분석을 제시한다.

어느 나라든 신흥 극우파의 대다수는 기후변화 부정론을 신봉한다. 처음에 이들은 기후가 변하고 있다는 사실 자체를 부정했다. 하지만 최근 들어 매년 심각한 기상 이변이 반복되자 더는 이런 태도를 고집할 수 없게 됐다. 그러자 이들은 기후가 변하더라도 이는 인간사회의 온실기체 배출 탓이 아니라 '자연적 요인' 때문이라는 입장을 전면에 내세웠다. 또한 기후변화는 과거에도 자주 있었으니 호들갑 떨 일이 아니라고 강변하기도 했다.

전 세계 과학자들이 한목소리로 정반대 진실을 외치는데도 이렇게 떠들려면, 과학 자체를 부정해야 한다. 실제로 신흥 극우 세력들은 '좌파의 온상'인 사회과학계를 적으로 돌릴 뿐만 아니라 자연과학 역시 현대 사회의 병폐쯤으로 내몰았다. 이런 반계몽주의적 태도는 결국 극우파의 치명적 약점이 됐다. 집권에 성공한 극우 세력들은 코로나바이러스 앞에서 허둥대며 헛소리만 늘어놓다 최대의 위기를 맞이하고 말았다.

하지만 극우 포퓰리스트들이 이런 입장을 고수하는 건 이들이 특별히 무지몽매하기 때문만은 아니다. 그렇기만 했다면 그토록 많은 대중의 지지를 받으며 '민주적으로' 집권에 성공하지는 못했을 것이다. 우리가 주목해야 할 점은 이들이 '화석 자본주의' 체제를 유지해야만 부와 권력을 지킬 수 있는 집단과 긴밀히 얽혀 있다는 것이다. 그 중심에는 화석연료, 즉 석탄과 석유, 천연가스를 뽑아내고 소비하는 과정에서 이윤을 획득하는 '화석 자본'이 있다.

말름과 체트킨 컬렉티브의 신간은 이러한 연관관계를 깊이 파헤친다. 이 책은 미국과 브라질, 유럽 여러 나라의 신흥 극우파가 자국의 석탄-석유업계나 이와 직결된 제조업체들의 이익을 국민 혹은 민족의 운명과 일치시키며 기후변화에 맞서는 양상을 분석한다. 그러면서 저자들은 이런 극우 포퓰리스트의 행태에 '화석 파시즘'이라는 이름을 붙인다. 극우 포퓰리즘을 비판하더라도 보통 '포스트 파시즘' 정도로 칭하는 데 비하면 상당히 과감한 진단이다.

정말 '파시즘'이 맞는지에 대해서는 논란이 있을 수 있지만, 극우 포퓰리즘의 득세와 기후위기가 직결돼 있다는 이들의 주장은 우리의 잠을 깨우는 기상 나팔소리와도 같다. 진지한 좌파 분석가들조차 대다수가 극우 포퓰리즘 열풍과 기후위기를 서로 연관된 현상으로 바라보지는 않았다. 대공황과 나치의 관계처럼 2008년 금융위기 이후 신자유주의적 자본주의의 만성적 침체가 극우 포퓰리즘의 배경이라고 생각했을 뿐, 자본주의의 최종-최대 위기인 기후위기까지 시야에 넣어 극우 포퓰리즘을 분석하지는 못했다. 그러나 말름과 체트킨 컬렉티브는 이미 정치 무대의 중심에서 기후위기가 작동하고 있다고 지적한다. 확실히 이러한 틀로 바라보면, 더욱 명확히 이해되는 대목들이 있다. 가령 신흥 극우파가 왜 배외주의, 인종주의 같은 낡은 카드를 다시 내밀고, 또 그런 카드가 상당수 대중에게 호소력을 갖는지가 시야에 들어오게 되는 것이다.

기후위기를 가속화하면서까지 화석 자본주의를 끈질기게 지속시키려는 중심부 국가들 내부의 노력은 기후위기에 가장 취약한 지역들에서 이미 대혼란의 제1막을 열고 있다. 적도에 가까운 지역에 자리한 국가들에서는 2010년대 초에 벌써 농업-식량 위기가 닥쳐 생존을 위해 북상하는 난민들이 발생했다. 흔히 기후위기와 연관돼 머리에 떠오르는지는 않지만, 식품 가격 인상이 촉발한 '아랍의 봄' 이후 목숨을 걸고 지중해를 건너 유럽 대륙을 찾는 이들이 바로 그들이며, 역시 죽음을 무릅쓰고 미국 국경을 넘어 들어오는 중미인들이 바로 그들이다.

화석 파시즘 세력은 한편으로 국내 정책을 통해 기후위기를 악화시키면서 다른 한편으로 이 위기의 직접적 결과인 기후 난민에 대해서는 국경에 장벽을 쌓는 것으로 대응한다. '검은 연료'를 지키기 위해 '흰 피부'만을 보호하는 장벽을 쌓자는 외침—여기에서 '검은 땅'(나치가 독일제국의 생존기반이라 선포한 동유럽 곡창지역)과 '흰 피부'라는 고전적 파시즘 수사의 환생을 떠올리지 않기란 힘들다.

그러나 문제는 이보다 더 심각하고 복잡하다. 장벽 쌓기가 단지 극우 포퓰리즘 물결만 진정시키면 사라질 선택지는 아니기 때문이다. 말름과 체트킨 컬렉티브의 저작도 간단하게나마 이 점을 불길한 어조로 언급한다. 기후위기와 연관된 파시즘 위험의 제1단계는 '화석 파시즘'이다. 그러나 화석 파시즘의 완강한 활약 탓에 기후위기를 최대한 완화하려는 노력이 처절한 실패로 끝난다면, 그 다음에는 더욱 무시무시한 제2단계가 열리게 된다. '생태 파시즘' 단계다.

기후위기 '완화'에 실패할 경우에 인류는 이제 기후급변에 '적응'해야만 한다. 현 수준을 넘어선 기후급변이 어떤 양상을 띨지는 아무도 예상할 수 없지만, 이미 드러난 두 가지 재난이 증폭돼 나타나리라는 것만은 틀림없다. 농업 위기에 따른 심각한 식량난과, 남반구 국가들의 붕괴에 따른 대규모 기후 난민이 그것이다.

이런 상황에서는 극우파뿐만 아니라 주류 정치세력도, 심지어는 그간 '녹색'을 자주 이야기해온 상당수 세력까지도 한가지 처방에 매달리게 될 것이다. 장벽 쌓기라는 처방. 즉, 식량난과 난민 이동이라는 위협에 맞서 전쟁 국가의 태세를 갖추고 그에 맞게 국내에서는 일상적 비상 체제를 유지하는 것이다. 이런 상황에서는 비록 뒤늦게 에너지 체제 전환 같은 조치를 취하더라도 순전히 국가의 폭압에 의존할 수밖에 없을 것이고, 부와 권력의 불평등이 해소되기는커녕 민주주의 자체가 돌이킬 수 없이 후퇴할 것이다. 때맞춘 생태 전환의 실패는 이렇게 전반적 파시즘화,

'생태 파시즘' 시대를 열고 말 것이다.

기후위기의 실재를 부정하는 사람은 이제 거의 없다. 기후위기가 심각하며, 이것이 인간사회 탓이라고 생각하는 이들이 점점 더 늘고 있다. 그럼에도 기후급변의 극적 양상에 걸맞는 극적인 생태 전환이 시작됐다는 소식은 어디에서도 들리지 않는다. 코로나바이러스에 대한 대응과 대비하면, 이런 현실이 더욱 선명히 드러난다.

여기에는 여러 이유가 있겠지만, 널리 퍼진 다음 같은 판단과 심리도 중요한 역할을 하고 있다. "기후위기는 지구와 운석의 대충돌처럼 어차피 누구나 다 맞이할 종말, 즉 기후파국으로 종결될 것이다. 그런 종말이라면, 그리고 어차피 뒤로 돌리기 쉽지 않을 바에는 지금의 정치경제 체제에서 '살던 대로 살다' '함께 가는' 게 낫다."

그러나 기후위기가 우리에게 허용하지 않는 것이 바로 '살던 대로 살다' '함께 가는' 것이다. 기후위기의 가속화는 필연적으로 생태 파시즘 시대를 열게 돼 있다. 이 21세기 파시즘 체제에서 우리는 '살던 대로 살' 수도 없을 뿐더러 '함께 가'지도 않을 것이다. 화석 파시스트들은 이 미래를 예고하는 선구자들이다.

이렇게 봤을 때, 생태 전환은 결코 먼 미래의 불확실한 가능성을 과장하며 호들갑을 떠는 일일 수 없다. 오늘의 생태 전환에 실패하고 내일의 전환에 또 실패할수록 10년 뒤의 파시즘은 기정사실이 될 것이다. 생태 전환의 노력은 지금의 화석 자본주의 체제와 싸울뿐더러 이 싸움을 통해 미래의 파시즘과도 싸우고 있다. 그렇기에 이것은 오늘날 '가장 급한' 싸움이다.

2021. 5. 25.

나오며

가을을
산다는 것

언제부터인지 우리의 가을은 짧기만 하다. 무덥던 여름이 이제야 끝났나 하다 보면, 얼마 안 있어 곧 차가운 바람이 불기 시작한다. 이것도 다 인간 문명이 판도라의 상자마냥 열어젖힌 기후변화 가속화 때문이지만, 아무튼 짧아지니 더 사무친다.

그런데 이렇게 우리에게 익숙하던 계절의 질서가 무너지기 시작하다 보니 새삼 떠오르는 생각이 있다. 문명의 성쇠를 흔히 계절의 변화에 빗대곤 하던 선인들의 논리가 그것이다. 인간의 역사를 들여다보면 '봄'이라는 말 외에 더 나은 비유를 찾을 수 없는 시기가 있고, 그 다음은 늘 영락없이 '여름'의 시절이다. 고대나 중세의 오래된 문명이 그러할 뿐만 아니라 지금 우리가 사는 자본주의 문명 역시 그러하다.

영국에서 산업자본주의가 탄생해 유럽, 북미 등 세계 곳곳으로 퍼지던 19세기는 자본주의 문명의 봄이었다. 이 무렵 산업사회는 마치 꽃봉오리들이 처음 피어올라 막 세상을 향해 열리려 할 때처럼 수많은 미지의 가능성을 내포한 것처럼 보였다. 인생에 비유한다면, 청년기라고나 할까. 물론 이때부터 이미 누군가에게는 새로운 지배자나 특권층으로 부상할 기회인 것이 훨씬 더 많은 다른 이들에게는 전에 없던 고통의 강요로 다가왔지만 말이다.

하지만 이런 고통조차, 아직 등장한 지 얼마 안 된 만큼, 전혀 다른 방향으로 충분히 반전시킬 수 있을 것처럼 보였다. 그래서 마르크스와 엥겔스까지 포함한 대다수 19세기 사회주의자들은 자본주의와는 다른 근대 문명의 발전 가능성에 관해 우리보다 훨씬 더 낙관적이었다. 청년기에 흔히 볼 수 있는 건강한 몽상과 열정, 패기가 그들에게는 있었다.

뒤이은 시대, 즉 장마철의 모진 비바람과도 같았던 20세기 초의 대혼란을 뚫고 등장한 한 세월은 자본주의 문명의 여름이었다. 여름은 봄에 싹을 틔운 생명이 한창 끝없이 뻗어나가는 계절이다. 이 시기 자본주의가 꼭 그러했다. 한때 나락에 빠지는 줄만 알았던 산업자본주의는 전례 없는 성장의 질주를 벌였다. 자원의 소비와 총산출량 그리고 그것이 인간과 자연에 끼치는 영향 모두 확장 속도를 배로 높였다. 이러한 성장이 누군가에게는 실제적 번영으로 다가온 반면, 더 많은 어떤 이들에게는 여전히 질시의 눈으로 바라봐야 하는 미래의 목표였지만 말이다.

이 계절에는 사회주의조차도 성장과 풍요의 약속, 그것이었다. 자유주의 국가 체계에 적응한 서구 사회민주주의든 1930년대 소련의 고속 성장 경험을 반복하고자 한 국가사회주의 체제들이든 모두 ‘저들’의 여름을 ‘우리’의 여름으로 만들겠다는 포부와 의지, 고투에 다름 아니었다. 소수만 맛보는 성장의 과실을 다수 대중의 것으로 만들겠다거나 자본주의 중심부의 번영을 우리 민족 · 국민도 누려보겠다는 것이었다. 안타깝게도 이런 추격을 시도한 이들 가운데 대다수는 그다지 성공하지 못했다.

바로 이 여름의 끝자락에 한국은 번영의 대열에 합류할 수 있었다. 극히 예외적인 성공 사례였다. 자본주의적 권력 독점의 가장 벌거벗은 형태에다 국가사회주의의 일부 요소들까지 버무린 돌진적 실험을 통해 이뤄낸 성공담이었다. 그래서 누군가는 이 실험을 주도한 정권을 신화의 주인공마냥 떠받드는 반면, 다른 누군가는 이런 종류의 실험이 낳을 수밖에 없었던 심각한 후유증에 항거하고 있다. 아무튼 한국은 대단히 짧은 기간 동안이나마 한여름의 열기에 함께 했다.

그런데 아무리 봐도 여름은 이제 끝나버린 것 같다. 나름 짧지 않은 시간을 명멸했던 이 여름의 여진도 이제는 생명력을 다해간다.

그렇다면 우리 앞에 다가오는 새 시대는 자본주의 문명의 ‘가을’이라 할 수 있지 않을까. 우리 모두 이제 가을을 살아감의 뜻을 캐묻고 이를 실감하며 거기에 적응해가야 하지 않을까.

가을에 여름과 같은 성장을 기대해서는 안 된다. 가을은 밖으로 뻗어나가길 마감하고 안으로 무르익는 때가 아닌가. 봄처럼 완전히 새로운 출발을 꿈꿀 수도 없다. 세상은 이미 상당한 시간을 거친 뒤이기 때문이다. 다시 출발한다 하더라도 그것은 과거에 등장했던 여러 가능성들 중 채 만개하지 못한 것들을 얼마간 되살리는 정도일 것이다. 가을은 무엇보다도 결산의 때다.

이 익숙하지 않은 시대를 살아가자면 우리에게는 어떤 삶의 자세가 필요할까? 봄의 저 '몽상'도 아니고 방금 막 지나간 여름의 그 '추격'도 아닌 어떤 공동의 윤리가 요청되는 것일까? 나는 폴라니의 대작 《거대한 전환》의 마지막 결론에서 그 단서를 찾았다. 이 대목에서 폴라니는 뜻밖에도 '체념'을 말한다. 체념이라니, 너무 염세적인 이야기가 아닌가! 나도 오랫동안 선뜻 공감할 수 없었다. 하지만 이제는 좀 알 것 같다. 길지만, 《거대한 전환》의 마지막 문단을 그대로 인용해본다.

> 체념은 항상 인간에게 힘과 새로운 희망의 샘이었다. 인간은 죽음이라는 현실을 받아들였고, 오히려 그것을 기초로 삼아 자신의 이승에서의 삶의 의미를 쌓아올리는 법을 배웠다. 인간은 자신의 영혼은 언젠가 잃어버릴 수밖에 없다는 사실, 하지만 죽음보다 더 끔찍한 상태가 존재한다는 진리 앞에서 스스로를 체념했고, 그러한 진리를 자신의 자유의 기초로 삼은 것이다.
>
> 우리 시대에 이제 인간은 사회 실재의 현실 앞에서 스스로 체념하게 되었으며, 이는 인간이 예전에 믿었던 모습의 자유가 종말을 고했음을 의미한다. 하지만 이렇게 가장 밑바닥의 체념을 받아들이게 되면 다시 새로운 생명이 솟구치게 된다. 사회 실재의 현실을 불평 없

이 묵묵하게 받아들인 이상, 인간은 이제 자신의 힘으로 제거할 수 있는 종류의 불의와 비非자유라면 모조리 제거해내고 말겠다는 그 아무도 꺾을 수 없는 용기와 힘을 얻게 된다.

인간이 그러한 스스로의 과제에 충실하기만 한다면, 권력이나 계획과 같은 것들을 도구로 삼아 자유를 건설하려 한다고 해도 그것들이 인간의 원수로 변하여 자유를 파괴할 것이라고 두려워할 이유가 없다. 이것이 복합 사회에서의 자유의 의미이다. 이것만 이해한다면 우리는 우리에게 필요한 모든 확신을 얻을 수 있다. (《거대한 전환》, 604)

일상어에서 '체념諦念'은 '좌절'의 동의어로 읽히지만, 본래 이 말은 '도리를 깨닫는 마음'이라는 뜻이기도 하다. 우리의 '생각하고 바라는 바'(염, 念)를 '살핀다'(체, 諦)는 것이다. 어떤 망념들은 과감히 끊어버림으로써 오히려 정말 생각하고 바라야 할 바를 제대로 염원할 수 있게 한다는 것이다. 달리 말하면, 진정한 자유를 위한 결단이다.

이런 체념으로부터 새롭게 출발하지 않는다면, 가을을 제대로 살아갈 수 없다. 한국 사회의 우리는 더더욱 그렇다. 우리 한국인들은 방금 전까지 늦여름의 성취에 취해 있었기에 지난 계절의 기억을 떨치기가 더욱 어렵다. 그래서 필요한 것이다, 체념의 서늘한 바람은.

어쩌면 인간 역사의 가을도 기후변화 이후의 가을처럼 쏜살

같이 지나가버릴 수 있다. 그렇게 되면 우리는 가을을 거쳐 겨울을 맞이한다는 것의 고마움을 뒤늦게 절감하며 한탄하게 될지 모른다. 가을을 알차게 보냄으로써 설이나 크리스마스 같은 축제로 겨울을 춥지 않게 지새웠던 선조들을 애타게 부러워하게 될지 모른다.

지금 가을을 건너 겨울이 성큼 다가오고 있다. 하지만 과연 우리는 이 낯선 새 시대를 맞이할 채비가 돼 있는가?

근대의 가을

— 제6공화국의 황혼을 살고 있습니다

초판1쇄 발행 2022년 11월 22일

지은이 장석준

책임편집 우석영

디자인 디자인오팔

펴낸곳 산현글방

등록 제 2022-000239호

주소 서울시 마포구 연희로 11, 5층 CS-531

이메일 thehouse.ws@gmail.com

인스타그램 wisdom.shelter

인쇄 예림인쇄

제책 예림인쇄

물류 문화유통북스

ISBN 979-11-980846-0-6 (03330)

* 산현글방은 산현재 출판사의 교양서 브랜드입니다. 산현재傘玄齋는 전 지구적 위기의 시대에 긴요한 새로운 지혜의 집을 뜻합니다.